RUDOLF STEINER GESAMTAUSGABE
VORTRÄGE

VORTRÄGE VOR MITGLIEDERN
DER ANTHROPOSOPHISCHEN GESELLSCHAFT

DER MENSCH IN SEINEM ZUSAMMENHANG MIT DEM KOSMOS

Band I — Entsprechungen zwischen Mikrokosmos und Makrokosmos
Der Mensch – eine Hieroglyphe des Weltenalls
16 Vorträge, Dornach 9. April bis 16. Mai 1920. Bibl.-Nr. 201

Band II — Die Brücke zwischen der Weltgeistigkeit und dem Physischen des Menschen – Die Suche nach der neuen Isis, der göttlichen Sophia
16 Vorträge, Dornach, Bern, Basel, 26. November bis 26. Dezember 1920
Bibl.-Nr. 202

Band III — Die Verantwortung des Menschen für die Weltentwickelung durch seinen geistigen Zusammenhang mit dem Erdplaneten und der Sternenwelt
18 Vorträge, Stuttgart, Dornach, Den Haag, 1. Januar bis 1. April 1921
Bibl.-Nr. 203

Band IV — Perspektiven der Menschheitsentwickelung
17 Vorträge, Dornach 2. April bis 5. Juni 1921. Bibl.-Nr. 204

Band V — Menschenwerden, Weltenseele und Weltengeist
Erster Teil: Der Mensch als leiblich-seelische Wesenheit in seinem Verhältnis zur Welt
13 Vorträge, Stuttgart, Bern, Dornach, 16. Juni bis 17. Juli 1921
Bibl.-Nr. 205

Band VI — Menschenwerden, Weltenseele und Weltengeist
Zweiter Teil: Der Mensch als geistiges Wesen im historischen Werdegang
11 Vorträge, Dornach 22. Juli bis 20. August 1921. Bibl.-Nr. 206

Band VII — Anthroposophie als Kosmosophie – Erster Teil:
Wesenszüge des Menschen im irdischen und kosmischen Bereich
11 Vorträge, Dornach 23. September bis 16. Oktober 1921. Bibl.-Nr. 207

Band VIII — Anthroposophie als Kosmosophie – Zweiter Teil:
Die Gestaltung des Menschen als Ergebnis kosmischer Wirkungen
11 Vorträge, Dornach 21. Oktober bis 13. November 1921. Bibl.-Nr. 208

Band IX — Nordische und mitteleuropäische Geistimpulse
Das Fest der Erscheinung Christi
11 Vorträge, Oslo, Berlin, Dornach, Basel, 24. November bis 31. Dezember 1921. Bibl.-Nr. 209

DER MENSCH IN SEINEM ZUSAMMENHANG MIT DEM KOSMOS

Siebenter Band

RUDOLF STEINER

Anthroposophie als Kosmosophie

Erster Teil

Wesenszüge des Menschen im irdischen und kosmischen Bereich

Elf Vorträge, gehalten in Dornach
vom 23. September bis 16. Oktober 1921

1981
RUDOLF STEINER VERLAG
DORNACH/SCHWEIZ

Nach vom Vortragenden nicht durchgesehenen Nachschriften
herausgegeben von der Rudolf Steiner-Nachlaßverwaltung
Die Herausgabe besorgten Hendrik Knobel und Johann Waeger

1. Auflage in dieser Zusammenstellung
Gesamtausgabe Dornach 1972

2. Auflage (photomech. Nachdruck)
Gesamtausgabe Dornach 1981

Einzelausgaben

Dornach, 23., 24. September 1921
«Östliche und westliche Kultur in geistiger Beleuchtung» (I)
Dornach 1954

Dornach, 30. September, 1., 2. Oktober 1921
«Grundlinien einer okkulten Psychologie» (II)
Dornach 1954

Dornach, 7.–16. Oktober 1921, 1.–6. Vortrag in
«Anthroposophie als Kosmosophie» (III)
Dornach 1955

Bibliographie-Nr. 207

Einbandzeichen von Rudolf Steiner. Schrift von B. Marzahn
Zeichnungen im Text nach Tafelzeichnungen Rudolf Steiners,
ausgeführt von Assia Turgenieff

Printed in Switzerland by Schüler AG, Biel

ISBN 3-7274-2070-7

Zu den Veröffentlichungen aus dem Vortragswerk von Rudolf Steiner

Die Grundlage der anthroposophisch orientierten Geisteswissenschaft bilden die von Rudolf Steiner (1861–1925) geschriebenen und veröffentlichten Werke. Daneben hielt er in den Jahren 1900–1924 zahlreiche Vorträge und Kurse, sowohl öffentlich wie auch für die Mitglieder der Theosophischen, später Anthroposophischen Gesellschaft. Er selbst wollte ursprünglich, daß seine durchwegs frei gehaltenen Vorträge nicht schriftlich festgehalten würden, da sie als «mündliche, nicht zum Druck bestimmte Mitteilungen» gedacht waren. Nachdem aber zunehmend unvollständige und fehlerhafte Hörernachschriften angefertigt und verbreitet wurden, sah er sich veranlaßt, das Nachschreiben zu regeln. Mit dieser Aufgabe betraute er Marie Steiner-von Sivers. Ihr oblag die Bestimmung der Stenographierenden, die Verwaltung der Nachschriften und die für die Herausgabe notwendige Durchsicht der Texte. Da Rudolf Steiner aus Zeitmangel nur in ganz wenigen Fällen die Nachschriften selbst korrigieren konnte, muß gegenüber allen Vortragsveröffentlichungen sein Vorbehalt berücksichtigt werden: «Es wird eben nur hingenommen werden müssen, daß in den von mir nicht nachgesehenen Vorlagen sich Fehlerhaftes findet.»

Über das Verhältnis der Mitgliedervorträge, welche zunächst nur als interne Manuskriptdrucke zugänglich waren, zu seinen öffentlichen Schriften äußert sich Rudolf Steiner in seiner Selbstbiographie «Mein Lebensgang» (35. Kapitel). Der entsprechende Wortlaut ist am Schluß dieses Bandes wiedergegeben. Das dort Gesagte gilt gleichermaßen auch für die Kurse zu einzelnen Fachgebieten, welche sich an einen begrenzten, mit den Grundlagen der Geisteswissenschaft vertrauten Teilnehmerkreis richteten.

Nach dem Tode von Marie Steiner (1867–1948) wurde gemäß ihren Richtlinien mit der Herausgabe einer *Rudolf Steiner Gesamtausgabe* begonnen. Der vorliegende Band bildet einen Bestandteil dieser Gesamtausgabe. Soweit erforderlich, finden sich nähere Angaben zu den Textunterlagen am Beginn der Hinweise.

INHALT

ERSTER VORTRAG

Dornach, 23. September 1921

Ich werde am Sonntag in dem Vortrage, den ich dann zu halten habe, Ihnen hier an dieser Stelle eine Übersicht geben über das, was sich durch den Stuttgarter Kongreß und sonst auf dem Gebiete der anthroposophischen Bewegung innerhalb Deutschlands in den letzten Wochen zugetragen hat. Heute wollen wir einiges durchsprechen, was sich an mancherlei anschließt, was wir hier schon betrachtet haben, und wodurch wir den Zusammenhang herstellen können zwischen den folgenden Tagen und demjenigen, was wir hier behandelt haben, bevor ich nach Deutschland abgereist bin.

Wenn ein orientalischer Weiser alter Zeit – wir müßten, um dasjenige zu betrachten, was ich hier sagen will, allerdings in sehr alte Zeiten der orientalischen Kultur zurückgehen –, wenn ein solcher orientalischer Weiser, der eingeweiht war in die Mysterien des alten Morgenlandes, seinen Blick wenden würde auf die heutige abendländische, die westliche Zivilisation überhaupt, so würde er, diese Zivilisation beurteilend, vielleicht zu den Angehörigen dieser westlichen Zivilisation sagen: Ihr lebt eigentlich ganz von der Furcht. Eure ganze Seelenverfassung ist von der Furcht beherrscht. Alles, was ihr tut, aber auch alles, was ihr empfindet, ist durchtränkt in den wichtigsten Augenblicken des Lebens und in seinen Auswirkungen durch die Furcht, und da die Furcht außerordentlich verwandt ist mit dem Haß, so spielt der Haß eine große Rolle in eurer ganzen Zivilisation.

Verstehen wir uns recht, meine lieben Freunde. Ich meine, so würde, wenn er heute wiederum mit demselben Bildungsgrad, mit derselben Seelenverfassung unter den westlichen Menschen stehen würde, ein Weiser der alten orientalischen Kulturwelt sprechen, und er würde bemerklich machen, wenn er auf diese Dinge zu reden käme, daß allerdings in seinen Zeiten und auf seinem Territorium aus ganz anderen Untergründen heraus die Zivilisation begründet worden ist. Er würde wahrscheinlich sagen: Zu meinen Zeiten spielte die Furcht im Zivilisationsleben eigentlich keine Rolle. Zu meiner Zeit – wenn es sich darum handelte, eine Weltanschauung herauszutragen in die Welt und daraus Tat und soziales Leben zu machen – spielte die Hauptsache die Lust, die sich steigern konnte zur völligen Hingabe an die Welt, die sich steigern konnte zur Liebe.

Das würde er so empfinden, und dadurch würde er von seinem Standpunkte aus hinweisen, wenn er richtig verstanden würde, auf allerwichtigste Ingredienzien, auf allerwichtigste Impulse in dem heutigen Zivilisationsleben. Und verstünden wir es, ihn in richtiger Weise zu hören, dann würde uns dadurch vieles gegeben sein, was wir eigentlich brauchen, um den Punkt zu finden, von dem ausgegangen werden muß in der Erfassung des Lebens der Gegenwart.

Im Grunde ist es doch so, daß drüben in Asien, wenn auch starke europäische Einflüsse in das religiöse, in das ästhetische, in das wissenschaftliche, in das soziale Leben aufgenommen worden sind, der Nachklang herrscht der alten Zivilisation. Diese alte Zivilisation ist ja in Dekadenz, im Niedergange, und wenn der alte orientalische Weise sagt: Die Liebe war die Grundkraft der alten orientalischen Zivilisation –, so muß allerdings gesagt werden: Davon ist ja in der Gegenwart unmittelbar wenig zu bemerken. Aber wer zu sehen vermag, sieht selbst in den Niedergangserscheinungen der asiatischen Kultur durchaus diesen Einschlag eines ursprünglichen Elementes der Lust, der Freude, der Liebe an der Welt und zur Welt.

Es gab im Oriente wenig von dem in alten Zeiten, was dann von den Menschen gefordert worden ist, seit ihnen erklungen ist das Wort, das am radikalsten zum Vorschein kam durch den griechischen Spruch: «Erkenne dich selbst!» Dieses «Erkenne dich selbst!», es trat eigentlich erst in der Zeit, als die ältere griechische Kulturentwickelung da war, in das menschliche geschichtliche Leben ein. Die umfassende, lichtvolle altorientalische Weltanschauung, sie war noch nicht durchdrungen von einer solchen Art von Menschenerkenntnis; sie war überhaupt nicht eigentlich darauf gerichtet, den Blick nach dem Inneren des Menschen zu wenden. Der Mensch ist ja in dieser Beziehung abhängig von den Verhältnissen, die in seiner Umwelt herrschen. Die altorientalische Kultur wurde einfach begründet unter einer anderen Wirkung des Sonnenlichtes auf die Erde, unter einer anderen Einwirkung der irdischen Verhältnisse selbst als die spätere westliche Kultur. Der innere Blick des Menschen wurde im alten Oriente, man möchte sagen, gefangengenommen von dem, was den Menschen als Welt umgab, und er hatte besondere Veranlassung, sich mit seinem ganzen Inneren hinzugeben an die Welt. Welterkenntnis war es, was in der alten orientalischen Weisheit und in der Auffassung der Welt durch diese altorientalische Weisheit blühte. Und auch in dem, was im alten Oriente in den Mysterien selbst lebte – Sie können das entnehmen aus alledem, was seit vielen Jahren nach dieser Richtung zu Ihnen gesprochen worden ist –, war nicht enthalten eine eigentliche Befolgung der Forderung «Erkenne dich selbst!». Richte den Blick in die Welt, versuche, an dich herankommen zu lassen, was in den Tiefen der Welterscheinungen verborgen ist! – das würde man viel eher als eine Forderung der altorientalischen Kultur aufstellen können. Aber genötigt wurden die Mysterienlehrer und Mysterienschüler, den Blick nach dem Inneren des Menschen zu lenken, als die asiatische Zivilisation sich mehr nach dem Westen hin ausbreitete. Schon als die Mysterienkolonien in Ägypten durch Nordafrika hindurch begründet wurden, aber namentlich als dann die Mysterien mehr nach dem Westen hin – eine besondere Stätte war ja das alte Irland – in Mysterienkolonien sich entfalteten, da trat an die Mysterienlehrer und die Mysterienschüler, die von Asien herüberkamen, einfach durch die geographischen Verhältnisse des Westens und damit durch die ganz andere elementarische Ausgestaltung der westlichen Welt die Notwendigkeit heran nach der Selbsterkenntnis des Menschen, nach einer wirklichen Innenschau. Und durch das, was sich diese Mysterienschüler in Asien schon erobert hatten an äußerer Welterkenntnis, an Erkenntnis der geistigen Tatsachen und Wesenheiten, die der äußeren Welt zugrunde liegen, einfach dadurch konnten sie nunmehr tief eindringen in dasjenige, was eigentlich im Inneren des Menschen vorhanden ist.

Man hätte das in Asien drüben gar nicht beobachten können. Es würde gewissermaßen der nach innen gerichtete Blick gelähmt worden sein. Aber mit dem, was man durch den nach außen gerichteten Blick, der in die geistige Welt hineindrang, mitbrachte nach den westlichen Mysterienkolonien, konnte man nun hineinschauen in das menschliche Innere. Und eigentlich nur die stärksten Seelen konnten wirklich, man möchte sagen, zunächst aushalten, was da im menschlichen Inneren zu erblicken war. Menschliche innere Wesenheit kam eigentlich zunächst zum Bewußtsein der Menschheit in diesen vom Oriente ausgehenden und in westlichen Gebieten begründeten Mysterienkolonien. Man merkt eigentlich, was diese Selbsterkenntnis des Menschen für einen Eindruck machte auf diese orientalischen Mysterienlehrer und Mysterienschüler, wenn man ein Wort wiederholt, das immer wieder von den Lehrern, die schon diesen Blick nach dem Inneren des Menschen gehabt hatten, an die Schüler gerichtet worden ist und durch das ihnen klargemacht werden sollte, in welcher Art von Seelenverfassung menschliche Selbsterkenntnis eigentlich aufzufassen ist.

Das Wort, das ich meine, wird viel zitiert. Es wurde aber nur mit seinem vollen Gewichte in den älteren Mysterienkolonien Ägyptens, Nordafrikas, Irlands ausgesprochen zur Vorbereitung für den Schüler, zur Beachtung für den Eingeweihten überhaupt gegenüber den innermenschlichen Erlebnissen. Das Wort, das da ausgesprochen wurde, das ist: Keiner, der nicht eingeweiht ist in die heiligen Mysterien, sollte die Geheimnisse des Mencheninneren erfahren, denn vor einem Uneingeweihten diese Geheimnisse auszusprechen, ist unstatthaft; es macht sich dann der Mund sündhaft, der diese Geheimnisse ausspricht, und es wird sündhaft das Ohr, das diese Geheimnisse hört!

Oftmals ist dieses Wort ausgesprochen worden aus innerem Erleben heraus, aus dem, was eben ein durch orientalische Weisheit vorbereiteter Mensch erfahren konnte, wenn er durch die irdischen Verhältnisse des Westens zur Menschenerkenntnis vordrang. Der Tradition nach hat sich dieses Wort erhalten, und heute wird es – allerdings in seinem innersten Wesen unverstanden – in den Geheimorden und Geheimgesellschaften des Westens, die aber nach außen hin eigentlich einen großen Einfluß haben, immer wiederholt. Aber es wird eben aus der Tradition heraus wiederholt. Es wird nicht mit dem nötigen Gewichte ausgesprochen, denn man weiß eigentlich nicht, was man damit sagen soll. Aber auch jetzt ist es durchaus so, daß in den Geheimorden des Westens, von denen ich oftmals gerade an dieser Stätte gesprochen habe, dieses Wort wie eine Devise gebraucht wird: Es gibt Geheimnisse über das menschliche Innere, die dürfen nur innerhalb der Geheimgesellschaften dem Menschen mitgeteilt werden, denn es ist sonst eben sündhaft der Mund, der sie ausspricht, sündhaft das Ohr, das sie hört.

Man muß ja sagen: So, wie sich die Zeiten entwickelt haben, so lernen manche Menschen – nicht der mitteleuropäischen, aber der westlichen Länder – in ihren Geheimgesellschaften mancherlei, was als Tradition sich aus alten Weisheitsforschungen erhalten hat. Es wird unverstanden aufgenommen, obwohl es eigentlich vielfach als ein Impuls ins Handeln hineindringt. Es war ja durchaus so, daß in den neueren Jahrhunderten, eigentlich schon seit der Mitte des 15. Jahrhunderts, die Konstitution des Menschen eine solche wurde, die wiederum unmöglich machte, diese Dinge in ihrer ursprünglichen Gestalt zu sehen. Man konnte sie nur intellektuell aufnehmen. Man konnte Begriffe davon bekommen, aber man konnte nicht zu dem eigentlichen Erleben vordringen. Nur Ahnungen haben einzelne Menschen gehabt. Durch Ahnungen allerdings sind dann manche Menschen in jene Regionen des Erlebens eingedrungen, um die es sich da handelt. Und solche Menschen haben manchmal sonderbare äußere Lebensformen angenommen, wie zum Beispiel Lord *Bulwer*, der den «Zanoni» geschrieben hat. So wie er in seinen späteren Lebensjahren geworden ist, das ist ja nur zu begreifen, wenn man weiß, wie er zunächst die Tradition der menschlichen Selbsterkenntnis aufgenommen hat, wie er aber durchaus durch seine besondere individuelle Konstitution fähig war, schon in gewisse Mysterien einzudringen. Dadurch aber entfernte er sich von der Naturgemäßheit des Lebens. Gerade an ihm kann man sehen, wie der Mensch dem Leben gegenüber sich dann verhält, wenn er im Inneren eben diese andersgeartete geistige Welt nicht bloß in Begriffen aufnimmt, sondern in die ganze Seelenverfassung, eben in das innere Erleben. Man muß dann manches anders beurteilen, als es nach dem Maßstabe der gewöhnlichen Philisterei geschehen kann. Es ist ja natürlich etwas Ungeheuerliches, wenn Bulwer herumgezogen ist so, daß er mit einer gewissen Emphase seine inneren Erlebnisse ausgesprochen hat, dann aber bei sich hatte eine jüngere weibliche Gestalt, die ein harfenartiges Instrument spielte, und immer dieses Spiel des harfenartigen Instrumentes zwischen den einzelnen Passagen seiner Rede brauchte.

Er erschien da oder dort in den Gesellschaften, in denen es ja sonst formell ganz philisterhaft herging; er erschien aber niemals allein. Da erschien er in seiner etwas absonderlichen Tracht, setzte sich, und vor seinen Knien saß dann gewissermaßen sein Harfenmädchen, und wenn er sprach, dann sprach er einige Sätze, dann wiederum spielte das Mädchen, dann setzte er fort, dann spielte das Mädchen wieder. So stellte er etwas in einem höheren Sinne Kokettes – so muß man es zunächst aussprechen – in die gewöhnliche Welt des menschlichen Philisteriums hinein, jenes Philisteriums, in das die Menschheit ja immer mehr hineinwuchs, besonders seit der Mitte des 15. Jahrhunderts.

Es weiß die Menschheit von dem Grade der Philistrosität, in den sie hineingewachsen ist, nicht viel, und immer weniger weiß sie davon, weil diese ein Naturgemäßes wird. Man sieht nur das als vernünftig an, wie man sich nun eben jetzt «benimmt». Aber die Dinge im Leben hängen zusammen, und die moderne Trockenheit und Schläfrigkeit, die moderne Art, von Mensch zu Mensch sich zu verhalten, gehört als Folge zu der intellektualistischen Entwickelung der letzten Jahrhunderte. Beide Dinge gehören zusammen. Solch ein Mensch wie Bulwer paßt da natürlich an sich nicht hinein. Man kann es sich ja durchaus als ein Mögliches vorstellen, daß die älteren Menschen in der Welt herumgehen und von den jüngeren mit einer angenehmen Musik begleitet werden. Man muß nur den Abstand der einen Seelenverfassung von der anderen im richtigen Lichte sehen, dann wird einem so etwas doch auch im richtigen Lichte erscheinen können. Aber es war bei Bulwer so, weil in ihm etwas aufleuchtete, was so unmittelbar nicht da sein konnte in der modernen intellektualistischen Zeit, sondern nur als Tradition.

Aber kennenlernen muß man wiederum, was Menschenerkenntnis war in den Mysterienkolonien, auf die ich hingewiesen habe. Der gewöhnliche Mensch der heutigen Zeit sieht um sich herum die Welt durch die äußeren physischen Sinneseindrücke. Er kombiniert das, was er sieht, mit seinem Verstande. Und er sieht dann auch in sein Inneres hinein. Im Grunde genommen ist das die Welt, die der Mensch überschaut, und aus der heraus er auch handelt. Die Sinneseindrücke, die er von außen empfängt, das, was er aus diesen Sinneseindrücken als

Vorstellungen entwickelt, das, was dann von diesen Vorstellungen nach dem Inneren hinein durch Gefühlsimpulse, Willensimpulse umgewandelt wird und was dann wiederum als Erinnerungen des Lebens zurückstrahlt in das Bewußtsein, das ist der Inhalt der Seelenverfassung, der Inhalt des Lebens, in dem der Mensch in der Gegenwart webt, aus dem heraus er handelt. Der Mensch der Gegenwart fragt eigentlich höchstens mit falscher Mystik: Was ist da eigentlich in dem Inneren drinnen? Was ergibt sich der Selbsterkenntnis? – Indem er eine solche Frage aufwirft, will er sich die Antwort geben aus seinem gewöhnlichen Bewußtsein heraus. Aber aus diesem gewöhnlichen Bewußtsein kommt nichts anderes, als was eigentlich aus den äußeren Sinneseindrücken entstanden und durch Gefühl und Wille umgewandelt ist. Die Reflexe, die Spiegelbilder des äußeren Lebens findet man, wenn man auf die Weise des gewöhnlichen Bewußtseins nach dem Inneren hineinschaut. Und wenn auch die äußeren Eindrücke durch Gefühl und Wille umgewandelt sind – der Mensch weiß ja nicht, wie Gefühl und Wille eigentlich wirken, und so sieht er sehr häufig das, was er da in seinem Inneren sieht, weil es umgewandelt ist, nicht an als das Spiegelbild der äußeren Welt, sondern als eine besondere Verkündigung einer göttlichen Welt, einer ewigen Welt und dergleichen. Das ist es aber nicht. Es ist das, was dem gewöhnlichen Bewußtsein für den heutigen Menschen als Selbsterkenntnis erscheint, nur die umgewandelte Außenwelt, die aus seinem eigenen Inneren in sein Bewußtsein hinein sich spiegelt. Würde der Mensch in sein Inneres wirklich hineinschauen wollen, dann müßte er – ich habe das Bild schon öfter hier gebraucht – das, was der innere Spiegel ist, zerbrechen.

Unser Inneres ist ja wirklich wie ein Spiegel. Wir schauen die Außenwelt an. Hier sind die äußeren Sinneseindrücke. Daran knüpfen wir Vorstellungen. Dann werden diese Vorstellungen von dem Inneren gespiegelt. Wir kommen, indem wir nach dem Inneren hineinschauen, nur zu diesem Spiegel im Inneren (siehe Zeichnung Seite 20, rot). Wir sehen das, was in dem Erinnerungsspiegel zurückgeworfen wird (rote Pfeile). Wir können mit diesem gewöhnlichen Bewußtsein geradesowenig in das Innere des Menschen hineinschauen, wie man, ohne ihn zu zerbrechen, hinter den Spiegel schauen kann.

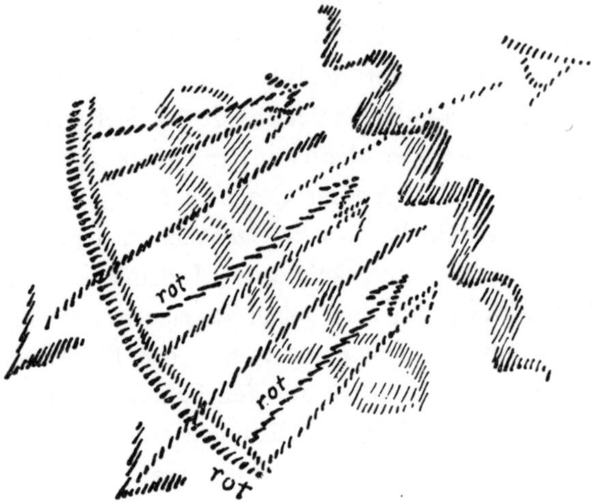

Das aber war gerade bewirkt worden durch die Vorbereitung im alten orientalischen Weisheitswesen, daß diese Lehrer und Schüler der nach dem Westen hin getragenen Mysterienkolonien scharf hinter die Erinnerungen in das Innere des Menschen hineinschauen konnten. Und aus dem heraus, was sie da erblickten, sprachen sie diese Worte, die darauf hindeuteten, daß sie eigentlich begreiflich machen wollten, wie man, insbesondere in jenen alten Zeiten, gut vorbereitet sein mußte, wenn man den Blick in dieses Innere des Menschen richten wollte.

Was sieht man denn da im Inneren des Menschen? Da sieht man, wie da – allerdings von der Kraft des Wahrnehmens und Denkens, die sich entwickelt vor dem Erinnerungsspiegel – etwas hineindringt bis unter den Erinnerungsspiegel. Die Gedanken dringen unter diesen Erinnerungsspiegel hinunter und wirken in dem menschlichen Ätherleib, in demjenigen Teil des menschlichen Ätherleibes, der dem Wachstum, der aber auch der Entstehung der Willenskräfte zugrunde liegt. Indem wir hinausblicken in den sonnendurchhellten Raum, indem wir überblicken alles das, was uns aus den Sinneseindrücken kommt, strahlt etwas in unser Inneres, das ja allerdings auf der einen Seite zu den Erinnerungsvorstellungen wird, das aber doch durchsickert durch den

Erinnerungsspiegel; was uns ebenso durchdringt, wie uns durchdringen, sagen wir, die Vorgänge der Ernährung, des Wachstums und so weiter. Die Gedankenkräfte durchdringen ja zunächst den Ätherleib, und dieser von den Gedankenkräften durchdrungene Ätherleib, der wirkt in einer ganz besonderen Weise nun auf den physischen Leib. Da entsteht im physischen Leib eine vollständige Umwandelung des materiellen Daseins, das im physischen Leib des Menschen ist. In der Außenwelt wird Materie nirgends vollständig zerstört. Daher sprechen die neuere Philosophie und Naturwissenschaft für die Außenwelt von der Erhaltung der Materie. Aber dieses Gesetz der Erhaltung der Materie gilt nur für die Außenwelt. Im Inneren des Menschen wird Materie vollständig zurückverwandelt in das Nichts. Vollständig wird die Materie da in ihrem Wesen zerstört. Unsere Menschennatur beruht gerade darauf, daß wir in der Lage sind, tiefer in ihr, als die Erinnerung gespiegelt wird, die Materie in das Chaos zurückzuwerfen, die Materie vollständig zu zerstören.

Das war es, worauf der Mysterienschüler gewiesen wurde, der vom Oriente in die Mysterienkolonien namentlich Irlands und des Westens überhaupt geführt worden ist: In deinem Inneren, unter dem Erinnerungsvermögen, da trägst du als Mensch etwas in dir, was auf Zerstörung ausgeht, und hättest du das nicht in dir, so hättest du dein Denken nicht entwickeln können, denn du mußt dein Denken dadurch entwickeln, daß die Denkkräfte den Ätherleib durchdringen. Aber ein Ätherleib, der von den Gedankenkräften durchdrungen wird, wirkt auf den physischen Leib so, daß er dessen Materie in das Chaos zurückwirft, zerstört.

Wenn der Mensch daher mit derselben Gesinnung, mit der er bis zur Erinnerung vordringt, sich einläßt auf dieses menschliche Innere, dann tritt er ein in die Region, wo das Menschenwesen zerstören will, wo das Menschenwesen auslöschen will, was da ist. Wir alle tragen unter unserem Erinnerungsspiegel, gerade zum Behufe der Entwickelung des menschlichen gedankenvollen Ich, die Zerstörungswut, die Auflösungswut der Materie gegenüber. Es gibt keine menschliche Selbsterkenntnis, die nicht auf dieses innere menschliche Faktum in aller Intensität hinweist.

Daher muß derjenige, welcher hingewiesen werden soll auf diesen im Inneren des Menschen befindlichen Zerstörungsherd, Interesse haben an der Entwickelung des Geistes. Er muß sich mit aller Intensität sagen können: Der Geist muß bestehen, und um des Bestandes des Geistes willen darf das Materielle ausgelöscht werden. – Erst nachdem zur Menschheit jahrelang wiederum von den Interessen gesprochen wird, die mit dem geisteswissenschaftlichen Forschen zusammenhängen, kann aufmerksam gemacht werden auf das, was sich eigentlich im Inneren des Menschen befindet. Aber es muß auch heute darauf aufmerksam gemacht werden, denn ohne das würde sich der Mensch immer für etwas anderes halten, als er gerade innerhalb der westlichen Zivilisation ist. Der Mensch ist innerhalb der westlichen Zivilisation die Umhüllung eines Zerstörungsherdes, und eigentlich können die Niedergangskräfte in die Aufgangskräfte nur übergeführt werden, wenn der Mensch sich bewußt wird, daß er die Umhüllung eines Zerstörungsherdes ist.

Was würde geschehen, wenn der Mensch durch Geisteswissenschaft nicht auf dieses Bewußtsein hingeführt würde? Nun, wir sehen bereits in der Entwickelung der heutigen Zeit, was geschehen würde. Das, was gewissermaßen isoliert, abgesondert im Menschen ist und nur im Menschen wirken sollte, diese einzige Stelle haben sollte, wo Materie in ihr Chaos zurückgeworfen wird, das dringt heraus, das dringt in die äußeren menschlichen Instinkte. Das wird überhaupt westliche und Erdenzivilisation werden. Das zeigt sich in alledem, was an zerstörungswütigen Kräften heute zum Beispiel im Osten Europas und so weiter auftritt. Das ist die aus dem Inneren in das Äußere hineingeworfene Zerstörungswut, und der Mensch kann sich in der Zukunft gegenüber dem, was da eigentlich in seinen Instinkt übergeht, nur zurechtfinden durch etwas, was in ihm sein muß, wenn wiederum wirkliche Menschenerkenntnis eintritt, wenn wir wiederum aufmerksam gemacht werden auf diesen menschlichen Zerstörungsherd im Inneren, der aber da sein muß um der Entwickelung des menschlichen Denkens willen. Denn jene Stärke des Denkens, die der Mensch haben muß, damit der Mensch seine der heutigen Zeit angemessene Weltanschauung haben kann, diese Stärke des Denkens, die da vor dem Erinnerungsspiegel sein muß, die bewirkt die Fortsetzung des Denkens in den Ätherleib hinein, und dieser vom Denken durchdrungene Ätherleib, der wirkt eben in dieser Weise zerstörend auf den physischen Leib. Es ist einmal in dem modernen Menschen des Westens dieser Zerstörungsherd. Die Erkenntnis macht nur darauf aufmerksam. Und viel schlimmer ist es, wenn der Herd da ist, ohne daß der Mensch mit seinem Bewußtsein darauf hinweisen kann, als wenn der Mensch mit vollem Bewußtsein von diesem Zerstörungsherd Kenntnis nimmt und sich von diesem Gesichtspunkte aus in die moderne Zivilisationsentwickelung hineinbegibt.

Was die Schüler, die von diesen Geheimnissen zuerst gehört haben in diesen Mysterienkolonien, von denen ich gesprochen habe, zuerst befallen hat, war Furcht. Die haben sie gründlich kennengelernt. Gründlich kennengelernt haben sie die Empfindung, daß in das menschliche Innere hineinzuschauen – nicht unehrlich im Sinne einer nebulosen Mystik, sondern ehrlich hineinzuschauen –, Furcht einflößen muß, furchterregend ist. Und diese Furcht, sie wurde bei den alten Mysterienschülern des Westens nur dadurch vertrieben, daß man diese Schüler auf das ganze Gewicht der Tatsachen hingewiesen hat. Dann haben sie das, was da als Furcht entstehen muß, durch das Bewußtsein überwunden.

Als dann die intellektualistische Zeit heraufkam, da wurde diese Furcht unbewußt, und als solche unbewußte Furcht wirkt sie weiter. In allen möglichen Maskierungen wirkt sie im äußeren Leben. Es war aber einfach angemessen der modernen Zeit, in das menschliche Innere hineinzuschauen. «Erkenne dich selbst!», wurde eine richtige Forderung. Die Mysterienschüler wurden geradezu durch das Heraufrufen der Furcht, auf das dann die Überwindung dieser Furcht folgen konnte, in der richtigen Weise auf die Selbsterkenntnis gewiesen. Die intellektualistische Zeit trübte den Blick für das, was im menschlichen Inneren ist; aber sie konnte nicht die Furcht fortschaffen. Und so kam es, daß der Mensch selbst bis zu dem Grade unter dem Eindrucke dieser unbewußten Furcht stand und steht, daß er sagte und sagt: Es gibt überhaupt nichts im Menschen, was hinausliegt über Geburt und Tod. – Er fürchtet sich, tiefer hinunterzuschauen als in dieses Erinnerungsleben, in dieses gewöhnliche Gedankenleben, das ja seine Gesetzmäßigkeit nur zwischen Geburt und Tod hat. Er fürchtet sich, hinunterzublicken in das eigentliche Ewige der Menschenseele, und aus dieser Furcht heraus begründet er die Lehre: Es gibt überhaupt nichts als dieses Leben zwischen Geburt und Tod. – Der moderne Materialismus ist aus der Furcht entstanden, ohne daß er im geringsten eine Ahnung davon hat. Ein Furcht- und Angstprodukt selbst ist diese moderne materialistische Weltanschauung.

So lebt diese Furcht in den äußeren Handlungen der Menschen, in der sozialen Gestaltung, im geschichtlichen Werden seit der Mitte des 15. Jahrhunderts, so lebt sie insbesondere im 19. Jahrhundert in der materialistischen Weltanschauung. Warum wurden die Leute Materialisten, das heißt, wollten nur gelten lassen das Äußere, im materiellen Dasein Gegebene? Weil sie sich fürchteten, in die Untergründe des Menschen hinunterzusteigen.

Das hätte aus seiner Erkenntnis heraus der alte orientalische Weise ausdrücken wollen, indem er gesagt hätte: Ihr Abendländer der Gegenwart lebt ja ganz aus der Furcht heraus. Ihr begründet eure sozialen Ordnungen aus der Furcht heraus, ihr treibt eure Künste aus der Furcht heraus. Ihr habt eure materialistische Weltanschauung aus der Furcht heraus geboren. Ihr und die Nachfolger derjenigen, wenn sie auch in die Dekadenz gekommen sind, die einstmals zu meiner Zeit die altorientalische Weltanschauung begründet haben, ihr und diese Menschen Asiens, ihr werdet euch niemals verstehen können, denn bei den Asiaten ist doch schließlich alles aus der Liebe entsprungen; bei euch entsteht alles aus der Furcht, die mit dem Haß verwandt ist.

Gewiß, solches klingt radikal, aber ich versuche es eben dadurch vorzubringen, daß ich es gerade einem altorientalischen Weisen in den Mund lege. Man wird vielleicht glauben, daß er so sprechen könnte, wenn er wieder aufstehen würde, während man vielleicht den Menschen der Gegenwart für närrisch ansehen würde, wenn er so radikal diese Dinge hinstellen würde. Aber lernen kann man doch gerade aus der radikalen Charakterisierung dieser Dinge, was wir heute für den gesunden Fortgang der Zivilisation eben lernen müssen. Die Menschheit wird wieder wissen müssen, daß das, was gerade die höchste Errungenschaft der neueren Zeit bildet, das verstandesmäßige Denken, gar nicht da sein könnte, wenn nicht das Vorstellungsleben im Inneren aus einem Zerstörungsherd aufstiege, den man erkennen muß, damit man ihn im Inneren hält, damit er nicht in die äußeren Instinkte übergeht und zu sozialen Impulsen werde.

Man kann da schon tief in die Zusammenhänge des Lebens der neueren Zeit hineinsehen, wenn man diese Dinge überschaut. Die Welt also, die sich als ein solcher Zerstörungsherd ankündigt, sie liegt im Inneren jenseits des Erinnerungsspiegels. Aber das Leben des gegenwärtigen Menschen verläuft zwischen demjenigen, was dieser Erinnerungsspiegel gibt, und dem äußeren Sinneswahrnehmen. Und ebensowenig wie der Mensch hinunterblicken kann in sein eigenes Inneres bis jenseits des Erinnerungsspiegels, ebensowenig kann er durchstoßen, was sich da außen ausbreitet als Sinneswahrnehmen. Er dichtet eine materielle atomistische Welt hinzu, die eben eine phantastische Welt ist, weil er nicht durchstoßen kann durch diese Sinnesvorstellungen.

Aber der Mensch ist nicht fremd dieser Welt jenseits der äußeren Sinnesvorstellungen. Er dringt jede Nacht zwischen dem Einschlafen und Aufwachen in diese Welt hinein. Wenn Sie schlafen, sind Sie in dieser Welt drinnen. Was Sie da erleben, das ist jenseits der Sinnesvorstellungen nicht die von den Phantasten der Naturwissenschaft aufgestellte atomistische Welt. Aber was da jenseits der Sinnessphäre ist, das erlebte wiederum gerade der altorientalische Weise in seinen Mysterien. Das aber kann man nur erleben, wenn man Hingabe hat an die Welt, wenn man den Drang und den Trieb hat, sich ganz hinzugeben an die Welt. Da muß Liebe in der Erkenntnis walten, wenn man hinter die Sinneseindrücke kommen will.

Diese Liebe in der Erkenntnis hatte insbesondere die alte orientalische Zivilisation. Und warum muß man diese Hingabe haben? Man muß diese Hingabe haben, weil, wenn man mit dem gewöhnlichen menschlichen Ich hineinkommen wollte in die Welt jenseits der Sinne, man Schaden nehmen würde. Man muß sein Ich, wie man es gewöhnlich hat, aufgeben, wenn man in diese Welt jenseits der Sinne eindringen will. Dieses Ich, wodurch entsteht es? Dadurch, daß das Menschenwesen in ein Chaos der Zerstörung eintauchen kann, bildet sich dieses Ich.

Dieses Ich muß gestählt und erhärtet werden in derjenigen Welt, die im Inneren des Menschen als die Welt eines Zerstörungsherdes ist. Mit diesem Ich kann man nicht jenseits der Sphäre der äußeren Sinneswelt leben.

Stellen wir uns schematisch den Zerstörungsherd im Inneren des Menschen vor (siehe Zeichnung, rot). Er ist über den ganzen menschlichen Organismus ausgebreitet. Was ich da schildere, ist intensiv, nicht extensiv aufzufassen, aber ich werde es schematisch zeichnen. Da ist

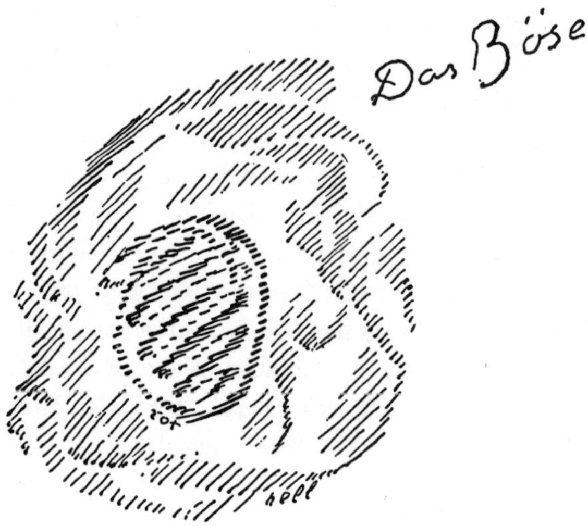

der Zerstörungsherd, da ist die menschliche Hülle. Wenn das, was im Inneren ist, über die ganze Welt verbreitet würde, was würde in der Welt leben durch den Menschen? Das Böse! Das Böse ist nichts anderes, als das nach außen geworfene, im Inneren des Menschen notwendige Chaos. Und in diesem Chaos, in dem, was im Menschen sein muß, aber auch in ihm bleiben muß als ein Herd des Bösen, in dem muß das menschliche Ich, die menschliche Egoität erhärtet werden. Diese menschliche Egoität kann nicht jenseits der menschlichen Sinnessphäre in der Außenwelt leben. Daher verschwindet das Ich-Bewußtsein im Schlafe, und wenn es auftritt in den Träumen, so erscheint es sich oftmals fremd oder geschwächt. Das Ich, das da in dem Herd des Bösen im Inneren eigentlich erhärtet wird, das kann da nicht hinein jenseits der Sphäre der Sinneserscheinungen. Daher die Anschauung des altorientalischen Weisen, daß man nur durch Hingabe, durch Liebe, durch Aufgabe des Ich da eindringen kann, und daß, wenn man ganz eindringt, man nicht lebt in einer Welt des Vana, des Webens in dem Gewohnten, sondern in der Welt, wo dieses gewohnte Dasein verweht ist, Nirvana ist. Auf diese Auffassung des Nirvana, des höchstgesteigerten Hingebens des Ich, wie es im Schlafe vorhanden ist, wie es in vollbewußter Erkenntnis vorhanden war für die Schüler der altorientalischen Zivilisation, würde anspielen solch ein altorientalischer Weiser, wie ich ihn sprechend hypothetisch vor Ihre Seele hingestellt habe. Und er würde eben sagen: Bei euch ist alles, weil ihr die Egoität ausbilden mußtet, auf die Furcht gegründet. Bei uns, weil wir die Egoität unterdrücken mußten, war alles auf Liebe gegründet. Bei euch spricht das Ich, das sich geltend machen will. Bei uns sprach das Nirvana, indem das Ich sich in die ganze Welt liebend ausgoß.

Faßt man diese Dinge in Begriffe, so sind sie da in einer gewissen Weise konserviert, aber sie leben in der Welt der Menschheit als Empfindungen, als Gefühle fluktuierend, und sie durchdringen das menschliche Dasein. Und in solchen Gefühlen und Empfindungen machen sie das aus, was auf der einen Seite heute im Oriente, was auf der anderen Seite im Okzident lebt. Im Okzident haben die Menschen ein Blut, haben die Menschen einen Lymphsaft, der durchtränkt ist von der Egoität, die erhärtet ist in dem inneren Herde des Bösen. Im Orient haben die Menschen ein Blut, eine Lymphe, in denen die Nachklänge leben des Nirvanasehnens.

In ihrem Bewußtsein gehen die Menschen des Orients und des Okzidents im groben heutigen Vorstellen über diese Dinge hinweg, denn das Vorstellen des Intellekts hat etwas Grobes. Das Vorstellen des Intellekts drängt darnach, irgendwie dem lebendigen Organismus Blut abzuzapfen, es zum Präparat zu machen, das dann unter die Lupe zu nehmen und dann anzuschauen, da sich Vorstellungen zu machen. Die Vorstellungen, die man dadurch bekommt, sie sind schon für das gewöhnliche Erleben unendlich grob. Das ist es, was man da auf diese Weise überhaupt sagen kann. Glauben Sie, daß das die feinnuancierten

Unterschiede zwischen den Menschen trifft, die, sich benachbart, hier nebeneinander sitzen? Das Mikroskop gibt natürlich nur grobe Begriffe von Blut, von Lymphe. Feinnuancierte Unterschiede sind schon vorhanden unter den Menschen, die aus denselben Milieuverhältnissen heraus entstanden sind. Aber diese Nuancierungen sind natürlich in intensivster Weise vorhanden zwischen den Menschen des Orients und des Okzidents, was heute der Verstand ja nur ganz grob vorstellen kann.

So lebt es in den Leibern der Menschen Asiens, Europas und Amerikas und wie sie sich zueinander verhalten, so lebt es im äußeren sozialen Leben sich aus. Mit jenem groben Verstande, der in den letzten Jahrhunderten dazu dienlich war, die äußere Natur zu erkennen, werden wir die Anforderungen des neueren sozialen Lebens nicht bezwingen können, werden wir insbesondere nicht den Ausgleich finden können zwischen dem Orient und dem Okzident. Aber der muß gefunden werden.

Im Spätherbst gehen die Menschen zur Washingtoner Konferenz, und da soll über dasjenige verhandelt werden, was, ich möchte sagen, aus einer instinktiven Genialität heraus der General *Smuts*, der Südafrikaminister Englands, gesagt hat: Es ist einmal die Entwickelung der neueren Menschheit dadurch charakterisiert, daß der Ausgangspunkt der Kulturinteressen, der bisher in der Nordsee und im Atlantischen Ozean war, übertragen wird nach dem Stillen Ozean. Aus der Kultur der um die Nordsee herum liegenden Gebiete, die sich allmählich im Westen ausgedehnt hat, wird eine Weltkultur. Der Schwerpunkt dieser Weltkultur wird aus der Nordsee nach dem Stillen Ozean fortgetragen.

Vor dieser Veränderung steht die Menschheit. Aber die Menschen reden heute noch so, daß dieses Reden aus den alten groben Begriffen heraus erfolgt und kein Wesenhaftes getroffen wird, das aber getroffen werden muß, wenn wir wirklich vorwärtskommen wollen. Die Zeichen der Zeit stehen bedrohlich und bedeutsam vor uns und sagen uns: Bisher brauchte man nur ein eingeschränktes Vertrauen zwischen Menschen, die sich eigentlich alle voreinander im geheimen fürchteten. Diese Furcht maskierte sich nur in allerlei andere Gefühle. Aber nunmehr brauchen wir eine Seelenverfassung, die eine Weltkultur wird umspannen können. Wir brauchen ein Vertrauen, das die Gegensätze zwischen Orient und Okzident ausgleichen kann. Da eröffnen sich bedeutsame Perspektiven; die brauchen wir. Die Menschen glauben heute nur über wirtschaftliche Fragen verhandeln zu dürfen, über die Stellung, die Japan im Stillen Ozean haben wird, über die Art und Weise, wie man China wird gestalten müssen, damit ein offenes Tor für alle übrigen kommerziellen, Handel treibenden Völker der Erde geschaffen werde und so weiter.

Meine lieben Freunde, diese Fragen werden auf keiner Konferenz der Erde entschieden, bevor den Menschen nicht bewußt wird, daß zum Wirtschaften Vertrauen von einem Menschen zum anderen gehört. Und dieses Vertrauen, es wird in der Zukunft nur auf geistige Art errungen werden können. Die äußere Kultur wird die geistige Vertiefung brauchen. Ich wollte heute auf das, was in dieser Richtung hier oftmals geltend gemacht worden ist, wiederum von einer anderen Seite hindeuten. Wir werden morgen in diesem Sinne dann weiter sprechen.

ZWEITER VORTRAG

Dornach, 24. September 1921

Ich habe gestern davon gesprochen, daß wir im Inneren des Menschen eine Art Herd der Zerstörung finden. Wenn wir im gewöhnlichen Bewußtsein verharren, so kommen wir ja eigentlich innerhalb dieses Bewußtseins, sagte ich, nur dahin, von den Eindrücken der Welt die Erinnerungen zu bewahren. Wir machen an der Welt unsere Erfahrungen, haben an ihr unsere Erlebnisse durch die Sinne, durch den Verstand, durch die Wirkungen auf unser Seelenleben überhaupt. Später können wir aus unserer Erinnerung die Nachbilder desjenigen, was wir erlebt haben, wiederum hervorholen. Wir tragen als unser Innenleben in uns die Nachbilder der Sinneserlebnisse. Und es ist schon so, wie wenn ein Spiegel in uns wäre, der nur anders wirkte als ein gewöhnlicher räumlicher Spiegel. Ein gewöhnlicher räumlicher Spiegel strahlt zurück, was vor ihm ist. Jener lebendige Spiegel, den wir in uns tragen, strahlt anders zurück. Die Sinneseindrücke, die wir aufnehmen, die strahlt er im Laufe der Zeit, veranlaßt durch dies oder jenes, wiederum in unser Bewußtsein zurück und wir haben die Erinnerungen an unsere Erlebnisse. Wenn wir einen räumlichen Spiegel zerschlagen, so sehen wir hinter den Spiegel. Wir sehen dann ein Gebiet, das wir eben gerade nicht sehen, wenn der Spiegel intakt ist. Wenn wir in der entsprechenden Weise innerlich üben, dann kommen wir, wie ich öfter erwähnt habe, zu etwas wie zu einem Zerbrechen des inneren Spiegels. Die Erinnerungen können gewissermaßen für kurze Zeit – das muß alles in unserer Willkür stehen – aufhören, und wir sehen tiefer in unser Inneres hinein. Und dann eben, wenn wir tiefer in unser Inneres hineinsehen, wenn wir hinter den Erinnerungsspiegel sehen, dann erblicken wir das, was ich gestern charakterisierte als eine Art Zerstörungsherd.

Ein solcher Zerstörungsherd muß ja in uns sein, denn nur in einem solchen kann eigentlich das Ich des Menschen sich verfestigen. Da ist eigentlich auch der Herd zur Befestigung, zur Erhärtung des Ich. Ich sagte gestern: Wenn diese Ich-Erhärtung, diese Egoität nach außen ins soziale Leben getragen wird, so entsteht eben gerade dadurch das Böse, das Böse im sozialen Leben, im Wirken des Menschen.

Sie sehen daraus, wie kompliziert eigentlich das Leben, in das der Mensch hineingestellt ist, eingerichtet ist. Was im Inneren des Menschen seine gute Aufgabe hat, ohne das wir unser Ich nicht ausbilden können, das darf gar nicht nach außen getragen werden. Der schlechte, der böse Mensch trägt es nach außen, der gute Mensch behält es in seinem Inneren. Wenn es nach außen getragen wird, wird es Verbrechen, wird es das Böse. Wenn es im Inneren bewahrt bleibt, ist es das, was wir brauchen, damit das menschliche Ich die richtige Stärke erhalte. Es gibt eben nichts in der Welt, was nicht an seinem Orte seine segensreiche Bedeutung haben würde. Wir würden gedankenlose, unbesonnene Menschen sein, wenn wir nicht in uns diesen Herd hätten. Denn dieser Herd äußert sich ja so, daß wir in ihm etwas erleben, was wir in der äußeren Welt niemals erleben können. In der äußeren Welt sehen wir die Dinge materiell. Alles, was wir da sehen, sehen wir materiell, und wir sprechen dann nach den Gewohnheiten der heutigen Wissenschaft von der Erhaltung der Materie, von der Unzerstörbarkeit des eigentlichen Materiellen.

In diesem Zerstörungsherd, von dem ich gestern gesprochen habe, wird die Materie wirklich vernichtet. Sie wird in ihr Nichts zurückgeworfen. Und dann können wir innerhalb dieses Nichts, das da entsteht, das Gute entstehen lassen, wenn wir statt unserer Instinkte, unserer Triebe, die nur zur Ausbildung der Egoität wirken müssen, durch eine moralische Seelenverfassung alles das hineingießen in diesen Zerstörungsherd, was moralische, was ethische Ideale sind. Dann entsteht ein Neues. Dann entstehen eben gerade in diesem Zerstörungsherde die Keime für künftige Welten. Da also nehmen wir als Menschen teil an entstehenden Welten. Und wenn wir, wie man das aus meiner «Geheimwissenschaft im Umriß» ersehen kann, davon sprechen, daß einmal unsere Erde der Vernichtung entgegengehen und sich durch allerlei Umwandlungszustände das Jupiterdasein entwickeln wird, so müssen wir sagen: In diesem Jupiterdasein wird nur dasjenige sein, was sich heute schon in den Menschen innerhalb dieses Zerstörungsherdes als Neubildung gestaltet aus den moralischen Idealen heraus – allerdings auch aus den antimoralischen Impulsen heraus, aus demjenigen, was eben gerade als das Böse aus der Egoität heraus wirkt. Und so wird das Jupiterdasein eben ein Kampf sein zwischen dem, was die Menschen auf der Erde schon zustande bringen dadurch, daß sie in ihr inneres Chaos hineinbringen ihre moralischen Ideale, und dem, was sie auch hineinbringen als das, was mit der Ausbildung der Egoität als das Unmoralische, als das Widermoralische entsteht. So also schauen wir auf ein Gebiet, wo Materie in ihr Nichts zurückgeworfen wird, indem wir in unser tiefstes Inneres hineinblicken.

Ich habe dann darauf hingedeutet, wie es sich auf der anderen Seite des menschlichen Daseins verhält, auf der Seite, wo die Sinneserscheinungen um uns herum ausgebreitet sind. Wir blicken hin auf diese Sinneserscheinungen: Wie ein Teppich sind sie ausgebreitet, und wir wenden dann unseren kombinierenden Verstand an, um innerhalb dieser Sinneserscheinungen Gesetze zu finden, die wir die Naturgesetze nennen. Aber mit dem gewöhnlichen Bewußtsein kommt man nicht durch diesen Sinnesteppich durch. Geradesowenig wie man mit dem gewöhnlichen Bewußtsein nach innen durch den Erinnerungsspiegel durchkommt, geradesowenig kommt man nach außen durch mit dem gewöhnlichen Bewußtsein durch den Teppich der Sinneseindrücke. Mit dem entwickelten Bewußtsein kommt man durch, und mit einem instinktiv schauenden Bewußtsein kamen die Menschen der alten orientalischen Weisheit durch. Und dann erblickten sie diejenige Welt, in der zunächst die Egoität im Bewußtsein sich nicht geltend machen kann. Wir treten jedesmal beim Einschlafen in diese Welt ein. Da wird die Egoität herabgedämpft, weil eben jenseits des Sinnesteppichs die Welt liegt, wo zunächst die für das Menschendasein sich entwickelnde Ich-Gewalt keinen Platz hat. Daher sprach diejenige Weltanschauung, die als die alte orientalische eine besondere Sehnsucht entwickelte, hinter den Sinneserscheinungen zu leben, von dem Nirvana, von dem Verwehen der Egoität.

Wir haben dann gestern hingewiesen auf den großen Gegensatz, der da lebt zwischen Orient und Okzident. Der Orient hat einstmals ausgebildet alles das, was der Mensch ersehnt zu schauen hinter den Sinneserscheinungen, und er bildete da das Schauen für eine geistige

Welt aus, für diejenige Welt, die nicht aus Atomen und Molekülen, wohl aber aus geistigen Wesenheiten sich zusammengliedert, und die für die alte orientalische Weltanschauung einfach als die schaubare Wirklichkeit da war. Jetzt lebt der Orient, jetzt lebt Asien und leben andere Glieder der Welt in den dekadenten Entwickelungsstadien dieses Sich-Sehnens nach der Welt hinter den Sinneserscheinungen, während der Okzident ausgebildet hat die Egoität, ausgebildet hat alles das, was im Mencheninneren sich erhärtet und verfestigt innerhalb des Zerstörungsherdes, den wir charakterisiert haben.

Damit hat man aber auch zu gleicher Zeit auf alles das hingedeutet, was notwendigerweise heute und in der nächsten Zukunft wird einziehen müssen in das Bewußtsein der Menschen. Denn würde weiter bleiben, was sich seit der Mitte des 15. Jahrhunderts als der bloße Intellektualismus heraufentwickelt hat, so würde die Menschheit vollständig in den Niedergang verfallen, denn mit Hilfe des Intellektualismus gelangt man niemals weder hinter den Erinnerungsspiegel noch hinter den vor unseren Sinnen ausgebreiteten Sinnesteppich. Der Mensch muß aber wieder ein Bewußtsein von diesen Welten erlangen. Er muß ein Bewußtsein von diesen Welten erlangen schon aus dem Grunde, damit für ihn das Christentum wiederum eine Wahrheit werden könne; denn das Christentum ist eigentlich heute für ihn keine Wahrheit. Wir sehen das am besten an der neuzeitlichen Ausbildung der Christus-Vorstellung, wenn man überhaupt von einer solchen Ausbildung sprechen kann. Es ist schon einmal so für den modernen Menschen in dem gegenwärtigen Entwickelungsstadium, daß er zu einer Christus-Vorstellung gar nicht kommen kann aus denjenigen Begriffen und Ideen heraus, die sich seit dem 15. Jahrhundert als die naturwissenschaftlichen ausgebildet haben. Und man ist auch im 19. Jahrhundert und im Beginne des 20. Jahrhunderts zu keiner Christus-Vorstellung fähig gewesen.

Diese Dinge muß man in der folgenden Weise ansehen. Wenn der Mensch so, wie er nun einmal sein heutiges Bewußtsein hat, sich die Welt ringsherum anschaut, so bildet er sich mit dem kombinierenden Verstande Naturgesetze. Dadurch kommt er ja auf eine Weise, die durchaus dem heutigen Bewußtsein schon möglich ist, dazu, zu sagen:

Diese Welt ist von Gedanken durchsetzt, denn die Naturgesetze sind in Gedanken erfaßbar und sind eigentlich selbst die Weltgedanken. – Man kommt dann dazu – namentlich, wenn man die Naturgesetze verfolgt bis zu derjenigen Stufe, wo sie angewendet werden müssen auf das eigene Entstehen des Menschen als physisches Wesen –, sich zu sagen: Innerhalb derjenigen Welt, die wir mit unserem gewöhnlichen Bewußtsein überschauen, von der Sinneswahrnehmung bis zum Erinnerungsspiegel, lebt ein Geistiges. – Man muß eigentlich schon als Mensch krank sein, pathologisch sein, wenn man wie der gewöhnliche atheistische Materialist dieses Geistige nicht anerkennen will. Wir stehen ja in dieser Welt, die dem gewöhnlichen Bewußtsein gegeben ist, so darinnen, daß wir aus ihr als physischer Mensch durch die physische Konzeption und die physische Geburt selber hervorgehen. Was da beobachtbar ist innerhalb der physischen Welt, das muß nämlich notwendigerweise unvollständig betrachtet werden, wenn man nicht eine allgemeine geistige Wesenheit zugrunde legt. Wir werden als physische Wesen auf physische Art geboren. Wir sind eigentlich, wenn wir als kleines Kind geboren werden, für die äußere physische Anschauung ziemlich ähnlich einem Naturwesen. Und aus diesem Naturwesen, das im Grunde genommen in einer Art von schlafendem Zustand ist, entwickeln sich die inneren geistigen Fähigkeiten heraus. Diese inneren geistigen Fähigkeiten entstehen ja erst im Laufe der künftigen Entwickelung. Man muß sich ganz notwendigerweise dazu bequemen, das, was da im Menschen entsteht als die geistigen Fähigkeiten, ebenso zurückzuverfolgen hinter Geburt und Konzeption, wie man das Wachsen der Glieder verfolgt. Dann aber kommt man eben dazu, sich auch das lebendig geistig zu denken, was man sonst an der äußeren Natur sich nur als die abstrakten Naturgesetze bildet. Und dann kommt man, mit anderen Worten, zum Konstatieren dessen, was man den Vatergott nennen kann.

Es ist schon bedeutsam, daß die Scholastik im Mittelalter angenommen hat, daß unter denjenigen Erkenntnisergebnissen, die man haben kann aus der gewöhnlichen Beobachtung der Welt durch die gewöhnliche menschliche Vernunft, die Erkenntnis des Vatergottes ist. Man kann schon sagen, wie ich es öfters ausgedrückt habe: Wer sich wirklich darauf einläßt, diese Welt, die dem gewöhnlichen Bewußtsein gegeben ist, zu zergliedern und dann nicht dazu kommt, die Naturgesetze zuletzt zusammenzufassen in demjenigen, was man den Vatergott nennt, der muß eigentlich irgendwie krank sein, pathologisch sein. Atheist sein, heißt krank sein – so sprach ich das hier einmal aus.

Aber man kommt mit diesem gewöhnlichen Bewußtsein eben nicht weiter als bis zu diesem Vatergotte. Bis zu ihm kann man kommen mit dem gewöhnlichen Bewußtsein, aber eben nicht weiter. Und daher ist es charakteristisch, daß einer, der als ein ganz bedeutender Theologe der neuesten Zeit gilt, *Adolf von Harnack*, davon gesprochen hat, daß eigentlich Christus, der Sohn, in die Evangelien gar nicht hineingehöre, daß in die Evangelien die Botschaft vom Vater gehöre, daß Christus Jesus eigentlich nur insoweit in die Evangelien gehöre, als er die Botschaft von dem Vatergott gebracht hat. Sie können da ganz deutlich sehen, daß dieses moderne Denken auch in der modernen Theologie mit einer gewissen Konsequenz dazu führt, nur den Vatergott anzuerkennen und die Evangelien selber so aufzufassen, daß in ihnen nur enthalten ist die Botschaft von dem Vatergotte. Man wollte also im Sinne dieser Theologie den Christus als Wesenheit nur insofern gelten lassen, als er einmal in der Welt aufgetreten ist und den Menschen die richtige Lehre vom Vatergotte beigebracht habe.

Darin ruht zweierlei: erstens der Glaube, als ob die Botschaft vom Vatergotte nicht durch die gewöhnliche Weltbetrachtung gefunden werden könnte. Die Scholastik hat das noch angenommen, hat nicht angenommen, daß die Evangelien dazu da seien, um von dem Vatergotte zu sprechen, sondern sie hat angenommen, daß die Evangelien dazu da seien, um von dem Sohnesgotte zu sprechen. Daß so die Meinung auftreten konnte, es solle eigentlich nur vom Vatergotte gesprochen werden, das bezeugt, daß auch die Theologie eingelaufen ist in die Denkweise, die sich eben als die okzidentale ausgebildet hat. Denn bis etwa ins 3., 4. nachchristliche Jahrhundert, wo noch viel von orientalischer Weisheit im Christentum da war, da beschäftigte die Menschen innig die Frage nach dem Unterschiede zwischen dem Vatergotte und dem Sohnesgotte. Man möchte sagen: Diese feinen Unterscheidungen zwischen dem Vater- und dem Sohnesgotte, die die ersten christlichen Jahrhunderte unter dem Einfluß der orientalischen Weisheit noch beschäftigt haben, die haben eigentlich gar keinen Inhalt mehr für den modernen Menschen, für jenen modernen Menschen, der unter solchen Einflüssen, wie ich es gestern dargestellt habe, die Egoität ausgebildet hat.

Und so kommt denn eine gewisse Unwahrheit in das moderne religiöse Bewußtsein hinein. Das, was der Mensch innerlich erlebt, wozu er kommt durch seine Weltzergliederung und Weltsynthese, das ist der Vatergott. Aus der Tradition, aus der Überlieferung hat er dann Gott den Sohn. Die Evangelien sprechen ihm davon, die Tradition spricht ihm davon: Er hat den Christus; er will sich zum Christus bekennen – aber aus dem inneren Erleben heraus hat er eigentlich den Christus nicht. Und so überträgt er das, was er eigentlich nur anwenden sollte auf den Vatergott, auf den Christus-Gott. Die moderne Theologie hat eigentlich gar nicht den Christus, sie hat nur den Vater, aber sie nennt den Vater «Christus», weil es nun schon einmal so ist, daß die Christus-Wesenheit aus der Geschichte überliefert ist und man Christ sein will. Man dürfte sich, wenn man wahr wäre, gar nicht Christ nennen in der neueren Zeit!

Das wird allerdings anders, wenn wir weiter nach dem Osten hinübergehen. Schon im europäischen Osten wird es anders. Wenn Sie den hier auch schon öfters erwähnten russischen Philosophen *Solowjow* nehmen, so haben Sie ja wiederum eine Seelenverfassung, zur Philosophie geworden, die mit einem vollen Rechte, nämlich mit einem innerlichen Rechte spricht von einem Unterschied zwischen dem Vater und dem Sohn, weil beides, der Vater und Christus, für Solowjow Erlebnisse sind. Der westliche Mensch unterscheidet nicht zwischen Gott dem Vater und Christus. Wenn Sie innerlich ehrlich sind, werden Sie es selber fühlen, wie Ihnen sogleich, wenn Sie eine Unterscheidung treffen wollen zwischen dem Vatergott und dem Christus, beide durcheinanderfließen. Das ist bei Solowjow unmöglich. Solowjow erlebt beide getrennt, und er hat daher auch noch einen Sinn für die Kämpfe, die Geisteskämpfe, die in den ersten christlichen Jahrhunderten ausgefochten worden sind, um für das menschliche Bewußtsein den Unterschied zwischen dem Vatergotte und dem Sohnesgotte zu vergegenwärtigen.

Das ist es aber, wozu der moderne Mensch wiederum kommen muß. Es muß doch eine Wahrheit darinnenstecken, wenn man sich Christ nennt. Es darf doch nicht so sein, daß man eigentlich den Christus zu verehren vorgibt und ihm nur die Eigenschaften des Vatergottes beilegt! Man wird aber nur dadurch, daß man solche Wahrheiten vorbringt, wie diejenigen sind, auf die ich gestern aufmerksam gemacht habe, dazu kommen, die beiden Erlebnisse, das Vatererlebnis und das Sohneserlebnis, zu haben.

Aber allerdings, es wird dazu notwendig sein, daß die ganze abstrakte Form des Bewußtseins, in der der moderne Mensch aufwächst und die eigentlich nichts zuläßt als die Anerkennung des Vatergottes, durch ein viel konkreteres Bewußtseinsleben ersetzt werde. Natürlich, so wie ich Ihnen die Dinge gestern dargestellt habe, kann man sie heute nicht ganz allgemein in der Welt darstellen, die nicht genügend vorbereitet ist durch die anderen Gebiete der Geisteswissenschaft, der Anthroposophie. Aber es gibt immerhin Möglichkeiten, auch den modernen Menschen ebenso darauf hinzuweisen, wie in seinem Inneren ein Zerstörungsherd ist, und wie in der Außenwelt dasjenige ist, wo das Ich gewissermaßen ertrinkt, wo es sich nicht befestigt halten kann – wie man in alten Zeiten vom Sündenfall und ähnlichem gesprochen hat. Man muß nur die Form finden, wie diese Dinge ebenso in das gewöhnliche Bewußtsein übergehen können, wie früher die Lehre vom Sündenfall die Lehre von einer geistigen Grundlage der Welt gegeben hat, die anders gewaltet hat als unsere Vatergott-Lehre.

Unsere Wissenschaft wird sich eben durchdringen müssen mit solchen Anschauungen, wie ich sie gestern geltend gemacht habe. Unsere Wissenschaft will nur anerkennen die Naturgesetze im Inneren des Menschen. Aber gerade in diesem Zerstörungsherde, von dem ich jetzt schon öfter hier gesprochen habe, da vereinigen sich die Naturgesetze mit den Moralgesetzen, da werden Naturgesetze und moralische Gesetze eines. In unserem Inneren wird eben die Materie, und damit alle Naturgesetze, vernichtet. Das materielle Leben mit allen Naturgesetzen wird ins Chaos zurückgeworfen, und aus dem Chaos vermag aufzusteigen eine neue Natur, durchtränkt von den Moralimpulsen, die wir in unserem Inneren in sie hineinlegen. Und wir haben gesagt:

Alles das, was da als Zerstörungsherd sich geltend macht, ist unterhalb unseres Erinnerungsspiegels. Wenn wir also schauend hinunterdringen unter diesen Erinnerungsspiegel, so bemerken wir das, was eigentlich immer im Menschen ist. Durch die Erkenntnis wird ja der Mensch nicht anders. Er erkennt nur das, wie er ist, wie er sonst immer ist. Der Mensch muß zur Besinnung kommen über das, was er ist und wie er ist.

Aber indem wir so hinunterdringen, wir könnten sagen, in das innere Böse im Menschen und dann auch ein Bewußtsein davon bekommen, wie da in dieses innere Böse, wo die Materie zerstört wird, wo die Materie in ihr Chaos zurückgeworfen wird, die moralischen Impulse hineinwehen, dann haben wir den Anfang des geistigen Seins in uns selbst. Wir nehmen dann in uns selber den schaffenden Geist wahr. Denn indem die moralischen Gesetze an der Materie wirken, die eins geworden, ins Chaos zurückgeworfen ist, haben wir in uns ein auf naturhafte Weise geistig Wirksames. Wir werden uns bewußt des konkreten geistig Wirksamen, das in uns ist und das der Keim für künftige Welten ist.

Womit können wir das, was sich da in unserem Inneren ankündigt, vergleichen? Wir können es jetzt nicht vergleichen mit demjenigen, was unsere Sinne zunächst von der äußeren Natur uns mitteilen. Wir können es nur vergleichen mit dem, was uns etwa ein anderer Mensch mitteilt, wenn er zu uns spricht. Deshalb ist es mehr als ein Vergleich, wenn wir sagen: Was da im Inneren sich vollzieht, indem die moralischen oder auch unmoralischen Impulse sich mit dem Chaos in uns verbinden, das spricht zu uns. Das ist in der Tat etwas, was in uns spricht. Und man kommt da in einer Weise, die nicht etwa Allegorie oder Symbol ist, sondern die durchaus real ist, man kommt darauf, wie das, was wir äußerlich durch unsere Ohren hören können, eine für die Erdenwelt abgeschwächte Sprache ist, während in unserem Inneren eine Sprache gesprochen wird, die über die Erde hinausgeht, weil sie aus dem heraus spricht, was die Keime für künftige Welten enthält. Wir dringen da wirklich vor zu dem, was das «innere Wort» genannt werden muß. Allerdings so, daß in dem abgeschwächten Worte, das wir sprechen oder hören im Verkehr mit unseren Mitmenschen, ja Hören und Sprechen getrennt ist, während wir in unserem Inneren, wenn wir unter den Erinnerungsspiegel hinuntertauchen in das innere Chaos, eine Wesenhaftigkeit haben, wo in unserem Inneren selber gesprochen wird und zu gleicher Zeit gehört wird. Hören und Sprechen vereinigen sich da wiederum. Das innere Wort spricht in uns, das innere Wort wird in uns gehört.

Aber wir sind da zugleich in ein Gebiet hineingekommen, wo es keinen Sinn mehr hat, von Subjektivem und Objektivem zu sprechen. Wenn Sie den anderen Menschen hören, wenn er zu Ihnen Worte spricht, die Sie mit ihrem Gehörsinn wahrnehmen, dann wissen Sie, diese Wesenheit des anderen Menschen ist außer Ihnen, aber Sie müssen gewissermaßen sich aufgeben, sich an sie hingeben, damit Sie im Gehörten die Wesenheit des anderen Menschen wahrnehmen. Und wiederum, wenn Sie sprechen: Sie wissen, das, was wirklich Wort wird, hörbares Wort, ist nicht bloß etwas Subjektives, das ist etwas, was in die Welt hineingestellt wird. Also auch in dem Abgeschwächten, das wir im Verkehr mit anderen Menschen hören als Wort und das wir zu ihnen sprechen als Wort, da hat die Unterscheidung zwischen Subjektivität und Objektivität keinen Sinn. Wir stehen mit unserer Subjektivität in der Objektivität drinnen, und die Objektivität wirkt in uns und mit uns, indem wir wahrnehmen. So wird es auch, indem wir hinuntersteigen zu dem inneren Wort. Es ist nicht bloß ein inneres Wort, es ist zu gleicher Zeit etwas Objektives. Es spricht nicht unser Inneres, es spricht, bloß auf dem Schauplatz unseres Inneren, die Welt.

Daher ist es auch für den, der nun eine Einsicht hat, wie hinter dem Sinnesteppich eine geistige Welt ist, wie da die geistigen Wesenheiten der höheren Hierarchien walten und weben, für den ist es so, daß er zunächst durch eine Imagination wahrnimmt diese Wesenheiten; aber sie werden für ihn, für sein Schauen von innerlichem Leben durchdrungen, indem er nun, scheinbar durch sich, aber in Wirklichkeit aus der Welt, das Wort vernimmt.

Der Mensch dringt also durch Hingabe, durch Liebe ein in die Welt jenseits des Sinnesteppichs, und er dringt dazu vor, die Wesenheiten, die sich ihm da bei voller Hingabe seines eigenen Wesens offenbaren, wahrzunehmen durch das, was er in seinem Inneren als das innere Wort gelten lassen muß. Wir wachsen zusammen mit der Außenwelt. Die Außenwelt wird gewissermaßen weltentönend, wenn das innere Wort erweckt ist.

Nun, das, was ich Ihnen da schildere, das ist ja bei jedem Menschen der Gegenwart da. Er hat nur keine Erkenntnis, daher keine Besonnenheit, kein Bewußtsein davon; und er muß erst hineinwachsen in eine solche Erkenntnis, in eine solche Besonnenheit. Wenn wir mit dem gewöhnlichen Bewußtsein, das uns die intellektualistischen Begriffe liefert, die Welt erkennen, so erkennen wir eigentlich nur das Vergehende, nur die Vergangenheit. Und wenn wir dann recht anschauen, was uns unser Intellekt liefern kann, so ist es im Grunde genommen der Rückblick auf die vergehende Welt. Aber wir können mit dem, was ich angedeutet habe, den Vatergott finden. Welches Bewußtsein entwickeln wir also dem Vatergotte gegenüber? Das Bewußtsein, daß der Vatergott einer Welt zugrunde liegt, deren Vergehen sich in unserer Intellektualität ankündigt.

Ja, es ist so: Seit der Mitte des 15. Jahrhunderts hat der Mensch eine besondere Fähigkeit in seiner Intellektualität entwickelt, das Untergehende der Welt zu betrachten. Den Weltenleichnam analysieren wir und prüfen wir mit unseren intellektualistischen Wissenschaftserkenntnissen. Und solche Theologen, wie Adolf Harnack, die nur am Vatergotte festhalten, sind eigentlich für die Welt Schilderer des Untergehenden, dessen, was mit der Erde vollends untergehen wird, was mit der Erde vollends verschwinden wird. Es sind nach rückwärts weisende Geister.

Aber schließlich, wie ist es denn für den Menschen, der sich so ganz einlebt in das, was ihm von Kindheit auf als moderne naturwissenschaftliche Denkweise eingepfropft wird? Es ist so, daß er lernt: Da in der Welt entstehen und vergehen zwar die äußeren Phänomene, aber die Materie bleibt, die Materie ist das Unzerstörbare, und wenn auch die Erde einmal an ihrem Ende angekommen sein wird, die Materie wird nicht zerstört sein. Gewiß, es wird ein großer Friedhof kommen, aber dieser große Friedhof wird dieselben Atome und Moleküle oder wenigstens dieselben Atome bergen, die heute schon da sind. – Man wendet den Blick nur hin auf dieses Untergehende, und man studiert auch in dem Aufgehenden im Grunde genommen nur das, was vom Untergehenden in das Aufgehende hineinspielt.

Das würde einem Orientalen nie möglich sein mitzumachen, und in dem abgedämpften philosophischen Fühlen Solowjows zeigt sich das schon im europäischen Orient, im Osten von Europa. Wenn er es auch nicht deutlich ausspricht – wenigstens nicht so deutlich, als es in der Zukunft ausgesprochen werden müßte im allgemeinen Bewußtsein –, so muß man doch sagen: Solch ein Geist wie Solowjow hat noch so viel vom Orientalen, daß er überall sieht, wie das Untergehende der Welt da ist, das sich Zerbröckelnde, das sich Auflösende, das nach dem Chaos Strebende und daß doch auch wiederum das Aufgehende, das Zukünftige da ist. Aber man muß das dann so sehen, wenn man es der Realität, der Wirklichkeit nach sehen will, daß wir all das haben, was wir mit unseren Sinnen sehen, auch von dem anderen Menschen zunächst mit unseren Sinnen sehen: das, all das wird einmal nicht sein. Was sich unseren Augen zeigt, was sich unseren Ohren weist und so weiter, das wird einmal nicht sein. Himmel und Erde werden vergehen – denn auch das, was wir von den Sternen durch unsere Sinne sehen, gehört zu diesem Vergänglichen –, Himmel und Erde werden vergehen; das aber, was sich als das innere Wort in dem inneren Chaos des Menschen, in dem Zerstörungsherde bildet, das wird, nachdem Himmel und Erde vergangen sind, so fortleben, wie der Keim der Pflanze des gegenwärtigen Jahres im nächsten Jahr in der Pflanze weiterleben wird. In dem Inneren der Menschen sind die Keime von Weltenzukünften. Und nehmen die Menschen in diesen Keimen den Christus auf, dann können Himmel und Erde vergehen, aber der Logos, der Christus, kann nicht vergehen. Der Mensch trägt gewissermaßen in seinem Inneren, was einmal sein wird, wenn alles das nicht mehr sein wird, was er um sich sieht.

Und er muß sich sagen können: Ich blicke zum Vatergotte. Der Vatergott liegt der Welt zugrunde, die ich durch die Sinne sehen kann. Sie ist seine Offenbarung. Aber sie ist eine untergehende Welt, und sie wird in diesen Untergang auch den Menschen mitreißen, wenn der Mensch ganz aufgehen würde in ihr, wenn nur das Bewußtsein des Vatergottes entwickelt werden könnte. Der Mensch würde zurückkehren zum Vatergotte; er würde keine Fortentwickelung haben können. Da ist aber eine aufgehende Welt, die zunächst eben gerade durch den Menschen da ist. Adelt der Mensch seine sittlichen Ideale durch das Christus-Bewußtsein, durch den Christus-Impuls, gestaltet er seine sittlichen Ideale so, daß sie sind, wie sie sein sollten dadurch, daß der Christus auf die Erde gekommen ist, dann lebt in seinem Chaos keimend in die Zukunft hinein, was nun nicht eine untergehende, was eine aufgehende Welt ist.

Man muß diese starke Empfindung haben für die untergehende und für die aufgehende Welt. Man muß in der Natur schon empfinden, wie in ihr ein immerwährendes Sterben ist. Und durch dieses Sterben wird die Natur gewissermaßen tingiert. Dafür aber ist in der Natur auch ein fortwährendes Aufgehen, ein fortwährendes Geborenwerden. Das tingiert die Natur nicht mit demjenigen, was dann unseren Sinnen sichtbar wird, aber das ist doch in der Natur empfindbar, wenn wir nur mit offenem Herzen uns dieser Natur hingeben.

Wir sehen draußen in der Natur, sagen wir, die Farben, die Farben im Sinne des Farbenspektrums, von dem äußersten Rot bis zu dem äußersten Violett, mit den Zwischennuancen. Wenn wir nun in einer gewissen Weise diese Farben durcheinander tingieren würden, dann würden sie Leben annehmen. Dann werden sie gerade zu dem, was als die menschliche sogenannte Fleischfarbe, das Inkarnat, aus dem Menschen herausdringt. Wo wir in die Natur hineinblicken, erblicken wir gewissermaßen den ausgebreiteten Regenbogen als das Zeichen des Vatergottes. Blicken wir aber auf den Menschen: Das Inkarnat, es spricht aus des Menschen Inneren heraus, indem sich alle Farben durchdringen, aber Leben annehmen, lebendig werden in ihrem Sich-Durchdringen. Fort ist dasjenige, was da Leben annimmt, wenn wir nur den Leichnam ansehen. Da wird wiederum zurückgeworfen in den Regenbogen, in die Schöpfung des Vatergottes, was der Mensch ist. Aber der Mensch muß in seinem Inneren auch die Quelle des Farbigen, das, was den Regenbogen zum Inkarnat, was den Regenbogen zu einer lebendigen Einheit macht – er muß dieses in seinem Inneren erblicken.

Ich habe Sie in einer vielleicht komplizierten Weise gestern und heute auf dieses Innere geführt in seiner eigentlichen Bedeutung: wie durch dieses die Materie, das, was äußerlich ist, in das Nichts, in das Chaos zurückgeworfen wird, damit der Geist neu schöpferisch werden kann. Wenn man bis zu diesem Neuschöpferischen blickt, dann sagt man sich: Der Vatergott wirkt bis zu der Materie in ihrer Vollendetheit (siehe Zeichnung, hell). Sie tritt uns in der äußeren Welt in der verschiedensten Weise entgegen, so daß sie für uns sichtbar ist. Aber in unserem eigenen Inneren wird diese Materie in ihr Nichts zurück-

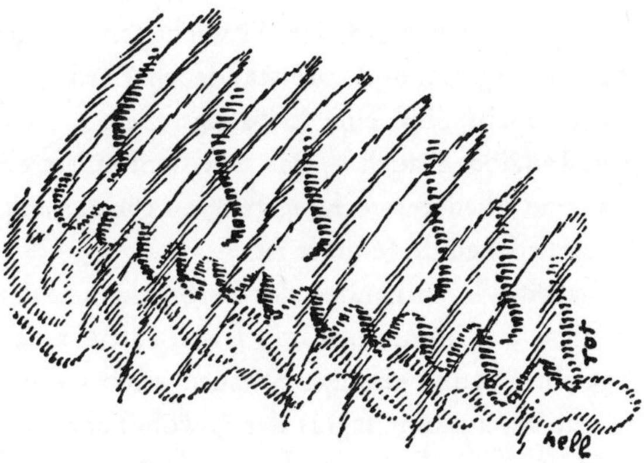

geworfen, wird durchdrungen von dem rein geistigen Wesen, von unseren moralischen Idealen oder auch antimoralischen Idealen (rot). Da sprießt dann neues Leben auf. Die Welt muß uns in dieser ihrer Doppelgestalt erscheinen: Der Vatergott, wie er das, was äußerlich sichtbar ist, schafft, wie es an seinem Ende angelangt ist im Menscheninneren, wo es ins Chaos zurückgeworfen wird. Wir müssen das Ende dieser Welt stark fühlen, die die Welt des Vatergottes ist, und wir werden sehen, wie wir dadurch zu einem innerlichen Verstehen des Mysteriums von Golgatha kommen, zu jenem innerlichen Verstehen, durch das uns anschaulich wird, wie das, was im Sinne der Vatergott-Schöpfung an ein Ende kommt, wie das durch den Sohnesgott wiederum auflebt, wie ein neuer Anfang gemacht wird.

Man kann im Grunde genommen überall in der abendländischen Welt sehen, wie seit dem 15. Jahrhundert hintendiert worden ist, nur das Untergehende, nur das Leichnammäßige, das allein dem Intellekt zugänglich ist, zu durchdringen, wie alle sogenannte Bildung nur gestaltet worden ist unter dem Einflusse einer solchen auf das Tote gerichteten Wissenschaftlichkeit. Sie ist dem wirklichen Christentum entgegengesetzt. Das wirkliche Christentum muß Empfindung haben für das Lebendige, aber auch trennen können diese Empfindung des Auflebenden von dem Niedergehenden. Daher ist schon die wichtigste Vorstellung, die sich anknüpfen muß an das Mysterium von Golgatha, die des auferstandenen Christus, des Christus, der den Tod besiegt hat. Darauf kommt es an, einzusehen, daß die wichtigste Vorstellung die des durch den Tod gegangenen und auferstandenen Christus ist. Das Christentum ist eben nicht bloß eine Erlösungsreligion – das waren die orientalischen Religionen auch –, das Christentum ist eine Auferstehungsreligion, eine Wiedererweckungsreligion für dasjenige, was sonst eben die sich zerbröckelnde Materie ist.

Kosmisch haben wir vorhanden das Zerbröckelnde der Materie im Monde, dasjenige, was immer neu und frisch entsteht, im Sonnenhaften. Geistig gesehen, durch geistiges Schauen gesehen, wird der Mond, schon wenn man hinauskommt aus der gewöhnlichen sinnlichen An-

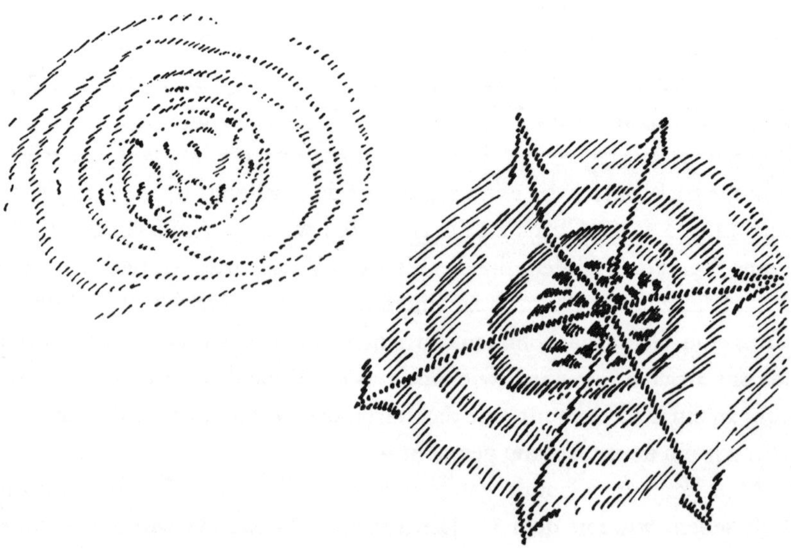

schauung bis dahin, wo die Imagination wirkt, etwas, was in einem fortwährenden Prozeß ist: Es zersplittert sich fortwährend. Da, wo der Mond sitzt, zersplittert sich die Materie des Mondes und stäubt in die Welt hinaus, sammelt sich von der Umgebung wiederum, zersplittert sich (siehe Zeichnung Seite 44, links). Man hat, indem man den Mond – schon in der Imagination – anschaut, ein fortwährendes Zusammenkommen von Materie, die sich zersplittert da, wo der Mond ist, und hinausstäubt in die Welt. Der Mond ist eigentlich so zu sehen (Zeichnung rechts): Kreis, engerer Kreis, mehr zusammen also, engerer Kreis; jetzt aber wird es Mond selber. Da löst es sich auf, zersplittert. Da splittert es hinaus in alle Welt. Es erträgt im Monde die Materie nicht den Mittelpunkt, nicht das Zentrum. Es konzentriert sich die Materie nach dem Mondenzentrum hin, erträgt aber das Zentrum nicht, macht halt, splittert als Weltenstaub hinaus. Nur der gewöhnlichen sinnlichen Anschauung erscheint der Mond als ruhend. Er ist nicht ruhend. Es preßt sich fortwährend Materie zusammen und splittert hinaus.

Anders ist es bei der Sonne. Schon in der Imagination, da sehen wir, wie nicht in dieser Weise Materie zusammensplittert, sondern wie in der Tat Materie auch sich dem Zentrum zwar nähert, aber nun anfängt, in den Strahlen im Hinausdringen Lebendigkeit zu bekommen.

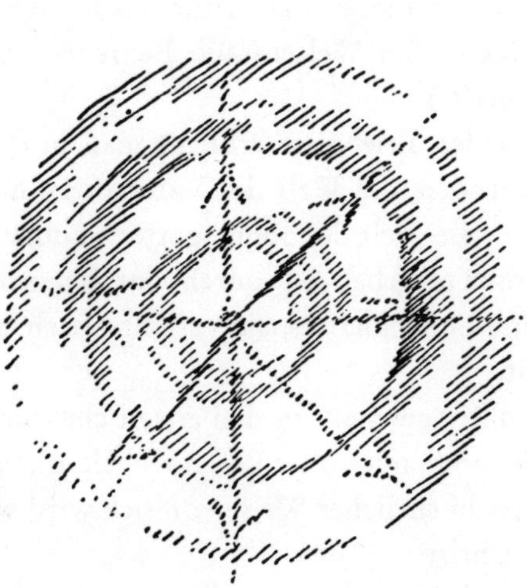

Das zersplittert nicht, das bekommt Lebendigkeit, das breitet Leben von dem Mittelpunkt nach allen Seiten aus. Und mit diesem Leben entwickelt sich Astralität. Da, beim Mond, ist nichts; da wird die Astralität zerstört. Da, bei der Sonne, verbindet sich Astralität mit dem Strahlenden. Die Sonne ist in Wahrheit etwas, was von innerlichem Leben durchdrungen ist, wo nicht der Mittelpunkt nicht ertragen wird, sondern wo er gerade wirkt wie etwas Befruchtendes. Im Mittelpunkte der Sonne lebt das kosmisch Befruchtende. Man hat in der Tat auch kosmisch in dem Gegensatze von Sonne und Mond das In-das-Chaos-geworfen-Werden der Materie, und das Aufgehende, Sprossende, Sprießende der Materie.

Wenn wir in unser Inneres hinuntertauchen – wir blicken in unser inneres Chaos, in unser Mondenhaftes. Da ist der innere Mond. Die Materie wird zerstört, wie es äußerlich in der Welt nur da geschieht, wo der Mond eben ist. Aber dann dringt durch unsere Sinne das Sonnenhafte ein in uns, dann geht das Sonnenhafte bei uns in das Mondenhafte hinein. Die Materie, die sich innerlich zerstäubt, wird ersetzt durch das Sonnenhafte. Hier stößt fortwährend im Inneren die Materie in das Mondenhafte hinein, und da saugt der Mensch durch seine Sinne fortwährend das Sonnenhafte ein (es wird auf die Zeichnung verwiesen). So stehen wir mit dem Kosmos in Beziehung, und so muß man Wahrnehmungsvermögen haben für das Mondenhafte, das Sich-Zersplitternde, das in den Weltenstaub Laufende, und für das Belebende im Sonnenhaften.

Durch diese beiden Erlebnisse erblickt man in dem sich Zersplitternden, Zerstäubenden, die Welt des Vatergottes, die da sein mußte, bis sich die Welt in die Welt des Sohnesgottes wandelte, die im Grunde genommen physisch gegeben ist durch das Sonnenhafte der Welt. Mondenhaftes und Sonnenhaftes, sie verhalten sich wie Vatergottheit zu Sohnesgottheit.

Das war instinktiv geschaut in den ersten christlichen Jahrhunderten. Das muß wiederum mit voller Besonnenheit erkannt werden, wenn der Mensch wieder in ehrlicher Weise von sich wird wollen sagen können: Ich bin ein Christ.

Das ist es, was ich Ihnen heute darlegen wollte.

DRITTER VORTRAG

Dornach, 30. September 1921

Wir wollen in den Betrachtungen etwas fortfahren, die wir letzten Freitag und Sonnabend hier gepflogen haben, und ich möchte heute im besonderen Ihren Blick wenden auf eine Betrachtung des seelischen Lebens, wie sie sich ergibt, wenn man dieses seelische Leben ins Auge faßt von dem Gesichtspunkte der imaginativen Erkenntnis aus, den Sie ja kennen aus meiner Schrift «Wie erlangt man Erkenntnisse der höheren Welten?». Sie wissen, wir unterscheiden, aufsteigend von unserem gewöhnlichen Bewußtsein aus, vier Erkenntnisstufen: diejenige Erkenntnisstufe, die uns eignet im heutigen gewöhnlichen Leben und in der heutigen gewöhnlichen Wissenschaft, jene Erkenntnisstufe, die das eigentliche Zeitbewußtsein ausmacht und die ja genannt wird im Sinne dieser Schrift «Wie erlangt man Erkenntnisse der höheren Welten?» das gegenständliche Erkennen, und dann kommt man hinein in das Gebiet des Übersinnlichen durch die Erkenntnisstufen der Imagination, der Inspiration, der Intuition. Im gewöhnlichen gegenständlichen Erkennen ist es unmöglich, das Seelische zu betrachten. Das Seelische wird erlebt, und indem man es erlebt, entwickelt man die gegenständliche Erkenntnis. Aber eine eigentliche Erkenntnis kann ja nur gewonnen werden, wenn man das zu Erkennende objektiv vor sich hinstellen kann. Das kann man im gewöhnlichen Bewußtsein mit dem seelischen Leben nicht. Man muß sich gewissermaßen um eine Stufe hinter das seelische Leben zurückziehen, damit es außerhalb von uns zu stehen kommt; dann kann man es betrachten. Das aber ergibt sich eben durch die imaginative Erkenntnis. Und zwar möchte ich Ihnen heute einfach schildern, was sich da für die Betrachtung herausstellt.

Sie wissen, wir unterscheiden, indem wir den Menschen überblicken, den physischen Leib, den ätherischen oder Bildekräfteleib, der eigentlich eine Summe von Tätigkeiten ist, den astralischen Leib und das Ich zunächst, wenn wir bei dem stehenbleiben, was im gegenwärtigen Menschen west. Wenn wir nun das seelische Erleben heraufbringen nicht zur Erkenntnis, aber zum Bewußtsein, so unterscheiden wir es ja, indem wir es gewissermaßen im fluktuierenden Leben erfassen, in Denken, in Fühlen, in Wollen. Es ist das schon so, daß Denken, Fühlen und Wollen im gewöhnlichen Seelenleben ineinanderspielen. Sie können sich keinen Gedankenverlauf vorstellen, ohne daß Sie sich das Hineinspielen des Willens in den Gedankenverlauf mit vorstellen. Wie wir einen Gedanken zu dem anderen hinzufügen, wie wir einen Gedanken von dem anderen trennen, das ist durchaus eine in das Denkleben hineinstrebende Willenstätigkeit. Und wiederum, wenn auch zunächst, wie ich oftmals auseinandergesetzt habe, der Vorgang dunkel bleibt: wir wissen doch, daß, wenn wir als Menschen wollend sind, in unser Wollen als Impulse unsere Gedanken hineinspielen, so daß wir auch im gewöhnlichen Seelenleben durchaus nicht ein Wollen abgesondert für sich haben, sondern ein gedankendurchsetztes Wollen. Und erst recht fluten ineinander Gedanken, Willensimpulse und die eigentlichen Gefühle im Fühlen. Wir haben also durchaus das Seelenleben als ineinanderflutend, aber doch so, daß wir gedrängt sind durch Dinge, die wir heute immer außer acht lassen wollen, innerhalb dieses flutenden Seelenlebens zu unterscheiden Denken, Fühlen, Wollen. Wenn Sie meine «Philosophie der Freiheit» in die Hand nehmen, werden Sie sehen, wie man genötigt ist, das Denken reinlich loszulösen vom Fühlen und Wollen, aus dem Grunde, weil man nur durch eine Betrachtung des losgelösten Denkens zu einer Anschauung über die menschliche Freiheit kommt.

Also indem wir einfach, ich möchte sagen, lebendig erfassen Denken, Fühlen, Wollen, erfassen wir zugleich das flutende, das webende Seelenleben. Und wenn wir das dann, was wir da in unmittelbarer Lebendigkeit erfassen, zusammenhalten mit demjenigen, was uns anthroposophische Geisteswissenschaft erkennen lehrt über den Zusammenhang der einzelnen Glieder des Menschen, physischer Leib, Ätherleib, astralischer Leib und Ich, dann ergibt sich eben für ein imaginatives Erkennen das Folgende.

Wir wissen ja, daß wir während des wachen Lebens, vom Aufwachen bis zum Einschlafen, in einem gewissen innigen Zusammenhange haben physischen Leib, Ätherleib, astralischen Leib und Ich. Wir wissen ferner, daß wir im schlafenden Zustande getrennt haben physischen

Leib und Ätherleib auf der einen Seite, astralischen Leib und Ich auf der anderen Seite. Wenn auch die Ausdrucksweise durchaus nur approximativ richtig ist, daß man sagt: Ich und astralischer Leib trennen sich vom physischen Leibe und Ätherleibe – man kommt zunächst zu einer durchaus gültigen Vorstellung, wenn man eben diese Ausdrucksweise gebraucht. Das Ich mit dem astralischen Leibe ist vom Einschlafen bis zum Aufwachen außer dem physischen Leibe und dem Ätherleibe.

Sobald der Mensch nun zum imaginativen Erkennen vorrückt, wird er immer mehr und mehr in die Lage versetzt, genau ins Seelenauge, ins innere Anschauen zu fassen, was sich erleben läßt, ich möchte sagen, wie vorübergehend, im Status nascendi. Man hat es und muß es rasch erfassen, aber man kann es erfassen. Man hat vor sich, was in dem Momente des Aufwachens und Einschlafens besonders scharf beobachtet werden kann. Diese Momente des Einschlafens und Aufwachens können beobachtet werden für ein imaginatives Erkennen. Sie wissen ja, daß unter den Vorbereitungen, welche notwendig sind, um zu höheren Erkenntnissen zu kommen, von mir in dem vorhin angeführten Buche erwähnt worden ist die Heranerziehung einer gewissen Geistesgegenwart. Die Menschen reden ja im gewöhnlichen Leben so wenig von den Beobachtungen, die sich von der geistigen Welt her machen lassen, weil ihnen diese Geistesgegenwart fehlt. Würde diese Geistesgegenwart in ausgiebigerem Sinne bei den Menschen heranerzogen, so würden heute schon alle Menschen reden können von geistig-übersinnlichen Impressionen, denn sie drängen sich eigentlich im eminentesten Maße auf beim Einschlafen und Aufwachen, insbesondere beim Aufwachen. Nur weil so wenig heranerzogen wird, was Geistesgegenwart ist, deshalb bemerken die Menschen das nicht. Im Momente des Aufwachens tritt ja vor der Seele eine ganze Welt auf. Aber im Entstehen vergeht sie schon wiederum, und ehe sich die Menschen darauf besinnen, sie zu erfassen, ist sie fort. Daher können sie so wenig reden von dieser ganzen Welt, die da vor die Seele sich hinstellt und die wahrhaftig zum Begreifen des inneren Menschen von ganz besonderer Bedeutung ist.

Was sich da vor die Seele hinstellt, wenn man wirklich dazu kommt, in Geistesgegenwart den Aufwachemoment zu ergreifen, das ist eine ganze Welt von flutenden Gedanken. Nichts Phantastisches braucht dabei zu sein. So wie man im chemischen Laboratorium beobachtet, mit derselben Seelenruhe und Besonnenheit kann man sie beobachten. Und dennoch ist diese flutende Gedankenwelt, die sehr genau zu unterscheiden ist vom bloßen Träumen, da. Das bloße Träumen spielt sich so ab, daß es erfüllt ist von Lebensreminiszenzen. Was sich da abspielt im Momente des Aufwachens, das sind nicht Lebensreminiszenzen. Sie sind sehr gut zu unterscheiden von Lebensreminiszenzen, diese flutenden Gedanken. Man kann sie sich in die Sprache des gewöhnlichen Bewußtseins übersetzen, aber es sind im Grunde genommen fremdartige Gedanken, Gedanken, die wir sonst nicht erfahren können, wenn wir sie nicht in dem Momente, der entweder durch geisteswissenschaftliche Schulung in uns möglich gemacht ist, oder eben in diesem Momente des Aufwachens erfassen.

Was erfassen wir da eigentlich? Nun, wir sind mit unserem Ich und unserem astralischen Leibe eingedrungen in den Ätherleib und in den physischen Leib. Was im Ätherleibe erlebt wird, wird allerdings so erlebt, daß es traumhaft ist. Und man lernt, indem man dieses, wie ich es angedeutet habe, subtil in Geistesgegenwart beobachten lernt, man lernt wohl unterscheiden dieses Hindurchgehen durch den Ätherleib, in dem die Lebensreminiszenzen traumhaft auftreten, und dann, vor dem vollen Erwachen, vor den Eindrücken, die die Sinne nun haben nach dem Erwachen, das Hineingestelltsein in eine Welt, die durchaus eine Welt von webenden Gedanken ist, die aber nicht so erlebt wird wie die Traumgedanken, bei denen man genau weiß, man hat sie subjektiv in sich. Die Gedanken, die ich jetzt meine, sie stellen sich wie ganz objektiv dar gegenüber dem eindringenden Ich und astralischen Menschen, und man merkt ganz genau: man muß passieren den Ätherleib; denn solange man den Ätherleib passiert, bleibt alles traumhaft. Man muß aber auch passieren den Abgrund, den Zwischenraum – möchte ich sagen, wenn ich mich recht uneigentlich, aber dadurch vielleicht deutlicher ausdrücke –, den Zwischenraum zwischen Ätherleib und physischem Leib, und schlüpft dann in das volle Ätherisch-Physische hinein, indem man aufwacht und die äußeren physischen Eindrücke der Sinne da sind. Sobald man in den physischen Leib hineingeschlüpft ist, sind eben die äußeren physischen Sinneseindrücke da. Was wir da an Gedankenweben objektiver Art erleben, spielt sich also durchaus zwischen dem Ätherleib und dem physischen Leib ab. Wir müssen in ihm also sehen eine Wechselwirkung des Ätherleibes und des physischen Leibes. So daß wir sagen können, wenn wir schematisch zeichnen: Wenn etwa das den physischen Leib darstellt (orange), das den Ätherleib (grün), so haben wir das lebendige Weben von physischem Leib und Ätherleib in den Gedanken, die wir da erfassen, und man kommt dann auf dem Wege einer solchen Beobachtung zu der Erkenntnis, daß

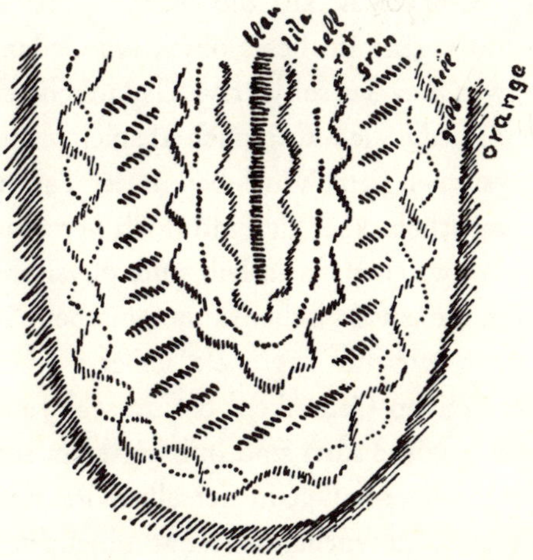

sich zwischen unserem physischen und unserem Ätherleib, gleichgültig ob wir wachen, ob wir schlafen, immerzu Vorgänge abspielen, die eigentlich im webenden Gedankensein bestehen, die webendes Gedankensein zwischen unserem physischen Leib und unserem Ätherleib sind (gelb). So daß wir jetzt das erste Element des seelischen Lebens verobjektiviert erfaßt haben. Wir sehen in ihm ein Weben zwischen dem Ätherleib und dem physischen Leib.

Dieses webende Gedankenleben kommt eigentlich so, wie es ist, im Wachzustande nicht zu unserem Bewußtsein. Es muß eben auf die Art, wie ich es geschildert habe, erfaßt werden. Wenn wir nämlich aufgewacht sind, schlüpfen wir mit unserem Ich und mit unserem astralischen Leib in unseren physischen Leib hinein. Ich und astralischer Leib in unserem mit dem Ätherleib durchdrungenen physischen Leib nehmen teil an dem Sinneswahrnehmungsleben. Sie werden, indem Sie das Sinneswahrnehmungsleben in sich haben, mit den äußeren Weltengedanken, die Sie sich bilden können an den Sinneswahrnehmungen, durchdrungen und haben dann die Stärke, dieses objektive Gedankenweben zu übertönen. An der Stelle, wo sonst die objektiven Gedanken weben, bilden wir also gewissermaßen aus der Substanz dieses Gedankenwebens heraus unsere alltäglichen Gedanken, die wir uns im Verkehre mit der Sinneswelt auf die eben angedeutete Weise ausbilden. Und ich kann sagen: In dieses objektive Gedankenweben hinein spielt dasjenige, was nun das subjektive Gedankenweben ist (hell), das das andere übertönt, das sich aber auch abspielt zwischen dem Ätherleib und dem physischen Leib. Wir leben in der Tat in diesem – wie ich schon sagte: uneigentlich, aber deshalb doch verständlich, muß ich es als Zwischenraum zwischen Ätherleib und physischem Leib bezeichnen –, wir leben in diesem Zwischenraum zwischen Ätherleib und physischem Leib, wenn wir mit der Seele selber Gedanken weben. Wir übertönen die objektiven Gedanken, die im schlafenden und wachenden Zustand immer vorhanden sind, mit unserem subjektiven Gedankenweben. Aber gewissermaßen in derselben Region unseres menschlichen Wesens ist beides vorhanden: das objektive Gedankenweben und das subjektive Gedankenweben.

Was hat das objektive Gedankenweben für eine Bedeutung? Das objektive Gedankenweben, wenn es wahrgenommen wird, wenn wirklich eintritt, was ich geschildert habe als das geistesgegenwärtige Ergreifen des Momentes des Aufwachens, dieses objektive Gedankenweben wird nicht als bloßes Gedankliches erfaßt, sondern es wird erfaßt als dasjenige, was in uns lebt als die Kräfte des Wachstums, als die Kräfte des Lebens überhaupt. Diese Kräfte des Lebens sind verbunden mit dem Gedankenweben. Sie durchsetzen dann den Äther- oder Lebensleib nach innen; sie konfigurieren nach außen den physischen Leib. Wir nehmen das, was wir als objektives Gedankenweben da wahrnehmen im geistesgegenwärtigen Erfassen des Aufwachemomentes, durchaus wahr als Gedankenweben nach der einen Seite und als Wachstums-, als Ernährungstätigkeit auf der anderen Seite. Was in dieser Art in uns ist, wir nehmen es als ein innerliches Weben wahr, das aber durchaus ein Lebendiges darstellt. Das Denken verliert gewissermaßen seine Bildhaftigkeit und Abstraktheit. Es verliert auch alles das, was scharfe Konturen sind. Es wird fluktuierendes Denken, aber es ist deutlich als Denken zu erkennen. Das Weltendenken webt in uns, und wir erfahren, wie das Weltendenken in uns webt und wie wir mit unserem subjektiven Denken untertauchen in dieses Weltendenken. So haben wir das Seelische in einem gewissen Gebiete erfaßt.

Gehen wir jetzt weiter im geistesgegenwärtigen Erfassen des Aufwachemomentes, so finden wir das Folgende. Wir können, wenn wir in der Lage sind, Traumhaftes zu erleben beim Passieren des Ätherleibes, wenn wir also mit dem Ich und dem astralischen Leibe den Ätherleib passieren, wir können dann bildhaft das Traumhafte uns vergegenwärtigen. Die Bilder des Traumes müssen aufhören in dem Augenblicke, wo wir aufwachen, sonst würden wir den Traum in das gewöhnliche bewußte Wacherleben hineinnehmen und wachende Träumer sein, wodurch wir ja die Besonnenheit verlieren würden. Die Träume als solche müssen aufhören. Aber wer mit Bewußtsein die Träume erlebt, wer also jene Geistesgegenwart bis zurück zum Erleben der Träume hat – denn das gewöhnliche Erleben der Träume ist ein Reminiszenzerleben, ist eigentlich ein Nachher-Erinnern an die Träume; denn das ist ja das gewöhnliche Gewahrwerden des Traumes, daß man ihn eigentlich erst wie eine Reminiszenz erfaßt, wenn er abgelaufen ist –, also wenn der Traum erlebt wird beim Durchfluten des Ätherleibes, nicht erst nachher im Erinnern, wo er in Kürze erfaßt werden kann, wie er gewöhnlich erfaßt wird, wenn man ihn also erfaßt während er *ist,* also gerade beim Durchdringen durch den Ätherleib, dann erweist er sich wie etwas Regsames, wie etwas, das man so erlebt wie Wesenhaftes, in dem man sich fühlt. Das Bildhafte hört auf, bloß Bildhaftes zu sein. Man bekommt das Erlebnis, daß man im Bilde drinnen ist. Dadurch aber, daß man dieses Erlebnis bekommt, daß man im Bilde drinnen ist, daß man also mit dem Seelischen sich regt, wie man sonst im wachen Leben mit dem Körperlichen in der Beinbewegung, in der Handbewegung sich regt – so wird nämlich der Traum: er wird aktiv, er wird so, daß man ihn erlebt, wie man eben Arm- und Beinbewegungen oder Kopfbewegungen und dergleichen erlebt –, wenn man das erlebt, wenn man dieses Erfassen des Traumhaften wie etwas Wesenhaftes erlebt, dann schließt sich gerade beim weiteren Fortgang, beim Aufwachen, an dieses Erlebnis ein weiteres an: daß diese Regsamkeit, die man da im Traume erlebt, in der man nunmehr drinnensteht als in etwas Gegenwärtigem, daß diese untertaucht in unsere Leiblichkeit. Geradeso wie wir beim Denken fühlen: Wir dringen bis zu der Grenze unseres physischen Leibes, wo die Sinnesorgane sind, und nehmen die Sinneseindrücke auf mit dem Denken, so fühlen wir, wie wir in uns untertauchen mit demjenigen, was im Traume als innerliche Regsamkeit erlebt wird. Was man da erlebt im Momente des Aufwachens – oder eigentlich vor dem Momente des Aufwachens, wenn man im Traume drinnen ist, wenn man durchaus noch außer seinem physischen Leibe, aber schon im Ätherleib ist, beziehungsweise gerade hineingeht in seinen Ätherleib –, das taucht unter in unsere Organisation. Und ist man so weit, daß man dieses Untertauchen als Erlebnis vor sich hat, dann weiß man auch, was nun wird mit dem Untergetauchten: das Untergetauchte strahlt wieder zurück in unser waches Bewußtsein, und zwar strahlt es zurück als Gefühl, als Fühlen. Die Gefühle sind in unsere Organisation untergetauchte Träume.

Wenn wir das, was webend ist in der Außenwelt, in diesem traumwebhaften Zustande wahrnehmen, sind es Träume. Wenn die Träume untertauchen in unsere Organisation und von innen heraus bewußt werden, erleben wir sie als Gefühle. Wir erleben also die Gefühle dadurch, daß dasjenige in uns, was in unserem astralischen Leib ist, untertaucht in unseren Ätherleib und dann weiter in unsere physische Organisation, nicht bis zu den Sinnen hin, nicht also bis zu der Peripherie der Organisation, sondern nur in die innere Organisation hinein. Dann, wenn man dies erfaßt hat, zunächst durch imaginative Erkenntnis besonders deutlich erschaut hat im Momente des Aufwachens, dann bekommt man auch die innere Kraft, es fortwährend zu schauen. Wir träumen nämlich während des wachen Lebens fortwährend. Wir überleuchten nur das Träumen mit unserem denkenden Bewußtsein, mit dem Vorstellungsleben. Wer unter die Oberfläche des Vorstellungslebens blicken kann – und man schult sich zu diesem Blicken dadurch, daß man eben geistesgegenwärtig erfaßt den Moment des Träumens selber –, wer sich so geschult hat, daß er das beim Aufwachen erfassen kann, was ich bezeichnet habe, der kann dann auch unter der Oberfläche des lichtvollen Vorstellungslebens das den ganzen Tag hindurch dauernde Träumen erleben, das aber nicht als Träumen erlebt wird, sondern das immer sofort untertaucht in unsere Organisation und als Gefühlswelt zurückstrahlt. Und er weiß dann: Was das Fühlen ist, es spielt sich ab zwischen dem astralischen Leib, den ich hier schematisch so zeichne (siehe Zeichnung Seite 51, hell), und dem Ätherleib. Es drückt sich natürlich im physischen Leib aus. So daß der eigentliche Ursprung des Fühlens zwischen dem astralischen Leib und dem Ätherleib liegt (rot). So wie der physische Leib und der Ätherleib in lebendiger Wechselwirkung ineinanderwirken müssen zum Gedankenleben, so müssen ätherischer Leib und astralischer Leib in lebendiger Wechselwirkung sein zum Gefühlsleben. Wenn wir wachend sind, erleben wir dieses lebendige Wechselspiel unseres ineinandergedrängten Ätherleibes und astralischen Leibes als unser Fühlen. Wenn wir schlafen, erleben wir, was der nunmehr außen lebende astralische Leib in der äußeren Ätherwelt erlebt, als die Bilder des Traumes, die nun während des ganzen Schlafens vorhanden sind, aber eben nicht wahrgenommen werden im gewöhnlichen Bewußtsein, sondern nur eben reminiszenzenhaft in jenen Fragmenten, die das gewöhnliche Traumleben bilden.

Sie sehen daraus, daß wir, wenn wir das Seelenleben erfassen wollen, noch zwischen die Glieder der menschlichen Organisation hineinblicken müssen. Wir denken uns das Seelenleben als flutendes Denken, Fühlen, Wollen. Von letzterem wollen wir gleich sprechen. Aber wir erfassen es objektiv, indem wir gewissermaßen in die Zwischenräume zwischen diese vier Glieder hineinschauen, zwischen den physischen Leib und Ätherleib, und Ätherleib und astralischen Leib.

Was sich im Wollen ausdrückt, das entzieht sich ja, wie ich öfters von anderen Gesichtspunkten aus hier ausgeführt habe, durchaus der Betrachtung des gewöhnlichen Wachlebens, des gewöhnlichen Bewußtseins. In diesem gewöhnlichen Bewußtsein sind vorhanden die Vorstellungen, nach denen wir unser Wollen orientieren, die Gefühle, die wir entwickeln in Anlehnung an die Vorstellungen als Motive für unser Wollen; aber wie das, was da als der Vorstellungsinhalt unseres Wollens klar in unserem Bewußtsein liegt, hinunterspielt, wenn ich nur die Arme bewege zum Wollen, was da eigentlich vorgeht, das wird uns im gewöhnlichen Bewußtsein nicht gegeben. In dem Augenblicke, wo der Geistesforscher die Imagination in sich heranzieht und dazu kommt, die Natur des Denkens, des Fühlens so anzusehen, wie ich gesagt habe, dann kann er auch dahin gelangen, als etwas in das Bewußtsein Hereinfallendes die menschlichen Erlebnisse zu haben, die zwischen dem Einschlafen und dem Aufwachen sich abspielen. Denn in den Übungen zur Imagination werden Ich und astralischer Leib erkraftet. Sie werden in sich stärker, sie lernen sich erleben. Im gewöhnlichen Bewußtsein hat man eben nicht das wirkliche Ich. Wie hat man das Ich im gewöhnlichen Bewußtsein? Sehen Sie, immer wiederum muß ich diesen Vergleich machen: Wenn man das Leben in der Erinnerung zurück anschaut, so stellt es sich scheinbar als eine geschlossene Strömung dar. Die ist es aber doch nicht, sondern wir müßten eigentlich, indem wir jetzt leben, den heutigen Tag überblicken bis zum Aufwachen, haben dann eine leere Stelle, daran schließt sich der Bewußtseinsinhalt des gestrigen Tages und so weiter fort. Was wir da in der Rückerinnerung beobachten, das trägt allerdings in sich auch diejenigen Zustände, die wir nicht bewußt durchlebt haben, die also in dem präsenten Inhalt des Bewußtseins nicht drinnen sind. Aber sie sind auf andere Art drinnen. Ein Mensch, der gar nicht schlafen würde – wenn ich das hypothetisch anführen darf –, der würde eine ganz zerstörte Rückerinnerung haben. Die Rückerinnerung würde ihn gewissermaßen blenden. Er würde alles das, was er in der Rückerinnerung vor sein Bewußtsein hinstellt, als etwas ihm ganz Fremdes, blendend Glänzendes erleben. Er würde überwältigt sein davon, und er würde sich vollständig ausschalten müssen. Er käme gar nicht dazu, sich selber in sich zu erfühlen. Nur dadurch, daß sich die Schlafzustände hineinstellen in die Rückerinnerung, wird die Rückerinnerung abgeblendet. Wir sind in der Lage, sie auszuhalten. Denn dadurch wird es möglich, daß wir uns selbst behaupten gegenüber unserer Erinnerung. Lediglich dem

Umstande, daß wir schlafen, haben wir unsere Selbstbehauptung in der Erinnerung zu verdanken. Was ich jetzt sage, könnte schon durch empirische Beobachtung der menschlichen Lebensläufe in vergleichender Weise gut konstatiert werden.

Aber geradeso wie wir da die innere Aktivität erfühlen in der Rückerinnerung, so erfühlen wir ja eigentlich unser Ich aus unserem gesamten Organismus heraus. Wir erfühlen es so, wie wir die Schlafzustände als, ich möchte sagen, die finsteren Räume im Erinnerungsfortgang wahrnehmen. Wir nehmen das Ich nicht direkt wahr für das gewöhnliche Bewußtsein, sondern wir nehmen es nur wahr, wie wir die Schlafzustände wahrnehmen. Aber indem wir das imaginative Bewußtsein erwerben, tritt dieses Ich wirklich auf, und es ist willensartiger Natur. Und wir merken: Was in uns ein Gefühl, das in sich schließt, mit der Welt sympathisch oder antipathisch zu fühlen, was das in uns aktiviert zum Wollen, das spielt sich in einem ähnlichen Prozesse ab, wie er sich abspielt zwischen dem Wachen und dem Hineinkommen in das Schlafen. Man kann das wiederum geistesgegenwärtig beobachten, wenn man ebenso wie für das Aufwachen für das Einschlafen dieselben Eigenschaften entwickelt, von denen ich gesprochen habe. Da merkt man beim Einschlafen, daß man hineinträgt in den Schlafzustand, was ausstrahlt, als Aktivität ausstrahlt aus unserem Gefühlsleben, und was hineinstrahlt in die Außenwelt, und man lernt dann erkennen, wie man jedesmal, wenn man sich wirklich willensmäßig entwickelt, untertaucht jetzt in einen ähnlichen Zustand, wie man untertaucht in den Schlafzustand. In ein inneres Schlafen taucht man ein. Was einmal vorgeht beim Einschlafen, wo dann das Ich mit dem astralischen Leib herausrückt aus physischem Leib und Ätherleib, das tritt jedesmal innerlich ein beim Wollen.

Natürlich müssen Sie sich darüber klar sein, daß das, was ich Ihnen da schildere, viel schwieriger zu ergreifen ist als das, was ich vorhin geschildert habe, denn der Moment des Einschlafens ist eben geistesgegenwärtig meistens noch schwieriger zu erfassen als der des Aufwachens. Nach dem Aufwachen sind wir wach; da haben wir wenigstens die Anlehnung an die Reminiszenzen. Beim Einschlafen müssen wir den Wachzustand noch in das Schlafen hinein fortsetzen, wenn wir zu einer Beobachtung kommen wollen. Aber der Mensch schläft eben meistens ein; er sendet nicht hinein in das Einschlafen die Aktivität des Fühlens. Kann er sie aber da hinein fortsetzen, was eben durch Schulung in imaginativer Erkenntnis geschieht, dann merkt er, daß tatsächlich im Wollen ein Untertauchen in dasselbe Element ist, in das wir untertauchen, wenn wir einschlafen. Wir werden tatsächlich im Wollen von unserer Organisation frei. Wir verbinden uns mit der realen Objektivität. So wie wir beim Aufwachen durch unseren Ätherleib einziehen, durch unseren physischen Leib und bis in die Sinnesregion, also bis an die Peripherie des Leibes kommen, gewissermaßen von dem ganzen Leib Besitz ergreifen, den ganzen Leib durchtränken, so senden wir wiederum im Fühlen in den Leib zurück, indem wir innerlich untertauchen, unsere Träume; sie werden eben Gefühle. Aber wenn wir jetzt nicht im Leibe bleiben, sondern, ohne daß wir an die Peripherie des Leibes gehen, innerlich geistig aus dem Leibe herausgehen, dann kommen wir zum Wollen. So daß sich das Wollen tatsächlich eigentlich unabhängig vom Leibe vollzieht. Ich weiß, daß damit viel gesagt wird, aber ich muß das auch darstellen, weil es eine Realität ist. Und in dem Erfassen dessen kommen wir dazu, nun einzusehen, daß – wenn wir nun hier das Ich haben (siehe Zeichnung Seite 51, blau) – das Wollen sich abspielt zwischen dem astralischen Leib und dem Ich (lila).

Wir können also sagen: Wir gliedern den Menschen in physischen Leib, in Ätherleib oder Bildekräfteleib, in astralischen Leib und in Ich. Zwischen dem physischen Leib und dem Ätherleib spielt sich seelisch das Denken ab. Zwischen dem Ätherleib und dem astralischen Leib spielt sich seelisch das Fühlen ab. Zwischen dem astralischen Leib und dem Ich spielt sich seelisch das Wollen ab. Indem wir an die Peripherie des physischen Leibes kommen, haben wir die Sinneswahrnehmung. Indem wir auf dem Wege durch unser Ich herauskommen aus uns, unsere ganze Organisation in die Außenwelt hineinstellen, wird das Wollen zur Handlung, dem anderen Pol der Sinneswahrnehmung (siehe Zeichnung Seite 51).

Auf diese Weise gelangt man zu einem objektiven Erfassen dessen, was subjektiv im flutenden Denken, Fühlen und Wollen erlebt wird.

So verwandelt sich das Erleben in das Erkennen. Alle Psychologie, welche das flutende Denken, Fühlen und Wollen sonst auf eine andere Weise erfassen will, bleibt formal, weil sie nicht an die Realität herandringt. An die Realität kann für das seelische Erleben nur die imaginative Erkenntnis herandringen.

Fassen wir jetzt einmal ins Auge, was sich uns gewissermaßen wie eine Begleiterscheinung unserer ganzen Betrachtungen ergeben hat. Wir sagten: Man kann durch geistesgegenwärtige Betrachtung im Moment des Aufwachens, wenn man durchgeschlüpft ist durch den Ätherleib, Gedankenweben, das objektiver Art ist, sehen. Man nimmt dieses objektive Gedankenweben zunächst wahr. Ich sagte, man kann es von den Träumen und auch vom alltäglichen Gedankenleben, vom subjektiven Gedankenleben ganz gut unterscheiden, denn es ist verbunden mit dem Wachstum, mit dem Werden. Es ist eigentlich eine reale Organisation. Faßt man es aber auf, was da webt, was man, wenn man es durchschaut, als Gedankenweben wahrnimmt, wenn man es, ich möchte sagen, anfühlt, innerlich antastet, so nimmt man es als Wachstumskraft, als Ernährungskraft und so weiter, als den werdenden Menschen wahr. Es ist etwas, was zunächst fremd ist, aber Gedankenwelt ist. Wenn man es nun genauer studieren kann, so ist es ja das innerliche Weben von Gedanken an uns selbst. Wir erfassen es an der Peripherie unseres physischen Leibes; bevor wir an das Sinneswahrnehmen herankommen, erfassen wir es. Wenn wir es genauer verstehen lernen, wenn wir uns in seine Fremdheit gegenüber unserem subjektiven Denken einleben, dann erkennen wir es, dann erkennen wir es als das, was wir mitgebracht haben durch unsere Geburt aus früheren Erlebnissen, aus vorgeburtlichen respektive vor der Konzeption liegenden Erlebnissen. Und es wird für uns etwas objektiv Gegenständliches das Geistige, das unseren ganzen Organismus zusammenbringt. Der Präexistenzgedanke gewinnt Objektivität, wird zum objektiven Anschauen. Wir können mit innerem Erfassen sagen: Wir sind aus der Welt des Geistes heraus durch Gedanken gewoben. Die subjektiven Gedanken, die wir dazufügen, sie stehen im Bereiche unserer Freiheit. Diejenigen Gedanken, die wir da erblicken, sie bilden uns, sie bauen unseren Leib aus dem Gedankenweben heraus auf. Sie sind unser vergangenes Karma (siehe

Zeichnung Seite 62). Also: Ehe wir an die Sinneswahrnehmungen herankommen, nehmen wir unser vergangenes Karma wahr.

Und wenn wir einschlafen, so hat dieses Einschlafen für denjenigen, der in objektiver Erkenntnis lebt, etwas Ähnliches mit dem Wollen. Wenn das Wollen zur vollständigen Bewußtheit gebracht wird, merkt man ganz deutlich: Man schläft in den eigenen Organismus hinein. So wie sonst die Träume hinuntergehen, gehen in unsere Organisation die Wollensmotive hinein. Man schläft in den Organismus hinein. Man lernt unterscheiden dieses Hineinschlafen in den Organismus, das sich zunächst auslebt in unseren gewöhnlichen Handlungen – die sind eben äußerlich sich vollziehend, wir vollziehen sie zwischen dem Aufwachen und Einschlafen –; aber nicht alles das, was in unserem Gefühlsleben drinnen lebt, lebt sich in diese Handlungen hinein. Wir vollbringen ja auch das Leben zwischen dem Einschlafen und Aufwachen. Und was wir sonst in die Handlungen hineindrängen würden, drängen wir ja aus uns durch denselben Vorgang im Einschlafen hinaus. Eine ganze Summe von Willensimpulsen drängen wir hinaus in die rein geistige Welt, in der wir uns befinden zwischen dem Einschlafen und Aufwachen. Willensimpulse, die in unser geistiges Sein übergehen, die wir nur hegen zwischen dem Einschlafen und Aufwachen: lernen wir sie durch imaginative Erkenntnis beobachten, so nehmen wir in ihnen wahr, was an Handlungsorientierung vorhanden bleibt über den Tod hinaus, was mit uns geht über den Tod hinaus.

Zwischen dem astralischen Leib und dem Ich entwickelt sich das Wollen. Das Wollen wird Handlung, indem es so weit nach der Außenwelt geht, bis es an den Ort kommt, woher sonst die Sinneseindrücke kommen. Aber im Einschlafen geht ja eine ganze Menge hinaus, was wie Handlung werden will, aber eben nicht Handlung wird, sondern mit dem Ich verbunden bleibt, indem das Ich durch den Tod in die geistige Welt übergeht.

Sie sehen, wir erleben hier auf der anderen Seite unser werdendes Karma (siehe Zeichnung Seite 62). Zwischen dem Wollen und der Handlung erleben wir unser werdendes Karma. Beide schließen sich dann im imaginativen Bewußtsein zusammen: das vergangene und das werdende Karma, das, was in uns webt und lebt und so sich gibt, daß es weiterwebt unter der Schwelle, über welcher unsere freien Handlungen liegen, die wir ausleben können zwischen Geburt und Tod. Zwischen Geburt und Tod leben wir in der Freiheit. Aber es webt und lebt unter dieser Region des freien Willens, Wollens, die eigentlich nur ein Dasein hat zwischen Geburt und Tod, das Karma, dessen aus der Vergangenheit kommende Wirkungen wir wahrnehmen, wenn wir uns aufhalten können mit unserem Ich und unserem astralischen Leibe im Ätherleib gerade beim Durchbrechen bis zum physischen Leibe hin. Und wiederum auf der anderen Seite nehmen wir unser werdendes Karma wahr, wenn wir uns aufhalten können in der Region, die gerade liegt zwischen dem Wollen und dem Handeln, und wenn wir soviel Selbstzucht durch Übung entwickeln können, daß wir innerlich uns ebenso aktivieren können in einem Gefühl, wie wir uns, ich möchte sagen, indem wir den Leib zu Hilfe nehmen, aktivieren in der Handlung; wenn wir uns im Geiste aktivieren können im Gefühl, wenn wir also eine Handlung festhalten im Ich.

Stellen Sie sich das lebhaft vor: Man kann so enthusiasmiert sein, so innerlich eingenommen sein für irgend etwas, was aus dem Gefühle sprießt, wie das, was sonst in die Handlung übergeht; aber man muß es zurückhalten: dann leuchtet es auf in der Imagination als das werdende Karma.

Was ich Ihnen hier geschildert habe, ist natürlich im Menschen immer vorhanden. Der Mensch passiert mit jedem Aufwachen, jeden Morgen beim Aufwachen die Region seines vergangenen Karmas; er passiert jeden Abend beim Einschlafen die Region seines werdenden Karmas. Der Mensch kann durch eine gewisse Aufmerksamkeit auch ohne besondere Schulung in Geistesgegenwärtigkeit erfassen das vergangene Objektive, ohne daß er es freilich so deutlich erkennt, wie ich es jetzt geschildert habe. Er kann es aber wahrnehmen; es ist da. Und es ist dann da alles das, was er in seinen sittlichen Impulsen in sich trägt im Guten und im Schlechten. Durch dieses lernt sich eigentlich der Mensch besser kennen, als wenn er im Momente des Aufwachens dieses Gedankenweben, das ihn selbst bildet, gewahr wird.

Aber schon schreckhafter ist das Wahrnehmen dessen, was zwischen dem Wollen und der Handlung liegt, was man zurückhalten kann. Da lernt man sich kennen insoweit, als man sich selber gemacht hat während dieses Lebens. Da lernt man kennen, was man als innere Artung durch den Tod hinausträgt als werdendes Karma.

Ich wollte Ihnen heute zeigen, wie man über diese Dinge in lebendiger Erfassung reden kann, wie durchaus Anthroposophie sich nicht erschöpft in einer Schematik, sondern wie die Dinge lebendig geschildert werden können, und werde morgen dann in dieser Betrachtung weiter fortfahren, indem ich übergehen werde zu einer noch tieferen Erfassung der menschlichen Wesenheit auf Grundlage des heute Ausgeführten.

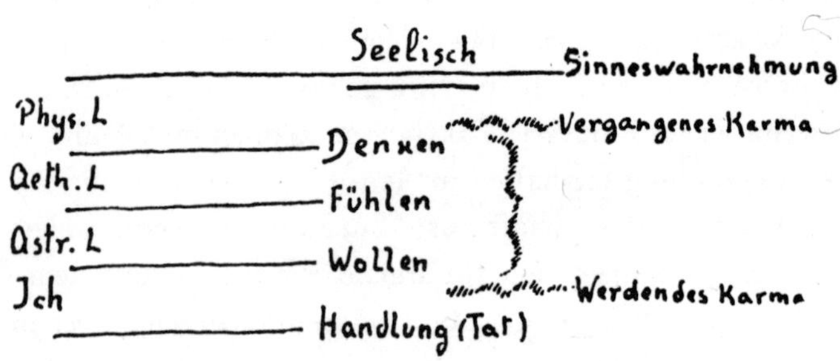

VIERTER VORTRAG

Dornach, 1. Oktober 1921

Wir haben gestern darauf hinweisen können, wie der Mensch in seinem Bewußtsein gewissermaßen nach zwei Seiten hin an die Welt herankommt: wenn er sich nach innen und wenn er sich nach außen betätigt. Für das gewöhnliche Bewußtsein allerdings wird das, was im Menschen da lebt, nicht erfaßbar, weil das Bewußtsein gerade daran anstößt. Aber wir haben eben doch gesehen, wie das Karma im Menschen auch zwischen Geburt und Tod nach zwei Seiten hin lebt: auf der einen Seite, wenn der Mensch beim Aufwachen untertaucht in seinen Ätherleib, wo er, während er untertaucht, auch im gewöhnlichen Bewußtsein die Reminiszenzen der Träume haben kann. Dann passiert er gewissermaßen den Zwischenraum zwischen Ätherleib und physischem Leib – im physischen Leib ist er ja erst, wenn er die volle Sinneswahrnehmung hat – und geht da durch die Region der in ihm befindlichen lebendig wirksamen Gedanken. Das sind dieselben Gedanken, die eigentlich an dem Aufbau seines Organismus teilgenommen haben, die er durch die Geburt ins Dasein mitgebracht hat und die, mit anderen Worten, sein verflossenes, sein fertiges Karma ausmachen. Dann aber stößt der Mensch beim Einschlafen an dasjenige, was nicht Handlung werden kann. Was aus unseren Gemüts- und Willensimpulsen in die Handlungen eintritt, das wird ja ausgelebt im Leben. Aber es bleibt immer etwas zurück, und das nimmt der Mensch in den Schlaf hinein. Das ist aber auch sonst vorhanden. Alles das, was aus dem Seelenleben nicht in die Handlung hineingeht, was gewissermaßen vor der Handlung stehenbleibt, ist das werdende Karma, das sich bildet und das wir dann weiter durch den Tod tragen. Kurz, ich habe gestern darauf hinweisen wollen, wie im Menschen die Kräfte des Karma leben.

Wir werden heute nun, damit wir morgen dem Ganzen eine Art von Abschluß geben können, etwas die menschliche Umgebung betrachten, um zu zeigen, wie der Mensch nun eigentlich in der Welt drinnensteht. Wir haben uns gestern bemüht, das menschliche Seelenleben selber objektiv zu betrachten, haben also gefunden, daß das Denken sich entwickelt in derjenigen Region, welche ja eben diese objektive Gedankenregion ist zwischen dem physischen Leib und dem Ätherleib; daß dann das Fühlen sich entwickelt zwischen dem Ätherleib und dem Astralleib, und daß das Wollen sich entwickelt zwischen dem Astralleib und dem Ich. So daß also – ich sagte schon gestern, der Ausdruck ist ungeeignet, aber er ist doch verständlich – gewissermaßen in den Zwischenräumen, die wir annehmen müssen zwischen den vier Gliedern der menschlichen Natur, zwischen physischem Leib, Ätherleib, astralischem Leib und Ich, diese eigentliche seelische Betätigung sich entwickelt. Wollen wir sie objektiv anschauen, dann sind sie Wechseltätigkeiten zwischen den Gliedern der menschlichen Wesenheit.

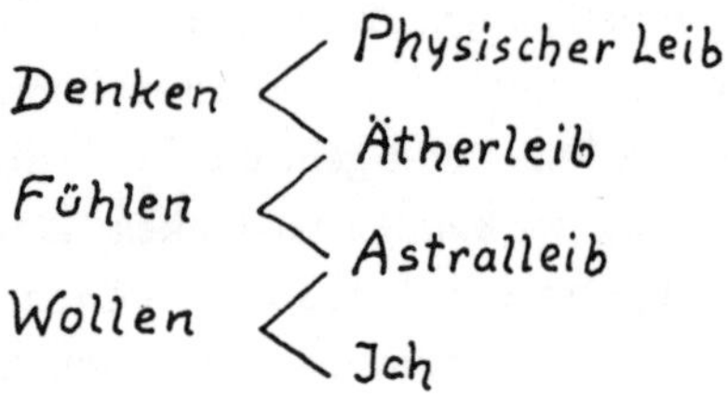

Nun wollen wir heute etwas die menschliche Umgebung anschauen. Vergegenwärtigen wir uns da so recht, wie der Mensch in einem ganz lebendigen Traumleben ist, wie der Mensch Bilder durch das Traumleben schweifend hat. Ich habe nun gestern gesagt: Es kann das imaginative Bewußtsein wahrnehmen, wie diese Bilder in die Organisation hinuntergehen und wie das in diesen Bildern Wirkende unsere Gefühle zustande bringt. Unsere Gefühle sind also das, was eigentlich ergriffen würde, wenn man tiefer in das Innere des Menschen hineinschauen würde, für die Anschauung in Traumbildern. Gefühle sind die Wellen, die aus dem Tagestraumleben in unser Bewußtsein heraufschießen. Wir träumen, sagte ich gestern, unter der Oberfläche des Vorstellungslebens fortwährend fort, und dieses Traumleben, das lebt sich aus in den Gefühlen.

Wenn wir nun in die Umgebung des Menschen schauen, zunächst zur Tierwelt, dann haben wir in der Tierwelt ein Bewußtsein, welches nicht bis zu dem Denken, bis zu dem Gedankenleben heraufkommt, sondern welches sich eigentlich ausgestaltet in einer Art lebendigen Traumlebens. Wir können uns durch das Studium unseres eigenen Traumlebens eine Vorstellung davon bilden, wie es eigentlich im Seelenleben des Tieres aussieht. Es ist das Seelenleben des Tieres eben durchaus ein Träumen. Daher ist das Seelenleben des Tieres viel mehr tätig am Organismus als das Seelenleben des Menschen, das vom Organismus durch die Helligkeit des Vorstellungslebens viel mehr emanzipiert ist. Das Tier träumt eigentlich. Und so wie unsere Traumbilder, die Traumbilder, die wir uns bilden während des wachen Bewußtseins, als Gefühle heraufströmen, so ist ein solches gefühlsartiges Seelenleben dasjenige, was beim Tiere hauptsächlich zugrunde liegt. Ein vom hellen Gedankenlichte durchzogenes Seelenleben hat eigentlich das Tier nicht. Was also bei uns vorgeht zwischen dem Ätherleib und dem astralischen Leib, das ist das Wesentliche, was im Tiere vorgeht; das bildet das tierische Seelenleben. Und wir können das tierische Leben verstehen, wenn wir es also aus dem Seelenleben hervorgehend vorstellen.

Es ist wichtig, daß man sich eine gewisse Vorstellung verschafft von diesen Verhältnissen, denn man wird dann begreifen, was eigentlich vorgeht, sagen wir, wenn das Tier verdaut. Man wende nur einmal den Blick auf eine Herde, die in der Verdauung auf einer Weide liegt. Die ganze Stimmung, die in den Tieren ist, die kündigt ja an, was da durch Geistesforschung zutage tritt: daß tatsächlich die erregte Tätigkeit, die sich im wesentlichen abspielt zwischen Ätherleib und Astralleib des Tieres, in einem lebendigen Fühlen heraufdringt, und daß das Tier in diesem Fühlen lebt. Eine Steigerung und Herabminderung dieses Fühlens, das ist das Wesentliche des tierischen Erlebens, und das Teilnehmen an seinen Traumbildern, wenn es eben das Fühlen etwas dämpft und mehr das Bild an die Stelle des Fühlens tritt. Wir können also sagen: Das Tier lebt in einem Bewußtsein, das unserem Traumbewußtsein ähnlich ist.

Wenn wir bei ihm das Bewußtsein suchen, das wir selber als Menschen, als hier auf der Erde herumgehende Menschen haben, dann können wir es nicht innerhalb des Tieres suchen, dann müssen wir es suchen bei Wesen, die nicht zu einem unmittelbar physischen Dasein kommen. Wir nennen sie die tierischen Gattungsseelen, Seelen, die als solche nicht eine physische Körperlichkeit haben, sondern die sich durch die Tiere ausleben. Wir können sagen, daß alle Löwen zusammen eine solche Gattungsseele haben, die ein geistiges Dasein hat. Die hat dann ein solches Bewußtsein, wie wir Menschen es haben, nicht das einzelne Tier.

Gehen wir nun herunter in die Pflanzenwelt, dann haben wir nicht ein solches Bewußtsein wie bei den Tieren, sondern wir haben in der Pflanzenwelt selber ein solches Bewußtsein, wie wir es haben vom Einschlafen bis zum Aufwachen. Die Pflanze ist ein schlafendes Wesen. Wir entwickeln dieses Bewußtsein aber auch zwischen dem astralischen Leib und dem Ich im Wollen. Was da in der Pflanzenwelt tätig ist, das ist im wesentlichen gleichgeartet mit demjenigen, was in unserem Wollen lebt. In unserem Wollen schlafen wir eigentlich auch dann, wenn wir wach sind. Dieselbe Tätigkeit, die in unserem Wollen waltet, die waltet eigentlich über die ganze Pflanzenwelt hin.

Das Bewußtsein, das wir entwickeln als Schlafbewußtsein, das ist ja etwas, was sich eigentlich fortwährend als Unbewußtes einschiebt in unser Bewußtes, was Lücken bildet, wie ich gestern sagte, in unserer Erinnerung. Aber geradeso wie unser Bewußtsein dumpf ist, für die meisten Menschen überhaupt ausgelöscht ist während des Schlafens, so ist das Pflanzenbewußtsein.

Wenn wir dann aufsuchen, was beim Pflanzenleben so ist wie beim tierischen Leben, dann können wir das nicht in der einzelnen Pflanze suchen, sondern dann müssen wir es eigentlich in der ganzen Erdenseele suchen. Die ganze Erdenseele führt ein träumendes Bewußtsein und schläft sich hinein in das Pflanzenbewußtsein. Und nur insoferne die Erde teilnimmt an dem kosmischen Werden, flackert sie so auf, daß sie solch ein völliges Bewußtsein entwickeln kann, wie wir Menschen es haben zwischen Geburt und Tod im wachenden Zustande. Das ist aber vorzugsweise dann der Fall, wenn die Winterszeit da ist: das ist eine Art Aufwachen der Erde, währenddem das dumpfe Traumbewußtsein während der Sommerszeit, während der warmen Zeit vorhanden ist. Es ist eben durchaus ein Fehlschluß, wie ich auch in früheren Vorträgen schon auseinandergesetzt habe, zu glauben, daß die Erde etwa im Sommer wacht und im Winter schläft. Das Umgekehrte ist der Fall. In der regen vegetativen Tätigkeit, die entwickelt wird während des Sommers, während der warmen Jahreszeit, ist gerade ein Schlafzustand der Erde, eigentlich ein Traumzustand der Erde vorhanden, währenddem ein Wachzustand der Erde vorhanden ist in der kalten Jahreszeit.

Wenn wir aber nun zum mineralischen Reich hinuntersteigen, dann kommen wir dazu, uns sagen zu müssen: ein noch tieferes Bewußtsein ist da vorhanden als dasjenige unseres Schlafes, ein Bewußtsein, das unserer gewöhnlichen menschlichen Erfahrung durchaus schon ferne liegt, das also hinausgehen würde über das Wollen. Aber eigentlich liegt das, was da in den Mineralien lebt als Bewußtseinszustand, uns Menschen nur scheinbar, nur für das gewöhnliche Bewußtsein ferne. In Wirklichkeit liegt es uns gar nicht so ferne. Wenn wir nämlich übergehen vom Wollen zum wirklichen Tun, wenn wir etwas ausführen, dann sondert sich ja unser Wollen von uns ab. Und das, in dem wir dann, ich möchte sagen, drinnen schwimmen, in dem wir weben und leben, indem wir die Handlung ausführen, die wir ja nur vorstellen – wir stecken ja mit unserem Bewußtsein nicht drinnen in der Handlung, wir stellen sie nur vor –, aber das, was in der Handlung selber drinnensteckt, der Inhalt der Handlung, das ist schließlich dasselbe, was da jenseits der Oberfläche der Mineralien im Mineralischen drinnensteckt und das mineralische Bewußtsein konstituiert. Wir würden eigentlich, wenn wir noch tiefer hinuntersinken könnten in die Unbewußtheit, da ankommen, wo das mineralische Bewußtsein webt. Aber wir würden uns in keinen anderen Zustand hineinfinden als in denjenigen, in dem auch unser Tun selber sich vollzieht. Daher liegt uns das mineralische Bewußtsein gewissermaßen jenseits dessen, was wir als Menschen noch erleben können. Aber auch unser eigenes Handeln liegt jenseits dessen, was da von uns Menschen erlebt werden kann. Insofern also unser Handeln nicht von uns abhängt, nicht im Gebiete dessen liegt, was innerhalb unserer Freiheit eingeschlossen ist, ist unser Handeln genau ebenso Weltgeschehen wie das, was in den Mineralien drinnen geschieht. Wir gliedern unser Handeln in dieses Geschehen ein, und damit haben wir eigentlich die Beziehung des Menschen zu seiner Umgebung schon bis zu demjenigen getragen, wo dann der Mensch mit seinem Handeln sogar jenseits seines Schlafbewußtseins hinüberkommt. Indem der Mensch die Mineralwelt um sich herum gewahr wird, gerät er, indem er die Mineralien von außen anschaut, an dasjenige heran, was jenseits seines Erlebens liegt. Wir können sagen: Wenn das der Umkreis dessen sei, was wir innerhalb des Menschenreiches, des Tierreiches, des Pflanzenreiches sehen, und dann hier an das Mineralreich herankommen, so ist da das Mineralreich, indem es auf unsere Sinne wirkt, uns zuweisend seine äußere Seite; aber jenseits, da wo wir nicht mehr hineinkommen, da entwickelt das Mineralreich dann, gewissermaßen abgewendet von uns, sein Bewußtsein (siehe Zeichnung, rot). Und dieses Bewußt-

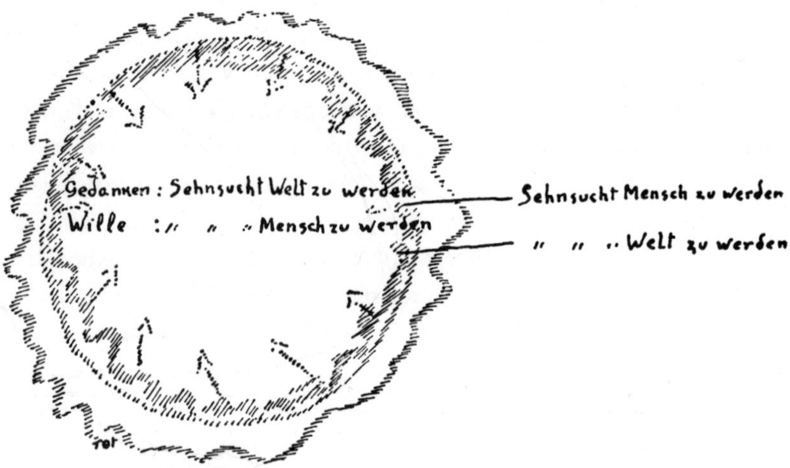

sein, das da entwickelt wird, das ist dasjenige, von dem auch aufgenommen werden die inneren Inhalte unserer Handlungen, die dann weiterwirken im Verlaufe unseres Karma.

Und jetzt gehen wir zu Wesen, welche nun nicht unter den Menschen stehen in der Reihe der Naturreiche, sondern die über dem Menschen stehen. Wie können wir von diesen Wesen eine gewisse Vorstellung bekommen? Wie bildet sich überhaupt auch für das Bewußtsein, das wir begründen müssen durch Geistesforschung, durch Anthroposophie, wie bildet sich da eine Vorstellung von solchen höheren Wesen? Nun, Sie wissen aus der Darstellung meines Buches «Wie erlangt man Erkenntnisse der höheren Welten?» und aus dem, was ich über denselben Gegenstand in mündlichen Vorträgen gegeben habe, daß wir von dem Tagesbewußtsein, das wir das gegenständliche Bewußtsein nennen, aufwärtssteigen können zum imaginativen Bewußtsein. Wenn wir in gesunder Weise zum imaginativen Bewußtsein aufsteigen, dann werden wir ja zunächst von unserer Leiblichkeit frei. Wir weben im Ätherleben. Dadurch werden unsere Vorstellungen nicht scharf konturiert sein, sie werden ineinanderfließende Imaginationen sein, aber sie werden eben so sein, daß sie demjenigen Gedankenleben ähneln, das ich gestern charakterisierte, das wir beim Aufwachen finden zwischen Ätherleib und physischem Leib. Wir leben uns schon in ein solches Gedankenleben ein. Es ist nicht so, dieses Gedankenleben, in das wir uns in der Imagination einleben, daß wir in freier Willkür einen Gedanken zu dem anderen hinzugliedern, sondern die Gedanken gliedern sich selber ineinander. Es ist ein Gedankenorganismus, ein bildhafter Gedankenorganismus, in den wir uns hineinleben. Aber dieser bildhafte Gedankenorganismus hat Lebenskraft in sich. Er stellt sich uns so dar, daß er gedankenwesenhaft ist, aber daß er eigentlich lebt, daß er Eigenleben in sich hat; nicht das Eigenleben, das die physisch-irdischen Dinge haben, aber ein Eigenleben, das im Grunde genommen alles durchwebt und durchlebt. Wir leben uns hinein in eine Welt, die im Imaginieren lebt, deren Tätigkeit das Imaginieren ist.

Das ist die Welt, die wir zunächst über dem Menschen erleben: diese webende, sich imaginierende Welt. Und nur wie ein Stück, wie etwas, was herausgeschnitten ist aus dieser webenden, sich imaginierenden Welt finden wir dasjenige, was in uns selber eingesponnen ist zwischen unserem Ätherleib und unserem physischen Leib, das wir beim Aufwachen finden können und das wir identisch wissen mit demjenigen, was hereinkommt durch Konzeption und Geburt aus der geistigen Welt in diese physische Welt, wenn wir eben in diese physische Welt hereintreten. Diejenige Welt, welche die sich imaginierende Welt ist, sie entläßt uns gewissermaßen zuletzt, und sie arbeitet dann nach unserer Geburt noch weiter in unserem physischen Leib. Ein Gedankenweben, unabhängig von unserem eigenen subjektiven Gedankenweben findet da statt. Dieses Gedankenweben findet in unserem Wachstum statt. Dieses Gedankenweben ist auch tätig in unserer Ernährung. Dieses Gedankenweben ist herausgebildet aus dem allgemeinen Gedankenweben des Kosmos.

Wir können nicht unseren Ätherleib verstehen, wenn wir ihn nicht so verstehen, daß wir haben das allgemeine Gedankenweben der Welt (siehe Zeichnung, hell), und unser eigener Ätherleib (rot) ist gewissermaßen herausgewoben durch unsere Geburt aus diesem Gedankenweben der Welt. Das Gedankenweben der Welt webt in uns hinein, bildet die Kräfte, die unserem Ätherleib zugrunde liegen und die eigentlich sich zeigen in dem Zwischenraum zwischen Ätherleib und physischem Leib. Durch den physischen Leib werden sie gewissermaßen hereingetragen, abgesondert von der äußeren Welt und wirken dann in uns mit Hilfe des Ätherleibes, des eigentlichen Bildekräfteleibes.

So können wir uns eine Vorstellung machen von dem, was hinter unserer Welt ist. Unsere nächste Erkenntnis ist die imaginative, und das nächste Wesenhafte, das in unserer Umgebung ist, ist das Sich-Imaginierende, das sich in lebendigen Bildern Auslebende. Und unserer eigenen Organisation liegt ein solches sich in lebendigen Bildern Auslebendes zugrunde. Wir sind unserem Ätherleib nach durchaus aus dem Kosmos herausgebildet, herausgestaltet. Wie wir also, indem wir in das Reich hinuntergehen, das unter uns liegt, unser Bewußtsein, wie wir es im Traume haben, dem Tiere zuzuschreiben haben, so haben wir, indem wir über uns hinaufgehen, das, was wir dann subjektiv erhalten in der Imagination. Was wir innerlich ausbilden als ein Gewebe von Imaginationen, das haben wir äußerlich vorhanden, das schauen wir gewissermaßen von außen an. Wir imaginieren nach innen. Die nächsten Wesen über dem Menschen imaginieren sich nach außen, offenbaren sich durch die nach außen getriebene Imagination, und wir selbst sind aus dieser Welt herausgegliedert durch eine solche nach außen getriebene Imagination. So daß unserer Welt tatsächlich ein Gedankenweben, ein Bildgedankenweben zugrunde liegt, daß wir finden, indem wir die geistige Welt suchen, ein Bildgedankenweben.

Sie wissen, daß dann als nächste Stufe die Stufe der Inspiration in der Entwickelung unserer Erkenntnisvermögen dasteht. Wir können die Imagination von innen erleben als einen Erkenntnisvorgang. Aber die nächste Welt nach der sich imaginierenden ist diejenige, die gewissermaßen in demselben Elemente webt und lebt, in das wir geraten bei der Inspiration. Nur ist es für diese Welt eine Exspiration, ein gewissermaßen aus sich Herausbreiten. Wir inspirieren uns beim Erkennen. Dasjenige aber, was die nächste Welt tut, das ist: sie exspiriert sich, sie treibt das nach außen, was wir nach innen treiben im inspirierten Erkennen.

So also gelangen wir, indem wir gewissermaßen das, was wir im Inspirieren von innen erleben, von der umgekehrten Seite anschauen, an die Objektivität der nächsthöheren Wesen heran. Und ebenso ist es beim Intuitieren, beim intuitiven Erkennen. Aber ich muß vorher noch sagen: Wenn wir als Mensch gewissermaßen bloß aus dem Gedankenweben der Welt herausgesponnen wären, dann würden wir nicht mitbringen in dieses Leben unser Seelisches, das sich durchgelebt hat durch das Leben vom letzten Tode bis zu dieser Geburt; denn was da herausgesponnen wird aus dem allgemeinen Gedankenweben der Welt, das ist eben aus dem Kosmos herausgesponnen, das ist uns zuteil geworden durch den Kosmos. Da hinein muß dann erst das Seelische kommen. Und dieses Seelische kommt da hinein durch eine solche Exspirationstätigkeit, durch eine zu der Inspiration umgekehrten Tätigkeit. Wir sind also gewissermaßen herausexspiriert aus dem seelisch-geistigen Weltenall. Indem uns der Kosmos mit seinem Gedankenweben umspinnt, durchdringt uns die geistig-seelische Welt exspirierend mit dem Seelischen. Aber sie muß dieses Seelische ja zuerst aufnehmen. Und da kommen wir an das heran, was nun wiederum nur vom Menschen aus richtig begriffen werden kann.

Sehen Sie, indem wir als Menschen zwischen Geburt und Tod in der Welt leben, nehmen wir fortwährend durch unsere Sinneswahrnehmungen die Eindrücke von der Außenwelt auf. Wir bilden uns Vorstellungen davon, wir durchdringen diese Vorstellungen mit unseren Gefühlen. Wir gehen über zu unseren Willensimpulsen. Wir durchdringen das alles. Aber das bildet in uns eine Art abstrakten Lebens, eine Art Bildlebens zunächst. Und wenn Sie, ich möchte sagen, nach innen schauen, zu demjenigen, was sich da von den Sinnesorganen nach innen als seelisches Erleben der Außenwelt innerlich bildet, so ist das ja Ihr seelischer Inhalt. Es ist der seelische Inhalt des Menschen, der im höheren Wachbewußtsein darstellt zwischen Geburt und Tod, was ihm die Außenwelt gibt. Sein Inneres nimmt das gewissermaßen auf. Wenn ich schematisch dieses Innere so zeichne: Dann wird im Wahrnehmen die Welt gewissermaßen hereingeschickt (siehe Zeichnung, rot) und wird von Gefühls- und Willenskräften innerlich durchzogene Welt, die sich da drinnen preßt in dem menschlichen Organismus. Wir tragen eigentlich eine Anschauung der Welt in uns; aber wir tragen eine Anschauung der Welt in uns dadurch, daß die Wirkungen, die Eindrücke der Welt in uns sich pressen. Und wir können im gewöhnlichen Bewußtsein das Schicksal dessen, was da eigentlich mit den Eindrücken der Welt in uns vorgeht, gar nicht völlig durchschauen. Was da in uns hineindringt und was in uns so lebt, daß es – in gewissen Grenzen – ein Bild des Kosmos ist, das ist so, daß es durchtränkt wird nicht nur von den Gefühlen und den innerlichen Willensimpulsen, die uns ins Bewußtsein kommen, sondern es wird überhaupt von alldem, was da im Menschen drinnen lebt, durchpulst. Dadurch bekommt es eine gewisse Tendenz. Es wird, solange wir leben bis zum Tode hin, zusammengehalten vom Leibe. Indem es durch die Pforte des Todes dringt, nimmt es vom Leibe mit, was man nennen kann einen Wunsch,

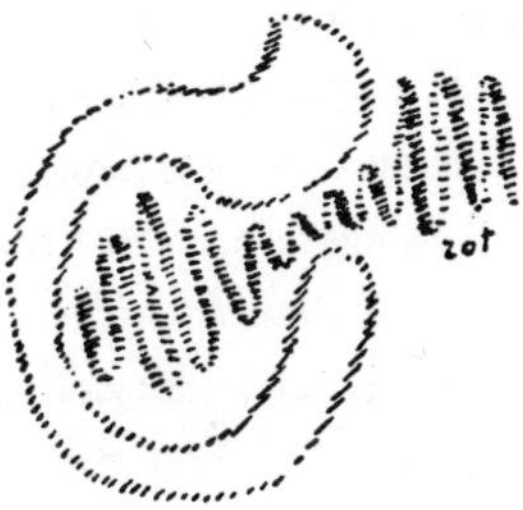

fortzusetzen, was es im Leibe geworden ist: den Wunsch, Menschenwesenheit anzunehmen. Wenn wir unser inneres Seelenleben durch den Tod tragen, bekommt es den Wunsch, Menschenwesenheit anzunehmen.

Das ist es, was unser Seelenleben durch den Tod trägt: die Sehnsucht nach Menschenwesenheit. Und diese Sehnsucht nach Menschenwesenheit, die ist insbesondere scharf ausgeprägt in alledem, was wie träumend und schlafend in den Untergründen unseres seelischen Lebens ist, was in unserem Willen ist. Unser Wille, wie er sich eingliedert dem Seelenleben, das aus den Eindrücken der Außenwelt entsteht, der trägt, indem er durch den Tod geht, in sich die tiefste Sehnsucht, nun in einer geistigen Welt, in einem geistigen Weltweben Mensch zu werden.

Unsere Gedankenwelt dagegen, diejenige Welt, die zum Beispiel in unseren Erinnerungen geschaut werden kann, die aus uns selber zurückgestrahlt ist in unser Bewußtsein hinein, die trägt die umgekehrte Sehnsucht in sich. Die ist ja eine Verwandtschaft eingegangen mit unserem Menschenwesen. Unsere Gedanken gehen eine starke Verwandtschaft ein mit unserem Menschenwesen. Die tragen dann, indem sie durch den Tod gehen, die eminenteste Sehnsucht in sich, sich auszubreiten in die Welt, Welt zu werden (siehe Zeichnung Seite 68).

Wir können also sagen: Indem wir Menschen durch den Tod gehen, tragen die Gedanken in sich die Sehnsucht, Welt zu werden. Der Wille dagegen, den wir entwickeln im Leben, er trägt in sich die Sehnsucht, Mensch zu werden.

Gedanken:	Sehnsucht, Welt zu werden
Wille:	Sehnsucht, Mensch zu werden

Das ist dasjenige, womit wir durch den Tod gehen. Alles das, was in den Tiefen unseres Wesens waltet als Wille, es trägt im tiefsten Inneren die Sehnsucht in sich, Mensch zu werden. Man kann das beobachten mit dem imaginativen Bewußtsein, wenn man den schlafenden Menschen beobachtet, der den Willen ja außer sich hat, in dem Ich den Willen außer sich hat. Da drückt sich schon deutlich in dem außerhalb des Menschenleibes Befindlichen die Sehnsucht aus, beim Aufwachen wiederum zurückzukehren, um menschenähnlich sich zu gestalten in der Ausbreitung des menschlichen physischen Leibes selbst. Aber diese Sehnsucht bleibt über den Tod hinaus. Was willensartiger Natur ist, das will Mensch werden, währenddem das, was gedankenhafter Natur ist und was sich verbinden muß gerade mit den Gedanken, die dem physischen Leben so nahe sind, mit den Gedanken, die eigentlich unser menschliches Gewebe bilden, die unsere menschliche Figur zwischen Geburt und Tod haben –, das nimmt die Sehnsucht an, sich wiederum zu zerstreuen, sich wiederum zu zerfluten, Welt zu werden. Und das dauert dann bis ungefähr in die Mitte der Zeit, die wir zubringen zwischen dem Tod und einer neuen Geburt.

Da ist das Gedankenhafte in seiner Sehnsucht, Welt zu werden, gewissermaßen bis ans Ende gekommen. Es hat sich eingegliedert in den ganzen Kosmos. Die Sehnsucht Welt zu werden, ist erreicht, und es findet eine Umkehr statt. In der Mitte zwischen dem Tod und einer neuen Geburt verwandelt sich diese Sehnsucht der Gedanken, Welt zu werden, langsam in die Sehnsucht, wiederum Mensch zu werden, wiederum sich so zu verweben, wie das dann wird, wenn es eben unser Gedankengewebe wird, das wir beim Aufwachen gegen den Leib hin wahrnehmen können. So daß wir sagen können – ich nenne ja das, was da in der Mitte zwischen dem Tod und einer neuen Geburt liegt, wie Sie aus meinen Mysteriendramen wissen, die Mitternachtsstunde des Daseins –, daß wir in dieser Mitternachtsstunde des Daseins eine rhythmische Umkehrung haben von der Gedankensehnsucht unseres Wesens, Welt zu werden, nachdem sie erfüllt ist, in die Sehnsucht, wiederum Mensch zu werden, nach und nach herunterzusteigen, um wiederum Mensch zu werden.

In demselben Augenblicke, wo die Gedanken die Sehnsucht bekommen, wiederum Mensch zu werden, tritt bei dem Willen das Umgekehrte ein. Der Wille entwickelt ja zunächst die Sehnsucht, Mensch zu werden in dem geistigen Elemente, das wir durchleben zwischen dem Tod und einer neuen Geburt. Diese Sehnsucht ist es, die den Willen am meisten erfüllt. Es hat da draußen zwischen dem Tode und einer neuen Geburt gewissermaßen ein geistiges Abbild des Menschen erlebt; darinnen entsteht jetzt die lebhafteste Sehnsucht, wieder Welt zu werden. Gewissermaßen breitet sich der Wille aus; er wird Welt, er wird kosmisch. Dadurch, daß er sich ausbreitet, gelangt er auch eben in die Nähe derjenigen Naturströmung, die dann durch die Vererbungslinie gebildet wird im Fortgang der Generationen. So daß das, was als Wille wirkt im geistig-physischen Kosmos, was als Wille beginnt, um die Mitternachtsstunde des Daseins die Sehnsucht zu haben, Welt zu werden, daß das eigentlich schon in der Generationenfolge lebt. Wenn wir dann in der anderen Strömung, die die Sehnsucht hat, Mensch zu werden, uns einkörpern, ist uns vorangegangen der Wille im Weltwerden. Er lebt schon in der Fortpflanzung der Generation, in die wir dann untertauchen. In dem, was wir von den Vorfahren bekommen, lebt schon der Wille, der da Welt werden wollte von der Mitternachtsstunde des Daseins an, und mit diesem Welt-werden-Wollenden Willen kommen wir zusammen, indem das, was seit der Mitternachtsstunde des Daseins in den Gedanken von uns Mensch werden will, sich dann in das eingliedert.

Gedanken:
Sehnsucht, Welt zu werden – Sehnsucht, Mensch zu werden

Wille:
Sehnsucht, Mensch zu werden – Sehnsucht, Welt zu werden

Sie sehen also, wenn wir so mit geistigem Blick verfolgen, was auf der einen Seite im Physischen lebt, was auf der anderen Seite im Geistigen lebt, dann stellt sich uns das Bild des Menschenwerdens wirklich vor die Seele hin. Wir sind aber auch, indem wir durch das Gedankengewebe, das die Sehnsucht hat, Mensch zu werden, sich zu unserem physischen Dasein herunterzuneigen, wir sind da verwandt mit all den Wesen, die in der nächsten Sphäre über den Menschen leben, die sich imaginieren. Wir passieren gewissermaßen die Sphäre der sich imaginierenden Wesen. Und gerade in dem Augenblicke, wo diese Umkehrung stattfindet, da findet auch unsere Ich-durchdrungene Seele die Möglichkeit, nun fortzuleben in den beiden Strömungen, die ja divergieren, aber mit denen die Seele lebt, kosmisch lebt, bis sie sich wiederum nach der vollen Erfüllung der Menschwerde-Sehnsucht einkörpert und eben ein einzelner Mensch wird. Die Seele lebt im Grunde genommen sehr kompliziert, und hier in der Mitternachtsstunde des Daseins geht sie über den Abgrund. Sie wird gewissermaßen aus unserer Vergangenheit selber, jener Vergangenheit zunächst, die zwischen unserem letzten Tode und der Mitternachtsstunde des Daseins liegt, hereininspiriert. Die Mitternachtsstunde des Daseins passieren wir durch eine Tätigkeit, die dem Inspirieren, wenn man es innerlich erlebt, ähnlich ist, und die äußerlich ein Exspirieren ist, herrührend aus früherem Dasein. Ist die Seele über die Mitternachtsstunde des Daseins hinweg, da kommen wir zusammen mit denjenigen Wesen, die in zweiter Stufe über dem Menschen stehen und die im Exspirieren leben, wie ich gesagt habe.

Aber als dritte Stufe haben wir im höheren Erkennen die intuitive Erkenntnis. Erleben wir sie nach innen, dann haben wir sie gewissermaßen von der einen Seite, erleben wir sie von außen, so haben wir ein Intuitieren, ein Sich-Hingeben, ein richtiges Sich-Hingeben. Dieses Sich-Hingeben, dieses sich in die Außenwelt-Ergießen, das ist das Wesen derjenigen Hierarchie, die als dritte Stufe über dem Menschen steht, das Intuitieren. Und dieses Intuitieren ist jene Tätigkeit, durch die der Inhalt unserer früheren Erdenleben herüber intuitiert wird in unser gegenwärtiges Erdenleben, herüberströmt, sich herüberergießt in unser gegenwärtiges Erdenleben. Diese Tätigkeit üben wir allerdings fortwährend aus, sowohl auf dem Wege bis zur Mitternachtsstunde des Daseins wie auch weiter darüber hinaus. Diese Tätigkeit durchdringt alles andere, und wir sind durch sie, also indem wir durch die wiederholten Erdenleben gehen, Teilnehmer an jener Welt, in welcher die im realen Intuitieren lebenden Wesen sind, die sich hingebenden Wesen sind. Wir geben uns ja auch eben an jedes folgende Erdendasein hin aus unserem früheren Erdenleben heraus.

So können wir auch Vorstellungen gewinnen, wie nun unser Leben verläuft zwischen dem Tod und einer neuen Geburt in der Umgebung dieser drei Welten.

Wie wir hier zwischen Geburt und Tod in der Umgebung der tierischen, der pflanzlichen und der mineralischen Welt leben, so leben wir zwischen dem Tod und einer neuen Geburt in derjenigen Welt, wo das, was wir sonst in der Imagination erfassen, in Bildern gestaltet nach außen lebt. Dasjenige also, was wir aus dem geistigen Kosmos in unsere Leibgestaltung hineintragen, das können wir daher auch durch Imagination erfassen. Das, was wir von unserem Seelischen durch die Mitternachtsstunde des Daseins hindurchtragen, was in uns dann vorzugsweise als Gefühlstätigkeit lebt, aber ins Traumhafte eben abgestumpft, das können wir erfassen durch inspirierende Erkenntnis, und das ist auch, wenn es auftritt als unser Gefühlsleben, durchsetzt von solchen Wesenheiten.

Wir leben nämlich als Menschen in Wahrheit nur völlig in unserer äußeren Sinneswahrnehmung. Schon wenn wir zum Denken vordringen, dann ist objektiv dieses Denken etwas, was für die Imagination gegeben wird, was in einem Bildgestalten besteht. Wir heben nur die abstrakten Gedanken in unserem Bewußtsein aus dem Bildgestalten heraus. Hinter unserem Bewußtsein liegt dann gleich das Bildweben der Gedanken. Dadurch, daß wir die abstrakten Gedanken herausheben können aus diesem Bildweben, kommen wir als Menschen zwischen Geburt und Tod zur Freiheit. Die Welt der imaginativen Notwendigkeit liegt dahinter. Da sind wir aber auch nicht mehr in derselben Weise allein wie hier. Da sind wir verwoben mit den sich durch Imagination offenbarenden Wesen, so wie wir dann in unserem Fühlen verwoben sind mit den durch Exspiration, mit den das Inspirieren nach außen offenbarenden Wesen. Und indem wir von Erdenleben zu Erdenleben gehen, sind wir verwoben mit denjenigen Wesenheiten, die im Intuitieren leben.

Unser menschliches Leben reicht also hinunter in die drei Reiche der Natur und reicht hinauf in die drei Reiche des göttlich-geistig-seelischen Dasein. Das zeigt uns, daß wir ja hier im Anschauen des Menschen nur die Außenseite des Menschen haben. In dem Augenblicke, wo wir nach dem Inneren schauen, setzt sich uns der Mensch fort nach den höheren Welten hinauf, verrät er uns, offenbart er uns seinen Zusammenhang nach den höheren Welten hinauf, und wir leben uns durch Imagination, Inspiration und Intuition in diese höheren Welten hinein.

Damit haben wir einmal einen Blick geworfen auf die menschliche Umgebung. Wir haben aber damit zu gleicher Zeit diejenige Welt entdeckt, die als eine Welt geistiger Notwendigkeiten hinter der Welt physischer Notwendigkeiten steht, und wir lernen dann um so mehr das, was in der Mitte drinnen liegt, würdigen: die Welt unseres gewöhnlichen Bewußtseins, das wir durchmachen in wachendem Zustande zwischen der Geburt und dem Tode. Da einverleiben wir unserem eigentlichen menschlichen Wesen das, was in der Freiheit leben kann. Unter uns und über uns ist nicht Freiheit. Freiheit tragen wir durch die Todespforte dadurch, daß wir mitnehmen den wesentlichsten Inhalt des Bewußtseins, den wir da haben zwischen der Geburt und dem Tode. Der Mensch verdankt eben dem Erdendasein die Eroberung dessen, was in ihm das Freiheitsleben ist. Dann allerdings kann es ihm nicht mehr genommen werden, wenn er es sich erobert hat dadurch, daß er das Leben zwischen Geburt und Tod durchgemacht hat, dann kann es ihm nicht mehr genommen werden, wenn er dieses Leben weiterträgt in die Welt der geistigen Notwendigkeiten hinein. Dieses Erdenleben bekommt gerade seinen tiefen Sinn dadurch, daß wir es hineinzustellen vermögen zwischen das, was unter uns und über uns liegt. Und so leben wir uns hinauf zu der Erfassung dessen, was im Menschen als das Geistige erfaßt werden kann.

Wenn wir das Seelische erkennen wollen, so müssen wir gewissermaßen in die Zwischenräume zwischen physischem Leib, Ätherleib, Astralleib und Ich hineinschauen; dann müssen wir in das hineinschauen, was da webt zwischen den Gliedern unserer menschlichen Wesenheit. Wenn wir den Menschen als geistiges Wesen kennenlernen wollen, dann müssen wir danach fragen, was der Mensch erlebt mit sich imaginierenden Wesenheiten, mit Wesenheiten, die sich außen durch Inspiration oder eigentlich Exspiration offenbaren, mit Wesenheiten, die sich durch Intuitieren offenbaren. Wie wir also gewissermaßen aufsuchen müssen, was unsere menschlichen Wesensglieder miteinander für Wechseltätigkeit entwickeln, wenn wir das Seelenleben prüfen wollen, so müssen wir den Verkehr mit den Wesenheiten der höheren Hierarchien aufsuchen, wenn wir den Menschen als geistiges Wesen betrachten wollen.

Wenn wir hinunterschauen in die Natur und den Menschen vollständig anschauen wollen, dann enthüllt sich uns dieser Mensch für das geistige Anschauen in dem Augenblicke, wo wir aus innerer Erkenntnis heraus sagen können: Der Mensch, so wie er heute ist, trägt in sich physischen Leib, Ätherleib, astralischen Leib und Ich. – Jetzt hat man erkennen gelernt, was der Mensch innerhalb der Natur ist. Nun werden wir gewahr, zunächst auf subjektive Art durch inneres Erleben, das Seelenweben. Wir schauen es ja nicht an, wir stehen darinnen. Indem wir uns zur Anschauung aufschwingen, müssen wir es suchen zwischen den Gliedern, die wir also als die Wesensglieder des Menschen im natürlichen Dasein entdeckt haben. Was diese Glieder miteinander tun nach innen hin, das enthüllt sich uns als die objektive Anschauung des Seelenlebens.

Dann aber müssen wir weitergehen und müssen nun nicht nur die Wesensglieder des Menschen und die Wirksamkeit dieser Wesensglieder aufeinander suchen, sondern wir müssen den ganzen Menschen nehmen und ihn in Wechseltätigkeit mit demjenigen sehen, was in seiner im weitesten Umfange aufgefaßten Weltenumgebung lebt: unter ihm und über ihm. Da entdecken wir, wie unter ihm dasjenige lebt, was gegenüber dem, was über ihm ist und was sich als die eigentliche Geistigkeit des Menschen erweist – Geistigkeit als Erlebnis unserer Tätigkeit mit den Wesen der höheren Hierarchien –, wie schlafend ist. Das, was sich als die eigentliche Geistigkeit da oben erlebt und das, was unten in der Natur erlebt wird, wird wie ein Wechseln, ein rhythmisches Wechseln zwischen Wachen und Schlafen erlebt. Gehen wir vom menschlichen Bewußtsein, das das wachende Bewußtsein ist, hinunter zum tierischen Bewußtsein, das das träumende Bewußtsein ist, gehen wir bis zum Pflanzenreich: schlafend; gehen wir noch tiefer hinunter: tiefer als das

Schlafen; gehen wir hinauf: wir finden zunächst das Imaginieren als Realität erfüllt. Also ein weiteres Aufwachen ergibt sich gegenüber unserem gewöhnlichen Bewußtsein, ein noch weiteres Aufwachen bei den höheren Wesen, durch Inspiration; ein völliges Erwachtsein im Intuitieren, ein solches Erwachtsein, daß es ein Hingeben ist an die Welt.

Und jetzt verfolgen Sie bitte das, was ich nun hier schematisch zeichne, was aber zum Welt- und Menschenverständnis von größter Bedeutung ist. Nehmen Sie hier gewissermaßen als den Zentralpunkt das gewöhnliche menschliche Bewußtsein. Es geht zunächst herunter, findet das tierische Traumbewußtsein; geht weiter herunter, findet das pflanzliche Schlafbewußtsein; geht weiter herunter und findet das mineralische Tiefschlafbewußtsein.

Nun aber geht der Mensch über sich hinauf, findet die Wesenheiten, welche in Imaginationen sich offenbaren; geht weiter hinauf, findet die Wesenheiten, welche in Inspirationen sich offenbaren, eigentlich durch ein exspirierendes Wesen; findet endlich die Wesenheiten, welche sich durch Intuitieren offenbaren, die sich ausgießen.

Wohin ergießen sie sich? Das höchste Bewußtsein ergießt sich in das Tiefschlafbewußtsein des Mineralreiches hinein. Das Mineralreich ist um uns herum ausgebreitet, zeigt uns seine eine Seite. Würden Sie, indem Sie an diese eine Seite des Mineralreiches herankommen, nicht durch Zerbröckeln bis in die Atome, sondern wirklich durchkönnen, so würden Sie auf der anderen Seite sich entgegenstrahlen finden dasjenige, was im intuitierenden Bewußtsein in das Tiefschlafbewußtsein des Mineralreiches hineinströmt. Und diesen Prozeß, den wir da im Raume finden können, wir machen ihn als Menschen selbst im Werdegang durch die verschiedenen Erdenleben in der Zeit durch.

Nun, wir wollen morgen über diese Verhältnisse weiter sprechen.

FÜNFTER VORTRAG

Dornach, 2. Oktober 1921

Ich möchte noch einmal, damit der Zusammenhang gewahrt wird, kurz rekapitulieren, was in den letzten Tagen vor unsere Seele getreten ist in bezug auf die Erkenntnis des seelischen und geistigen Lebens des Menschen. Insbesondere demjenigen, was für einen gewissen vorläufigen Abschluß dieser Betrachtungen noch nachzutragen sein wird, möchte ich das Nötige vom Vorangegangenen vorausschicken. Ich will heute mehr von den Resultaten sprechen; den Gang der Beobachtung habe ich ja in den letzten Tagen auseinandergesetzt.

Wir haben gesehen, daß vorhanden ist gewissermaßen in dem Zwischenraum zwischen dem ätherischen Leib und dem physischen Leib, sagen wir, ein Gewebe von lebendigen Gedanken. Dieses Gewebe von lebendigen Gedanken, was ist es denn eigentlich? Es ist dasjenige, was wir durch die Geburt aus der geistig-seelischen Welt hereintragen in die irdische Welt. Es ist notwendig, daß man sich vorstelle, daß das, was wir innerhalb unserer Denktätigkeit nur im Bilde haben, was also innerhalb unserer Denktätigkeit nur etwas abbildet, daß das ein selbständiges Leben für sich habe, aber dann eben nicht darinnen ist, was wir erfühlen, indem wir Gedanken haben, sondern daß das Gedankengewebe durchzogen ist von objektiver Wesenheit, also ein wirkendes, webendes, tätiges Gedankengewebe ist. Das ist beim Menschen ja so, daß es mitwirkt bei seiner Gestaltung, daß es mitwirkt durch das ganze Leben zwischen der Geburt und dem Tode.

Was ich da zuletzt sagte, bitte ich voll ins Auge zu fassen. Man kann nicht etwa sagen, daß beim Menschen dieses Gedankengewebe ihn ganz bilde, daß also der Mensch ganz herausgewoben wäre aus demjenigen, was man nennen kann Weltgedanken. Das ist nicht der Fall, wenigstens nicht in bezug auf dieses zwischen dem ätherischen und dem physischen Leibe befindliche Gedankengewebe. Der Mensch wird durchaus auch aus anderem konstituiert, das aus dem allgemeinen Kosmos heraus an ihn herankommt, und nur mitwebend ist dasjenige, was ich da als Gedankengewebe beschrieben habe. Aber wir finden es gewissermaßen an derjenigen Stelle, wo unser subjektives Denken auch liegt, denn die subjektiven Gedanken weben wir in dieses Gedankengewebe hinein. Die objektiven erscheinen ja dem gewöhnlichen Bewußtsein gar nicht, aber indem sich die subjektiven, an der Außenwelt entzündeten Gedanken in dieses Gewebe hineinleben, kommt das, was unser Gedankeninhalt ist, für unser Bewußtsein zustande.

Das ist also gewissermaßen der Mensch nach der einen Seite hin. Es ist der Mensch nach der Seite seiner Haut hin, insofern in die Haut ja im Grunde genommen die Summe der Sinne eingestaltet ist. Sobald wir aber heute an die Sinneswelt selber herangehen, so ist die Sache so, daß wir gewissermaßen nicht bis zu den Sinnen kommen, indem wir so dasjenige betrachten, was der Mensch eingegliedert bekommen hat, indem er durch die Geburt ins Dasein getreten ist. Wir müssen die Sache sche-

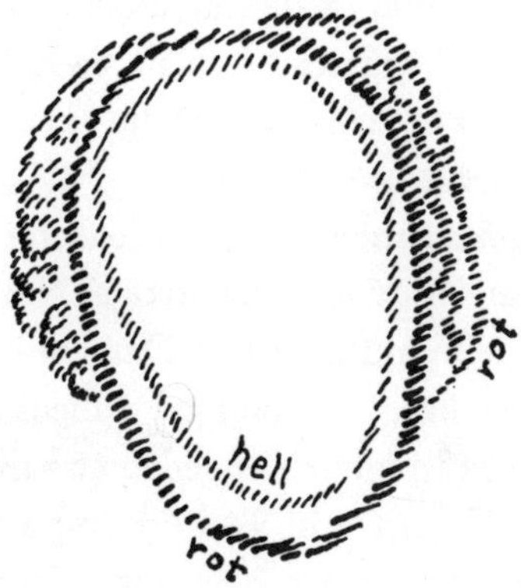

matisch so zeichnen, daß wir sagen: Wenn dieses das Gedankengewebe zwischen dem Ätherleib und dem physischen Leibe ist (siehe Zeichnung, hell), so schlingt sich um dieses Gedankengewebe nach außen alles das, was (rot) in die Haut eingegliedertes Sinnesleben ist. Das ist also gewissermaßen aus dem Kosmos herausgebildet und ist dem Menschen angegliedert. Das ist es also, was der Mensch vom Kosmos gewissermaßen geschenkt erhält, wenn er, durch die Geburt ankommend, das hereinträgt, was zunächst in seinem Gedankengewebe ist. Und eigentlich, wenn man von dem Menschen spricht als sich hindurchentwickelnd durch Saturnentwickelung, Sonnenentwickelung, Mondenentwickelung, Erdenentwickelung, wie ich es beschrieben habe in meiner «Geheimwissenschaft im Umriß», so finden wir zunächst hauptsächlich diese äußere Entwickelung, vom Saturn angefangen, gerade in der Konfiguration der Sinnesorgane ausgedrückt. Das setzt sich dann allerdings durch Prozesse nach innen ins Drüsensystem, Nervensystem und so weiter fort, aber von den Sinnen geht dasjenige aus, was der Mensch als seine Organisation aus dem Kosmos hereinbekommt. Das aber, was ich hier gezeichnet habe als Gedankengewebe, ist eben durchaus etwas, was dem individuellen Menschen angehört, was allerdings herausgegliedert wird aus der Ätherwelt, indem der Mensch durch die Geburt ins Dasein tritt, was aber durchaus doch dem individuellen Menschen angehört, das heißt, mit der individuell irdischen Entwickelung des Menschen zu tun hat. So daß man sagen kann: Diese objektive Gedankenorganisation, sie arbeitet während unseres Embryonallebens und während unseres ganzen späteren Lebens zwischen Geburt und Tod an uns, aber sie ist nicht etwa alles, was die ganze Wesenheit des Menschen aus sich heraussetzt.

Auf der anderen Seite haben wir gefunden, was willensartiger Natur ist. Und wir können sagen: Was willensartiger Natur ist, entwickelt sich zwischen dem Astralleib und dem Ich. Das Ich ist eigentlich so wie es der Mensch als Mensch hat, ganz und gar willensartiger Natur. Es entwickelt sich aber so, daß, wie ich angedeutet habe, zunächst während des Lebens zwischen Geburt und Tod die Impulse des Wollens in die Handlungen des Menschen übergehen, aber nicht vollständig; es bleiben Dinge zurück. Und was da zurückbleibt von Willensartigem, das geht in das werdende Karma über. So daß wir also, wenn wir den Menschen nach seinem physischen Leibe hin betrachten, in dem Gedankengewebe nach dem vergangenen Karma kommen, und indem wir den Menschen betrachten nach seinem Ich – das Ich ist es ja, das eigentlich in seinen Handlungen lebt; dessen muß man sich nur vollständig bewußt sein, daß das Ich eigentlich völlig erst in den Handlungen lebt, eigentlich erst erwacht an dem Handeln des Menschen –, wird das, was das Ich gewissermaßen da zurückbehält in sich, dann durch die

Pforte des Todes getragen und geht in das Zukunftskarma, in das werdende Karma über.

Da finden wir also, gewissermaßen objektiv betrachtend, was sonst subjektiv als Seelenleben in uns ist. Wir finden es objektiviert. Wir finden es so, daß wir es objektiv betrachten können. Aber wir finden, wenn wir nach der Verwandtschaft hinschauen mit dem Subjektiven, daß wir nach der einen Seite Gedankengebilde haben, nach der anderen Seite ein Willensgebilde haben. In der Mitte drinnen steht für das subjektive Erleben das Fühlen.

Dieses Fühlen, man kommt auf seine eigentliche Wesenheit nur, wenn man sich klar darüber ist, daß eigentlich jedes Gefühl, das der Mensch als einzelnes hegen kann, verwoben ist in das ganze Gefühlsleben des Menschen. Und das Gefühlsleben des Menschen läßt sich eigentlich wiederum nur betrachten, wenn wir es so auffassen, daß wir sagen: In einem Lebensaugenblicke sind wir durchströmt, durchsetzt von der Gesamtheit unseres Gefühlslebens. Wir könnten auch sagen: Wir sind in einer gewissen Gefühlsstimmung; in jedem Augenblicke unseres Lebens sind wir in einer gewissen Gefühlsstimmung. Diese Gefühlsstimmung, versuchen wir es einmal – jeder kann es ja eigentlich zunächst nur individuell tun –, diese Gefühlsstimmung uns zum Bewußtsein zu bringen. Versuchen wir uns zum Bewußtsein zu bringen, wie der Mensch in irgendeinem Augenblicke seines Erdenlebens in einer gewissen Gefühlsstimmung ist. Sie wissen ja: diese Gefühlsstimmung ist eine unendlich mannigfaltige. Sie ist so, daß sie bei dem einen ausarten kann in eine, ich möchte sagen, Überfröhlichkeit, daß also der eine im Übermaße fröhlich gestimmt ist, der andere unter Depressionen leidet, der dritte wieder mehr im Gleichmaße gestimmt ist. Wir brauchen, wenn wir bloß auf diese Gefühlsstimmung in irgendeinem Lebensaugenblicke unseren Blick hinrichten wollen, dabei gar nicht auf die Ursachen dieser Gefühlsstimmungen einzugehen, sondern brauchen nur die besondere Schattierung, die besondere Nuance dieser Gefühlsstimmung ins Auge zu fassen: wie sie bei dem einen bis zur tiefsten Depression kommen kann, bei dem anderen im Gleichmaß sein kann, bei dem dritten wieder bis zum Frohsinn, bis zur äußersten Fröhlichkeit gehen kann; wie tausenderlei Zwischenstufen vorliegen können.

Bei jedem Menschen ist eigentlich diese Gefühlsstimmung eine andere. Und nun, wenn man sich durch eine Art von Selbsterkenntnis nach dieser Gefühlsstimmung erkundigt, so findet man ja eigentlich zunächst nichts anderes als subjektives Erleben in dieser Gefühlsstimmung, subjektives Erleben, das in allerlei Weise nuanciert ist eben durch die äußeren Erfahrungen, durch die äußeren Erlebnisse; aber eben subjektives Erleben findet man.

Man kann, wenn man in diesem subjektiven Erleben, also im eigentlichen inneren Seelenweben bleibt, ohne auf das Anschauen einzugehen, also darauf einzugehen, daß einem diese Dinge objektiv werden, man kann sich da nicht über das Wesen, sagen wir, dieser gefühlsmäßigen Seelenstimmung in irgendeinem Augenblicke aufklären. Aber man kann doch schon im gewöhnlichen Leben darauf kommen, was diese Stimmung, diese ganz und gar in Gefühlen lebende Stimmung eigentlich ist. Dazu muß man allerdings die Fähigkeit des psychologischen Betrachtens haben. Man muß die Möglichkeit haben, besonders prägnante Persönlichkeiten vielleicht einmal auf ihren Gefühlsgehalt zu prüfen. Und da können Sie die folgende Erfahrung machen. Allerdings, es wird die äußere Beobachtung nur ein Annäherndes an die eigentliche Wahrheit geben können, aber eben dieses Annähernde ist schon außerordentlich viel wert.

Wir können uns zum Beispiel die Aufgabe Stellen, *Goethe* zu studieren, den man ja gut verfolgen kann nach seinen Tagebüchern, Briefen, nach demjenigen, was gerade in seine bezeichnendsten Werke geflossen ist, wo wir immer, da wir ihn biographisch manchmal von Tag zu Tag, manchmal vom Vormittag zum Nachmittag verfolgen können, gerade bei ihm gut sehen können, wie die Gemütsstimmungen sind. Man kann sich zum Beispiel die Aufgabe vorsetzen, in feiner psychologischer Weise die Gemütsstimmung, die Goethe zu irgendeiner Zeit, sagen wir, 1790 hatte, zu studieren. Man wird zunächst versuchen, sie möglichst genau zu beschreiben. Man kann das, man kann diese Gemütsstimmung möglichst genau beschreiben. Und indem man das tut, wird man aber allerdings nach zwei Richtungen hingewiesen – und das ist außerordentlich wichtig, sich einmal vor die Seele zu stellen –, man wird nach zwei Richtungen hingewiesen: man wird auf Goethes

Leben vor 1790 gewiesen und auf das, was nach 1790 von Goethe durchlebt worden ist. Und wenn man dann mit einem psychologischen Blicke gleichsam zusammenschaut alles das, was auf Goethes Seele eingedrungen ist vor 1790, mit demjenigen, was dann bis zu seinem Tode auf seine Seele gewirkt hat – wenn man sich also vergegenwärtigt das vorhergehende und nachfolgende Leben –, da stellt sich das Wunderbare heraus, daß jener Gemütsstimmungsaugenblick im Menschen ein Zusammenwirken darstellt zwischen dem, was vorangegangen ist, das der Mensch kennt, das schon in seinem Leben bewußt vorhanden ist, und dem, was erst kommt, demjenigen also, was noch nicht seiner zunächst bewußten Erfahrung gegeben ist. Das dem eigenen Bewußtsein zunächst noch Unbekannte lebt aber schon in der allgemeinen Gefühlsstimmung. Man kann es schon so biographisch, möchte ich sagen, herausbekommen, dieses Geheimnis der Gemütsstimmung eines Augenblickes. Und man grenzt mit dem schon durchaus an diejenigen Gebiete der menschlichen Betrachtung, die gern von den Menschen, die gedankenlos dahinleben, außer acht gelassen werden. Was geht den Menschen die Zukunft an, er weiß sie ja noch nicht – so meint er. In seinem Gefühlsleben weiß er sie.

Und wenn man dann weitergeht und weiter prüft, prüft zum Beispiel die Gemütsstimmung irgendeines Menschen, den man genau gekannt hat und von dem man erfahren hat, daß er, sagen wir, ein paar Jahre, nachdem man diese Gemütsstimmung aufgefaßt hat, gestorben ist, so kann man ganz genau sehen, wie der nahende Tod mit alledem, was mit ihm zusammenhängt, durchaus schon sein Licht zurückgeworfen hat auf die Gemütsstimmung. So daß man also wirklich, wenn man auf diese Dinge eingeht, sehen kann zunächst des Menschen Vergangenheit aus dem Leben zwischen Geburt und Tod, und die Zukunft bis zum Tode hineinspielen in demjenigen, was im Gemüte gefühlsmäßig zusammen lebt. Daher hat das Gemütsleben etwas für den Menschen selbst so Unerklärliches. Daher stellt es sich herein in das Leben wie etwas Elementares, weil es durchaus als Gefühl schon tingiert ist von demjenigen, was wir erst erleben werden.

Diese Sache mußte ja durchaus schon berücksichtigt werden in der Zeit, in der ich meine «Philosophie der Freiheit» abfaßte. Warum mußte ich denn darauf dringen, daß die freie Handlung nur hervorgehen darf aus dem reinen Denken? Nun, weil, wenn die Handlung auf das Gefühl gebaut ist, ja die Zukunft schon hineinspielt, also aus dem Gefühl heraus niemals eine wirklich freie Handlung kommen könnte! Die kann nur aus dem wirklich im reinen Denken erfaßten Impuls heraus kommen. Und wenn Sie sich erinnern an das, was ich an den zwei verflossenen Tagen dargestellt habe, so werden Sie die Sache noch mehr an Ihre Seele heranbringen können. Ich habe gesagt: So wie uns das Gefühl erscheint, so ist es ja zunächst so, daß das, was in uns eigentlich geschieht, was in unserer Menschenwesenheit vorgeht, im Gefühl zurück-, heraufstrahlt in unser Bewußtsein. Wenn ich schematisch zeichne, so kann ich sagen: Im Gefühl strömt nach oben in das Bewußtsein herein, was eben das Erlebnis des Gefühles ist; nach unten aber strömt, was von dem imaginativen Bewußtsein den Traumbildern gleich erlebt werden kann (siehe Zeichnung Seite 89), was also durchaus in Imaginationen sich abspielt. So daß das Gefühlsleben eigentlich für den Gesamtmenschen so verläuft, daß nach oben strömt, was uns als Gefühl bewußt wird (blau), daß aber in die menschliche Organisation hinunter- und hineinströmt, was eigentlich Bild ist, was wirklich dann, wenn es durch das imaginative Bewußtsein geschaut wird, eben als Bild geschaut wird (rot, innen). Das strömt für das gewöhnliche Bewußtsein als ein Unbewußtes hinunter in die ganze menschliche Wesenheit. Zwar nicht in den einzelnen Ereignissen, denn die müssen eigentlich erst herankommen – ich bitte, das wohl aufzufassen –, aber in der Gesamtstimmung des Lebens lebt in dem Menschen durchaus auch wie, ich möchte sagen, in einem Grundton das Ergebnis seiner zukünftigen Erlebnisse. Nicht als ob da die Bilder lebten von dem, was geschieht; aber die Eindrücke davon, die leben in den Bildern.

Also diese Bilder, die da hinunterströmen, müssen Sie sich nicht vorstellen als so etwas, wie wenn kinematographisch die Zukunft abliefe, sondern Sie müssen sie sich vorstellen als das Ergebnis der Eindrücke. Nur bei gewissen Leuten, die atavistisch hellseherisch sind, bei denen können die Bilder, die sich dann übersetzen in die Bilder von gewissen Tatsachen, zum Vorschein kommen, und dann kann ein gewisses Schauen in die nächste Zukunft ja stattfinden. Uns soll aber heute vorzugsweise das interessieren, daß zunächst in den Menschen hinuntergeschickt wird in bildhafter Weise, was sich als seine Gefühlswelt auslebt.

Indem wir nun vom Gefühl zum Willen übergehen, dringt das, was so, wie ich es Ihnen dargestellt habe, nun hier in den Menschen hineingeht, nach außen und wird zu seinem werdenden Karma, zu seinem Zukunftskarma (rot, außen). So daß, was im Menschen entsteht durch seine Gefühle, gewissermaßen etwas zu tun hat mit seinem Karma bis zu seinem Tode hin; das aber, was aus dem Willen entsteht, hat zu tun mit seinem Karma über den Tod hinaus.

Es ist also durchaus möglich, diese Dinge alle in den Einzelheiten zu verfolgen und zu studieren. Man redet, indem man immer weiterrückt in bezug auf die Ausgestaltung anthroposophischer Geisteswissenschaft, durchaus nicht in schematischer Weise von bloßen Begriffen, sondern man redet von dem Konkreten, das im Menschen lebt und

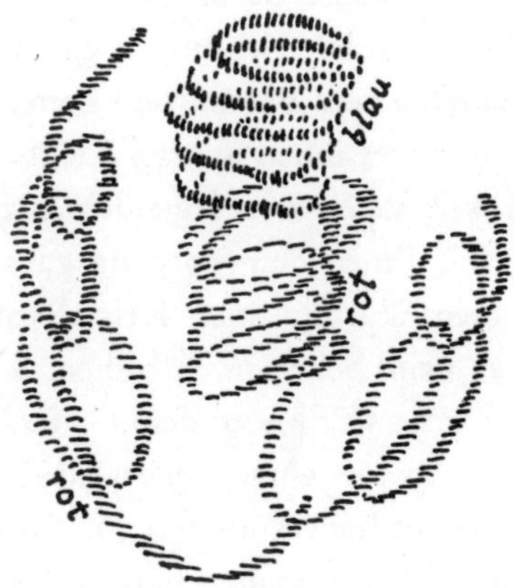

das, indem es der Mensch zu seinem Bewußtsein bringt, ihm erst die Aufklärung gibt über das, was er eigentlich ist. Aber Sie müssen ein starkes Gefühl davon bekommen, wie der Wille, der sich anlehnt an das Gefühlsleben, eigentlich in die Zukunft, über den Tod hinaus wirkt, wie der Wille der Erzeuger des werdenden Karma ist.

Wenn wir uns noch einmal nach der anderen Seite wenden, nach jenem Gedankengewebe, das wir gefunden haben und das wirklich zwischen dem Ätherleib und dem physischen Leibe im Menschen lebt, dann müssen wir uns ja klar sein, daß, indem wir durch die Sinneseindrücke etwas von der Welt erfahren, uns also eine sinnliche Weltanschauung bilden, wir dann diese Sinneseindrücke gedanklich verarbeiten, und indem wir sie gedanklich verarbeiten, weben wir eigentlich mit unserer Subjektivität in diesem Gedankengewebe darinnen. Wir verbinden, was wir infolge der Sinneseindrücke in unserer Seele erleben, einerseits mit dem, was uns als ein Gedankengewebe durch die Geburt hindurch eingegliedert wird; aber das eine, das objektive Gedankengewebe bleibt unbewußt, und nur das, was wir hineinweben, was wir gewissermaßen hineindrängen aus unserer inneren Gedankentätigkeit heraus, das kommt uns zum Bewußtsein. Es ist tatsächlich so, als ob das Gedankengewebe da wäre, die subjektiven Gedanken anschlagen, da hineinschlagen in dieses Gedankengewebe und dieses Gedankengewebe dann zurückspiegelt unsere subjektiven Gedanken, indem es ihnen allerdings allerlei Richtungen gibt und uns dadurch unsere subjektiven Gedanken zum Bewußtsein kommen (siehe Zeichnung Seite 93). Ich sage, indem es ihnen allerlei Richtungen gibt.

Sehen Sie, wenn wir, sagen wir, irgendeinen äußeren Gegenstand wahrnehmen – ich will Ihnen den Vorgang ganz genau schildern –, zum Beispiel also einen Würfel, einen Kristallwürfel: wir sehen ihn zunächst. Wir bleiben beim Sehen nicht stehen. Wir denken über ihn. Aber dieser Gedanke leitet sich bis zu dem Gedankengewebe fort, und das Gedankengewebe, das uns eingegliedert ist durch die Geburt, mit dem wir uns also behaftet haben, als wir im Kosmos waren, das wir ja durch den Kosmos auch bekommen haben, dieses Gedankengewebe ist so beschaffen, daß wir nun anfangen, aus gewissen Voraussetzungen heraus uns kristallographische Ideen zu bilden, die wir uns aus dem Inneren heraus bilden. Indem wir uns zum Beispiel bilden die Gedanken des tesseralen Systems, des tetragonalen Systems, des rhombischen Systems, des monoklinen Systems, des triklinen Systems, des hexagonalen Systems, also indem wir ausdenken in einer mathematisch-geometrischen Art Kristallsysteme, dann finden wir, wir können die Kristallsysteme ausdenken. In das tesserale System, das wir da in unserem Inneren ausgebildet haben, da paßt dieser Würfel hinein. Indem wir so etwas wie zum Beispiel den Gedanken des Würfels eingliedern in das, was gewissermaßen Apriori-Gedanken sind, die wir aus unserem Inneren herausnehmen, sind wir in diesem Augenblicke, wo uns subjektive Gedanken aufstoßen, auf das objektive Gedankengebiet hingelenkt. Denn was wir als Geometrisches, als rein geometrisch-mechanische Physik und so weiter ausbilden, das holen wir aus diesem Gedankengewebe, das uns mit der Geburt eingegliedert ist, heraus, und das einzelne Individuelle, das wir eingliedern diesen Gedanken, die wir über die äußeren sinnlichen Anschauungen und Eindrücke entwickeln, die sind diejenigen, über die wir uns aufklären, indem wir sie uns zurückreflektieren lassen, aber durchsetzen lassen mit dem gewissermaßen ewig in uns lebenden gestaltenden Gedankengewebe, dem Prozesse nach wenigstens ewig, wenn auch nicht in den einzelnen Formen, denn die ändern sich von Inkarnation zu Inkarnation.

Wir leben also, indem wir denken und indem wir das Gedankliche so eingliedern in unser inneres Gedankenleben, daß wir es verstehen, wir leben so, daß wir auch für unser subjektives Denken heraufholen, was in diesem Gedankengewebe darinnen ist.

Nun, das, was ich jetzt gesagt habe, das ist ja etwas, was im Menschen fortwährend vorgeht, was sich fortwährend im Menschen abspielt. Aber zu gleicher Zeit werden Sie sehen: Auf der einen Seite, indem wir beim Gefühl beginnen, fassen wir ins Auge, was vom Gefühl aus in den Organismus hineingeht, zum Willen übergeht. Das, was vom Willen gewissermaßen im Ich still stehen bleibendes, werdendes Karma wird, das alles bringt uns in die Richtung der Menschenzukunft. Wenn wir zur entgegengesetzten Seite, nach dem Gedankengewebe hin sehen, nach welcher auch unsere subjektiven Gedanken laufen, das bringt uns durchaus in die Strömung nach der menschlichen Vergangenheit hin. Daher ist auf diesem Wege auch unser vergangenes, unser vollendetes Karma zu suchen. Im Gefühle begegnen sich wirklich im eminentesten Sinne Vergangenheit und Zukunft im Menschen. Der Mensch wird also gewissermaßen aus den Gedanken heraus geboren. Er lebt sich durchs Gefühl hindurch und webt in seinen Willen, was mit ihm durch die Pforte des Todes geht.

Indem wir diese Worte aussprechen, deuten wir eigentlich hin auf das, was wir subjektiv im Seelenleben haben in der Zeit zwischen der Geburt und dem Tode. Aber wir können noch weitergehen. Wir können das Folgende ins Auge fassen. Wir können uns fragen: Wie ist es denn nun eigentlich, wenn sich diese subjektiven Gedanken, die wir an die äußeren Eindrücke anknüpfen, mit demjenigen, was ganz gewiß nur Vergangenes ist, zusammenfügen, so wie ich das eben beschrieben habe? Sehen Sie, der subjektive Gedanke, er wird uns zunächst bewußt als Gedanke. Als Gedanke hat er einen gewissen Vorstellungsinhalt. Wir denken einen Inhalt, wenn wir über den Würfel denken. Aber Sie werden sich durchaus über das klar werden, was ich schon vorgestern angedeutet habe: Wir können im Seelenleben nicht ohne weiteres Denken, Fühlen und Wollen trennen.

Im Wollen leben alle Motive unserer moralischen Gedanken. Aber auch im Denken, im subjektiven Denken sind wir uns bewußt, daß wir nicht nur einen Gedankeninhalt haben. Wir reihen einen Gedanken an den anderen an, und wir sind uns der Tätigkeit bewußt, die einen Gedanken an den anderen anreiht. Was lebt denn da im Denken? Nun, es lebt auf eine feine Weise im Denken, namentlich im subjektiven Denken, schon der Wille. Wir müssen uns also klar sein: Indem wir denken, lebt auf der einen Seite der Gedankeninhalt, auf der anderen Seite die Willenstätigkeit im Denken. Wenn nun die Gedanken hier anstoßen (siehe Zeichnung) – sie werden uns allerdings als Gedanken zurückreflektiert, aber in den Gedanken, in diesen subjektiven Gedanken, die wir gewissermaßen hineinprojizieren, hineinstoßen nach dem Gedankengewebe, lebt ja auch Wille. Diesen Willen können wir eigentlich im gewöhnlichen Bewußtsein nicht brauchen. Fühlen Sie nur, wenn diese Tätigkeit, die ich Ihnen hier angedeutet habe, ganz klar zum Ausdruck käme in der Erinnerung: in der Erinnerung muß der Wille schon geschwunden sein! Er muß noch tätig sein; aber wenn die Erinnerung fertig ist, wenn der erinnerte Gedanke da ist – die Erinnerung würde ja nicht rein sein, sie würde nicht klar abbilden, was sie abbilden soll als ein vergangenes Erlebnis, wenn sie vom Willen durch-

strömt wäre! Man kann ja natürlich, wenn Sie sich an das erinnern, was Sie gestern gegessen haben, nicht mehr die Suppe ändern; da ist der Wille schon heraußen, nicht wahr. Es soll der reine Gedankeninhalt zutage treten. Der Wille muß also im Reflektieren abgestreift werden. Wo kommt er denn hin?

Nun, wenn ich dieselbe Zeichnung mache, wenn ich hier das Gedankengewebe habe und da reflektiert wird, so geht einfach der Gedankeninhalt ins Bewußtsein. Der Willensgehalt der Gedanken, er geht hinunter und vereinigt sich mit dem anderen Willens- und Gemütsgehalt und geht ein in das werdende Karma, wird also ein Bestandteil des werdenden Karma (siehe Zeichnung Seite 94, hellschraffiert; dunkelschraffierter Pfeil nach unten).

Auf der anderen Seite: Unsere Willensimpulse, sie sind ja wie der schlafende Teil auch während unseres Wachlebens. Wir sehen nicht hinunter bis in diejenigen Regionen, wo der Wille eigentlich lebt. Wir haben zuerst den Gedanken des Willensimpulses. Der geht dann gewissermaßen in unbewußter Weise über in das Wollen, und erst, wenn das Wollen sich nach außen äußert, so betrachten wir wiederum das, was durch uns geschieht, das, was wir im gewöhnlichen Bewußtsein erleben beim Wollen. Beim Handeln erleben wir eigentlich alles im Vorstellungsleben, träumen davon im Gefühlsleben, schlafen aber darüber in bezug auf das eigentliche Willensleben.

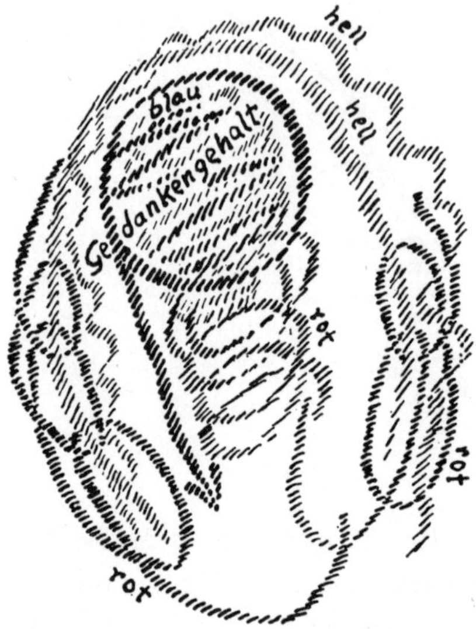

Aber es sind eben Gedanken, die wir hineinleiten in dieses Willensleben. Wann aber nur? Nur dann, wenn wir uns nicht unseren Instinkten, unseren Trieben, wenn wir uns also nicht bloß der sogenannten niederen Menschennatur hingeben, denn die ist schon da unten, die treibt uns dann zum Wollen und zum Handeln. Dann aber bekommen wir unseren Willen herein in dasjenige, was unser subjektives Erleben ausmacht, wenn wir ihn beherrschen mit unseren reinen Gedanken, die nach dem Wollen sich hinrichten, das heißt, wenn wir ihn beherrschen mit unseren intuitiv erfaßten moralischen Idealen. Diese intuitiv erfaßten moralischen Ideale können wir dem Gedankenwillen mit auf den Weg geben hinunter nach der Willensregion. Dadurch wird unser Wille durchsetzt von unserer Moralität, und im Inneren des Menschen findet daher fortwährend dieser Kampf statt zwischen demjenigen, was der Mensch hinunterschickt aus seinen moralischen Intuitionen in die Willensregion, und demjenigen, was da unten wühlt und brodelt in seinem instinktiv-traumhaften Leben. Das ist alles das, was im Menschen vorgeht. Aber das, was da unten im Menschen vorgeht, ist zu gleicher Zeit dasjenige, in dem sich vorbereitet seine Menschenzukunft über den Tod hinaus. Es schlägt herauf in die Gefühlsregion. Es lebt eigentlich im Willen diese Zukunft. Sie schlägt herauf in die Gefühlsregion, und mehr webt sich noch in das Fühlen hinein als nur dasjenige, was ich vorhin als die Gefühlsstimmung, die eine Bedeutung hat für das Leben zwischen Geburt und Tod, geschildert habe. In der gewöhnlichen Gefühlsverfassung, die ich geschildert habe als sich ausdehnend von der äußersten Depression zu der völligen Ausgelassenheit, zu der Überfröhlichkeit, da kann sich abspielen all das, worinnen zusammenspielt Menschenzukunft und Menschenvergangenheit in dem Leben zwischen Geburt und Tod. Aber auch das, was über den Tod hinausgeht, dringt ein in dasjenige, was da von unten heraufkommt. Und was lebt da? Da lebt nun etwas – weil es aus den Regionen heraufkommt, wo das Bewußtsein nicht mehr mitmacht, empfinden wir es als etwas Objektives. Es ist auch etwas Objektives, denn es hat mit den Gesetzmäßigkeiten zu tun, durch die wir uns als moralische Menschenwesen durch den Tod tragen. Was da zurückstrahlt, das ist dann das Gewissen. Und psychologisch erfaßt, ist dies der eigentliche Ursprung des Gewissens. Wollte sich die psychologische Wissenschaft wirklich an diese Dinge heranmachen, dann müßte sie nun die Einzelheiten des Seelenlebens nach diesen Richtlinien hin prüfen, und sie würde bis in die minuziösesten Einzelheiten des Seelenlebens überall die Bestätigung dessen finden, was von anthroposophischer Geisteswissenschaft als solche Richtlinien gegeben wird.

Wir sehen also: Unsere Gefühle strömen unseren Gedanken entgegen. Sie strömen zunächst entgegen und beleben unsere subjektiven Gedanken; aber sie schlagen gewissermaßen auch nach dem objektiven Gedankennetz hin, und in diesem erleben wir uns selbst als gegeben, als ein Wesen, welches sich durch die Geburt ins irdische Dasein hereingelebt hat. Nach der anderen Seite können wir uns erleben als das Wesen, das durch den Tod geht. Man braucht nur das menschliche Innere wirklich zu studieren, und man kommt durchaus auf das, was im menschlichen Inneren sich schon als solches ankündigt, daß es über den Menschen, das heißt über Geburt und Tod hinausweist, daß es also hinausweist in diejenige Welt, die nicht innerhalb des Sinnlichen beschlossen ist. Denn diese Welt, die nicht innerhalb des Sinnlichen beschlossen ist, gibt uns ja zunächst das, was in unserem Inneren eigentlich vorhanden ist. Insbesondere das wäre von einer großen Wichtigkeit, daß man wirklich in einer realen Psychologie – denn das, was heute als Psychologie gilt, ist ja nur eine Summe von Formalismen – eben untersuchte die Gemütsstimmung des Menschen in einem Augenblick, wo Vergangenheit und Zukunft ineinanderfließen. Man würde dadurch vieles Rätselhafte im Menschenleben finden, und man würde sich überzeugen, daß ein Einwand, der außerordentlich naheliegt, eben nicht gilt. Der Einwand, der außerordentlich naheliegt, ist der: Ja, was würde denn eigentlich aus dem Menschen, wenn er sich so durchschauen würde, wenn er also gewissermaßen fortwährend in sein Inneres hineinblicken würde, um seine subjektive Gemütsstimmung auf das hin zu prüfen, was gewissermaßen in seiner Zukunft liegt? – Dieser Einwand liegt nahe, aber es ist nur der Einwand, den die Einbildung macht. Man stellt sich vor, daß eben die Art, wie die Zukunft erscheint, so ist, wie sie dann in der Anschauung, in der Erfahrung erlebt wird. So wird ja nicht die Zukunft abgebildet, wie sie dann erlebt wird! Erlebt wird sie im Verkehre mit der Außenwelt, im Zusammenstoßen mit der Außenwelt. Was da innerlich vor sich geht, das ist dasjenige, was im Menscheninneren sich als das Ausstrahlende kundgibt, und das ist etwas, was, wenn es der Mensch noch so genau kennt, ihn durchaus nicht in seinem Lebenswege beirren kann. Wie überhaupt die Einwände gegen Menschenkenntnis aus der Furcht entstehen, die ganz und gar wurzelt in Illusionen, die man sich macht, weil man eben bloß nach dem Leben des gewöhnlichen Bewußtseins urteilt, weil man sich nicht aufschwingen will zu der Anschauung, daß, sobald das Bewußtsein hinaufsteigt in höhere Regionen, es eben völlig Neues erlebt.

Nun aber habe ich Ihnen ja gestern gezeigt, wie, wenn der Mensch durch die Pforte des Todes kommt, er sich entwickelt mit zwei Sehnsuchten, die auf der einen Seite vom Gedankenleben, auf der anderen Seite vom Willensleben ausgehen: wie das Gedankenleben sich sehnt nach Weltensein, das Willensleben, indem es durch den Tod geht, sich sehnt nach Menschensein; wie das dauert bis zu dem, was ich genannt habe die Mitternachtsstunde des Daseins; wie dann eine rhythmische Umkehr stattfindet: wie das Gedankliche sich anfängt zu sehnen nach dem Menschlichen, und das Willentliche sich anfängt zu sehnen nach dem Ausgießen in den Kosmos, so daß das Willensmäßige dann in den vererbten Eigenschaften lebt. Das Gedankliche aber lebt in dem Individuellen, das sich eingliedert in das neue Erdenleben. Das Willensmäßige umgibt uns gewissermaßen in dem, was wir von den Vorfahren – äußerlich angeschaut: in den vererbten Eigenschaften und vererbten Substanzen – haben. Das Gedankliche ist das, was sich in uns eingliedert, und während des Lebens verbinden wir wieder mit diesem Gedankenleben alles das, was wir aus den Tiefen des Gemüts- und Willenslebens heraufholen. Zunächst wird uns das Gedankenleben eingegliedert als etwas, was zunächst nicht warm und lebendig ist wie unser Innenleben überhaupt. Würden wir so bleiben mit dem Gedankenleben, wie wir geboren werden, wir würden gewissermaßen Gedankenautomaten werden voller innerer Kälte. Aber im Momente der Geburt beginnt das individuelle Innere aus dem Willen und aus dem Gemüte heraus sich zu regen, mit Wärme und Leben zu durchsetzen das, was zunächst kalt geworden ist auf dem Wege von dem Tode bis zur Geburt; und dadurch haben wir eben als Mensch die Möglichkeit, mit dem individuell Warmen zu durchsetzen, was uns aus dem weiten Weltenall in Kälte konstituieren muß.

So gliedert sich der Mensch ein in das Räumliche und in den Werdegang der Welt. So steht er darinnen. Diese Dinge werden von dem heutigen naturwissenschaftlichen Denken ganz zugedeckt. Das heutige naturwissenschaftliche Denken will nicht heran an eine wirkliche Menschenerkenntnis. Daher erlebt sich der Mensch heute – und er wird sich immer mehr und mehr so erleben –, indem er vieles in der Umwelt erkennt, so, daß er sich in seiner eigentlichen Wesenheit nicht erkennen kann. Der Mensch lebt sich heute gerade durch die gegenwärtige Wissens- und sonstige Bildung so herein, daß er von seiner eigenen Wesenheit im Grunde genommen nichts ergreift. Und immer mehr und mehr wird dieses zunehmen. Und wenn vollständig erfüllt werden könnte, was gewissermaßen dem Menschen direkt wird durch die einseitige naturwissenschaftliche Erkenntnis, so würde der Mensch seiner selbst völlig entfremdet werden. Sein inneres Individuelles würde sich heraufleben wollen, würde schmelzen wollen durch seine Wärme die Eismassen, die wir durch die Geburt ins irdische Dasein hereingetragen haben. Der Mensch würde seelisch zugrunde gehen an diesem Prozesse, der ihn innerlich überwältigt, der ja auch geschieht, wenn er ihn nicht erkennt, den er aber im Grunde genommen auf die Dauer nur ertragen kann, indem er ihn erkennt. Alle Zeichen der Zeit sprechen dafür, daß der Mensch zu solcher hier charakterisierter Selbsterkenntnis wirklich kommen muß. Und es ist einfach die Aufgabe des gegenwärtigen Geisteslebens in seinem Hinleben gegen die nächste Zukunft, diese Dinge der Kulturentwickelung wirklich einzuverleiben.

Aber die bisherige Bildung hat große Massen von Furcht, große Massen von Antipathie aufgewendet gegen die Geltendmachung dessen, was der Menschheit so notwendig ist, wenn sie nicht im Untergang versinken will, sondern zu einem neuen Aufgang kommen will.

SECHSTER VORTRAG

Dornach, 7. Oktober 1921

Wir haben gesehen, wie uns die Betrachtungen der seelischen Verhältnisse des Menschen gewissermaßen in die Zwischenräume zwischen physischem Leib, Ätherleib, astralischem Leib und Ich führten, wie uns aber die Betrachtungen der geistigen Verhältnisse im Menschen gewissermaßen aus der Erscheinung des Menschen hier, wie er sie hat in seinem Leben zwischen Geburt und Tod, hinausführen in das weite geistige Weltenall. Insofern der Mensch – so könnte man sagen – Geist ist, steht er durchaus in Beziehungen zu dem ganzen geistigen Weltenall. Und daher kann man das, was sich im Menschen als geistige Geschehnisse abspielt, auch nur sachgemäß in diesem Zusammenhang mit dem gesamten Weltenall betrachten. Das Seelische ist ja sozusagen des Menschen intimes Innenleben. Es spielt sich in einer dreifachen Gestalt ab, so ab, daß das Gedankliche gelegen ist zwischen physischem Leib und Ätherleib, das Gefühlsmäßige zwischen Ätherleib und Astralleib, und das Willensmäßige zwischen dem Astralleib und dem Ich. Da also bleiben wir in der Betrachtung des Seelischen durchaus innerhalb des Menschen stehen. Sobald wir aber an wirkliche geistige Geschehnisse herantreten, müssen wir aus dem Menschen, wie er zunächst uns als geschlossenes Wesen gegenübersteht in der Welt zwischen Geburt und Tod, heraustreten.

Nun wissen wir ja – und wir haben es gerade vor acht Tagen von einem gewissen Gesichtspunkte aus wiederum besprochen –, daß wir, wenn wir zunächst in das Geistige hinaufsteigen, zu Wesenheiten kommen, die in ähnlicher Weise über dem Menschen sich anordnen, wie das tierische, pflanzliche und mineralische Reich unter dem Menschen sich anordnen. Wir bekommen also dann, aufsteigend – Namen tun nichts zur Sache –, die Wesenheiten Angeloi, Engelwesenheiten; Archangeloi, Erzengelwesenheiten; und Archai, Urwesenheiten, Zeitgeister. Wir haben ja auch schon von verschiedensten Gesichtspunkten aus diese Wesenheiten, welche gewissermaßen die Reiche ausmachen, die wir antreffen, wenn wir nach dem Geistigen hin die Stellung des Menschen ansehen, charakterisiert. Diejenigen Wesenheiten, die als Angeloi oder Engel bezeichnet werden, sie sind diejenigen, die die stärkste Beziehung zu dem individuellen, zu dem einzelnen Menschen haben. Der einzelne Mensch hat ja in der Tat eine solche Beziehung zur ersten über ihm stehenden Hierarchie, so daß er gewissermaßen – es ist das nicht ganz genau ausgedrückt, aber man kann so sagen, wie es oftmals populär ausgedrückt wird – eine gewisse Beziehung zu einem solchen Engelwesen entwickelt.

Diejenigen, die dann die zweite Hierarchie über ihm ausmachen, sind die Archangeloi. Wir können von ihnen so sprechen, daß wir ihnen zunächst in ihren Funktionen das zuteilen, was als Volksgeister wirkt, was also Menschengruppen, die volksmäßig zusammengehören, umfaßt, obwohl es da alle möglichen Abstufungen gibt.

Wenn wir endlich zu den höheren Archai aufsteigen, so haben wir gewissermaßen die führenden Wesenheiten durch gewisse Zeitepochen hindurch, über die Differenzierungen des Volksmäßigen hinweg. Das ist gewiß nicht die einzige, sagen wir, Funktion dieser Wesenheiten, aber wir bekommen zunächst gewisse Vorstellungen, wenn wir uns an diese ja auch bei ihnen sich findende Funktion halten.

Archai, Urwesenheiten, Zeitgeister
Archangeloi, Erzengelwesenheiten
Angeloi, Engelwesenheiten.

Wie wir nun des Menschen physisches Leben auf der Erde dadurch uns begreiflich machen können, daß wir uns fragen: Was hat er für Beziehungen zur tierischen Organisation, zur pflanzlichen Organisation, zur mineralischen Organisation? – so müssen wir uns fragen: Was hat er für Beziehungen zu diesen ins Geistige hineinragenden Wesensstufen? – um ihn eben als geistiges Wesen kennenzulernen.

Dazu müssen wir in der folgenden Weise vorgehen. Stellen wir uns einmal vor nach gewissen Gesichtspunkten, wie der Mensch durch die Pforte des Todes geht. Wir wissen, daß so, wie wir nun einmal jetzt in diesem Zeitraume der Erdenentwickelung, der sehr viele Jahre umfaßt, als Menschen leben, dem gewöhnlichen Bewußtsein gegenwärtig werden solche Gesetzmäßigkeiten, die dem mineralischen Reiche zugrunde liegen. Der Mensch füllt sich sozusagen von seiner Geburt bis zu seinem Tode mit alldem an, was ihm das mineralische Reich in einem gewissen Sinne begreiflich macht, und er hat ein Gefühl davon, daß er mit den ihm zur Verfügung stehenden Begriffen und Ideen das mineralische Reich begreiflich finden kann.

Nicht so ist es gegenüber dem Pflanzenreiche. Sie wissen ja, daß die Wissenschaft vor dem Pflanzenreiche halt macht, höchstens das Ideal aufstellt, daß die komplizierte Zusammensetzung der Pflanzenzellen, der lebenden Zellen überhaupt, einmal erklärlich werden in ihrer Struktur, was, wie ich Ihnen auseinandergesetzt habe, ein völlig verkehrtes Beginnen ist, weil ja die Struktur der Pflanze oder der lebenden Zellen überhaupt sich nicht durch eine besonders komplizierte Struktur auszeichnet, sondern durch ein Hineingehen der chemischen Struktur ins Chaotische. Der Mensch kommt aber eben über diese Begriffe des Mineralischen nicht hinaus. Noch weniger kommt er mit seinen, wenn ich so sagen darf, mineralischen Begriffen in das Tierische hinein, oder gar zur Selbsterkenntnis. Das alles muß ja durch geisteswissenschaftliche Forschungen gegeben werden. Der Mensch eignet sich also an ein – nennen wir es so – mineralisches, das heißt für das Mineralische geeignetes Bewußtsein.

Dieses Bewußtsein, das ja gewoben wird zwischen der Geburt und dem Tode, trägt er in seinen Folgen durch den Tod hindurch. Mit dem also, was aus diesem Bewußtsein werden kann, wenn er die Pforte des Todes durchschreitet und im geistigen Reiche selber lebt, mit dem hat er dann sein weiteres Dasein zu durchwandern.

Aber es schlägt in dieses Bewußtsein noch wesentlich ein anderes herauf. Was sich in dieses mineralische Bewußtsein hereinerstreckt, trotzdem es durchaus nicht zu ihm gehört, was es tingiert, das ist das moralische Bewußtsein; das ist dasjenige, was da kommt aus all den Bewußtseinsvorgängen, die sich an unsere Willensimpulse, an unsere Handlungsweise anschließen. Was wir da empfinden als unsere Befriedigung über dieses oder jenes, was wir als unsere Gewissensbisse, als unsere Vorwürfe und dergleichen empfinden, das alles färbt gewissermaßen unser mineralisches Bewußtsein, und das ist etwas, was der

Mensch ebenso mitnimmt durch die Pforte des Todes. Man kann also sagen: Mit einem mineralischen Bewußtsein, tingiert durch das moralische Erleben, tritt der Mensch durch die Pforte des Todes; und mit dem, was sich als Folge davon ergeben kann, lebt er dann im geistigen Reiche weiter.

Nun ist es so, daß der Mensch durch dieses mineralische Bewußtsein nicht nur hier die mineralische Welt versteht, sondern daß er durch dieses mineralische Bewußtsein eben gerade seine Beziehung entwickelt zu dem Wesen aus der Hierarchie der Angeloi, also zu demjenigen Wesen, an das er sich wenden will als das seiner individuellen Entwickelung am nächsten stehende. Und wenn der Mensch nun durch die Pforte des Todes gegangen ist, so handelt es sich darum, inwiefern er durch die Folgen seines mineralischen Bewußtseins gewissermaßen die Beziehung zu diesem Engelwesen aufrechterhalten kann. Er kann es nur nach Maßgabe dessen, was von der moralischen Seite her dieses mineralische Bewußtsein tingiert hat. Denn dieses mineralische Bewußtsein strebt nach dem Tode gewissermaßen zur Ausbreitung in die Welt. Es strebt dazu, kosmisch zu werden, dem Weltenall sich anzupassen; es strebt über das Individuelle hinaus.

Wir können ja auch sagen, daß im Leben zwischen Geburt und Tod der Mensch dem Engelwesen am nächsten steht, wenn er in dem Zustande lebt, aus dem dann die Träume hervorgehen, die ja durchaus auch etwas mit seinem individuellen Wesen zu tun haben, und die eigentlich verleugnen auf der einen Seite und doch wiederum festhalten auf der anderen Seite das mineralisch-gedankliche Wesen. Der Mensch würde auch jenes unterbewußte Verhältnis zu der Hierarchie der Angeloi nicht finden können, wenn nicht sein mineralisches Bewußtsein tingiert wäre von den Zuständen, die er in einem gewissen Sinne verschläft, aber die doch diejenigen sind, die herausragen aus dem Schlafzustande, die sich dann in den Traumwelten ausleben. Der Traum selber ist ja mit Ausnahme davon, daß er sich mit seinen Konturen nicht an die äußere sinnliche Wirklichkeit hält, daß er auch den Kontakt mit der äußeren sinnlichen Wirklichkeit vielfach verleugnet, dennoch aus demselben Stoff gewoben, aus dem die Gedankenwelt gewoben ist zwischen der Geburt und dem Tode. Der Mensch nimmt also, indem er durch die Pforte des Todes schreitet, dasjenige mit, was er in sich entwickelt hat innerhalb seines mineralischen Bewußtseins, um die Beziehung zu seinem Engelwesen aufrechtzuerhalten.

Nun, so wie wir heute in unserer gegenwärtigen Menschheitsepoche leben, so durchdringt der Mensch – namentlich dann, wenn er sich zu den ganz aufgeklärten Menschen rechnet – wenig dasjenige, was er als mineralisches Bewußtsein hat, mit seinem moralischen Erleben. Im Gegenteil, er ist so viel als möglich bemüht, dieses mineralische Bewußtsein fernzuhalten von dem Moralischen. Er möchte in sich mindestens diese zwei Welten aufrichten: er möchte auf der einen Seite alles das betrachten, was sich schließlich im Reiche der mineralischen Natur, und soweit die mineralische Natur in das Pflanzliche und Tierische und Menschliche hineinreicht, eben begreifen läßt, und möchte dann als etwas, was eben nur aus seinem Inneren herausquillt, das Moralische betrachten. Es widerstrebt dem heutigen Zeitgeiste, das, was in der Natur lebt, zu gleicher Zeit mit moralischen Impulsen durchtränkt zu denken. Es klafft ein Abgrund zwischen dem Moralischen und dem Mineralischen. Der Mensch findet nicht leicht die Brücke, um das Moralische einzugliedern in das Mineralische. Ich habe ja öfter darauf aufmerksam gemacht, wie der Mensch sich die Erdenentwickelung rein mineralisch vorstellt, von dem Inhalte der Kant-Laplaceschen Theorie aus bis wiederum zu dem eben, was in der Neuzeit mineralisch gedacht ist, und wie der Mensch da ausschaltet alles das, was moralisches Empfinden ist. So kommt es, daß der Mensch eine außerordentlich geringe Beziehung entwickeln kann zu dem Wesen der Angeloi, daß er in unserem heutigen Zeitenlaufe gewissermaßen – populär gesprochen – sich wenig intim verbinden kann mit seinem Engelwesen.

Wenn das mineralische Bewußtsein ganz und gar getrennt wäre von den moralischen Tingierungen, dann würde der Mensch sogar in die Gefahr kommen, vor dem, was ich nenne die Mitternachtsstunde des Daseins, die nötige Verbindung mit dem Engelwesen ganz zu verlieren. Ich sage: in die Gefahr kommen. Es kommen heute noch die wenigsten Menschen in diese Gefahr; aber wenn nicht eine geistige Vertiefung der ganzen Menschheitsentwickelung auf der Erde, des Menschendenkens, Menschenfühlens und Menschenwollens über die Erde hin eintritt, dann wird sich, was da als Gefahr lebt, allerdings verwirklichen können, und es würde zahlreiche Menschen geben, welche zwischen dem Tod und einer neuen Geburt, schon wenn sie in die Nähe der Mitternachtsstunde des Daseins kommen, die Beziehungen zu ihren Engelwesen abbrechen müßten. Das Engelwesen würde zwar noch immer Beziehungen unterhalten; die würden aber einseitig von ihm zum Menschen bleiben. Der Mensch würde sie nicht in einer genügenden Weise zwischen dem Tode und einer neuen Geburt erwidern können. Wir müssen uns durchaus klar sein, daß die dem Materialismus zueilende neuere Kultur für das Geistige des Menschen die Bedeutung hat, daß der Mensch die Beziehung zu seinem Engelwesen beeinträchtigt, daß diese Beziehung immer loser und loser wird. Nun muß aber der Mensch gerade dann, wenn er gegen die Mitternachtsstunde des Daseins zu kommt, die Beziehung zu dem Erzengelwesen durch das Engelwesen anknüpfen. Soll diese Beziehung, wie sie durchaus sein kann, wenn der Mensch in der geistigen Welt drinnen lebt, eine solche sein, daß sie nicht nur einseitig von dem Engelwesen nach der Menschheit hin geht, sondern daß sie auch von dem Menschen erwidert werden kann, dann muß eben der Mensch einen geistigen Inhalt aufnehmen, das heißt, er muß seine moralischen Impulse religiös tingieren.

Der Mensch der heutigen Zeit steht also vor der Gefahr, daß, wenn dieselbe Entwickelung weitergeht, er eine lose Beziehung zu seinem Engelwesen erhält und dadurch auch keine innere Beziehung anknüpfen kann zu dem Erzengelwesen. Aber das Erzengelwesen ist schon daran beteiligt, ihn wiederum zurückzubringen in das physische Leben. Das Erzengelwesen ist namentlich daran beteiligt, die Kräfte auszubilden, die ihn zurückbringen in eine gewisse Volksgemeinschaft.

Wenn die Menschen, wie das ja schon seit Jahrhunderten der Fall ist, innerlich ungeistig leben, dann entwickelt sich eben die Beziehung der Erzengel zum Menschen einseitig, und dann wächst der Mensch nicht mit seinem inneren seelischen Wesen in das Volkstum hinein, sondern er wird gewissermaßen von außen, sagen wir, durch die Weltenordnung, in das Volkstum hineingestellt, das dem Erzengel zu leiten zugeteilt ist. Man kommt nicht früher zu einem Verständnis unserer heutigen Zeit, die ja gerade dadurch charakterisiert ist, daß in einer so einseitigen Weise die Volkstümer kultiviert werden, bis man weiß, daß das davon herrührt, daß eigentlich die Seelen, die in der letzten Zeit heruntergekommen sind in das irdische Dasein, eben eine lose Beziehung zu ihrem Engelwesen und dadurch keine innere Beziehung zu dem Erzengelwesen haben, daß sie dadurch gewissermaßen nur von außen hineinwachsen in ihr Volkstum; daß das Volkstum dann durchaus als ein seelenloser Impuls in ihnen ist und die Menschen eben nur durch äußerliche Impulse, durch Zusammengehörigkeiten der Sprache, durch allerlei nach dem Chauvinismus hinneigende Impulse drinnenstehen in dem Volkstum. Wer seelisch in seinem Volkstume drinnensteht – und das ist ja heute bei den wenigsten Menschen der Fall –, der wird durchaus nicht zum Chauvinismus, zum einseitigen Nationalismus sich entwickeln können, sondern er wird das, was an fruchtbaren Kräften im Volkstum drinnen ist, entwickeln, das wird er individuell machen. Aber er wird nicht in einer gewissen einseitigen Weise auf sein Volkstum pochen. Er wird es gewissermaßen überall als die Farbe seines Wesens hineinfließen lassen in seine menschlichen Offenbarungen, aber er wird es nicht in einer äußerlichen Weise, namentlich in einer gegen andere gegnerischen äußeren Weise, hervorkehren.

Daß das heute so der Fall ist, daß das heute geradezu den Grundton abgibt für die Weltpolitik, daß alle Verhältnisse, die sich auf dem Volkstum aufbauen, heute der menschlichen Entwickelung solche Schwierigkeiten machen, das beruht durchaus auf dem, was ich eben angedeutet habe. Wenn nämlich die Verbindung, die in der Mitternachtsstunde des Daseins – vor und nachher, durch lange Zeiten hindurch – eintritt, wenn diese Verbindung nicht durchseelt werden kann dadurch, daß man durch die Pforte des Todes das Entsprechende mitnimmt an religiöser Innigkeit, die aber spirituell ist, die nicht ein Wortreligiöses ist, dann kann nämlich der Erzengel nur wirken auf dasjenige, was pflanzenhaft im Kosmos ist und als das Pflanzenhafte in den Menschen hereingeschickt wird. Der Mensch wird dann durch sehr unterbewußte Kräfte, die mit seinem Pflanzentum, das heißt mit demjenigen, was ihn da hineinstellt in die Atmungsverhältnisse, die ja modifiziert werden durch die Sprachverhältnisse, durch all das also, was in der Sprache auf pflanzenhafte Weise in den menschlichen Organismus sich hineindrängt, durch das wird er, kann er nur von seinem Erzengel aus dirigiert werden. Es ist dann so, daß der Mensch mehr oder weniger, wenn er dann geboren ist, wenn er aufwächst als Kind, auf eine äußerliche Weise in die Sprache hineinwächst. Würde er die Beziehung, die innere, die seelische Beziehung zu seinem Erzengel haben finden können durch den Engel hindurch, dann würde das so geworden sein, daß er auch seelisch in das Sprachliche hineinwächst, daß er gewissermaßen den Genius der Sprache vernimmt, nicht bloß das, was das Äußerliche, Mechanische der Sprache ist.

Aber wir sehen ja heute, wie stark das der Fall ist, wie stark die Menschen heute in vieler Beziehung ein Abdruck des Mechanischen in ihrer Sprache sind, so daß sie eigentlich in ihrem ganzen Wesen nicht nur das Sprachliche wie einen Grundton tragen, sondern daß sie geradezu wie ein Abdruck des Sprachlichen sich ausnehmen; daß man genau sehen kann, wie der Gesichtsausdruck selber ein Ausdruck des Sprachlichen wird. Was uns als Volkstümer entgegentritt, die eigentümlichen volksmäßigen Physiognomien, wie sie uns heute entgegentreten, sie sind durchaus eben auf eine äußerliche Weise von seiten der Archangeloi an den Menschen herangekommen.

Was äußerlich in der Menschheit sich abspielt, das kann, insoferne es in dem Geistigen des Menschen wirkt, eigentlich nur durch eine solche Betrachtung erklärbar werden, wie wir sie jetzt aus der anthroposophischen Geisteswissenschaft heraus anstellen, und alle heutige Anthropologie oder Ähnliches ist eigentlich bloß ein Spielen, möchte ich sagen, mit der Terminologie. Man hat eigentlich in vieler Beziehung in dem, was heute die Anthropologen oder ähnliche Leute schreiben über die Konfiguration der Menschheit auf der Erde, über die Differenzierung der Menschheit, nirgends orientierende, leitende Gesichtspunkte, weil man das, was man als Begriffe auffaßt, nach äußerlichen Merkmalen gruppiert. Man kann ja das Ganze auch umgruppieren. Ein wirklicher Inhalt strömt doch erst in die Sache, wenn man sie geistig betrachtet. Dann darf man aber nicht zurückschrecken vor dem Aufsteigen zu der Betrachtung wirklicher konkreter Geistwesenheiten.

Man sieht ja daraus auch, daß nur die geistige Vertiefung die Schäden der heutigen Zeit heilen kann. Diese Schäden der heutigen Zeit, insofern sie uns im öffentlichen Leben entgegentreten, gründen sich ja vielfach darauf, daß das Verhältnis des Menschen zu seinem Angelos und dadurch die Verbindung mit dem Erzengeltum ein loses geworden ist, und so, daß es nur von außen hereinwirken kann.

Wenn der Mensch nun zwischen dem Tod und einer neuen Geburt die weitere Entwickelung durchmacht, die von der Mitternachtsstunde des Daseins aus dann wiederum hereinführt in das physische Erdenleben, so kommt er ja namentlich in den Bereich der Archai, der Urgründe. Diese Archai, diese Urgründe, sie haben es in der gegenwärtigen kosmischen Entwickelung damit zu tun, daß sie den Menschen gewissermaßen wiederum in die irdischen Grenzen seines Wesens zurückführen.

Die Sache ist so: Wenn der Mensch durch die Pforte des Todes tritt, so lebt er so weiter, daß er zunächst die Folgen seines mineralischen Bewußtseins mit der moralischen Tingierung erlebt, dadurch sich gewissermaßen erweitert über die Welt. Dann zieht er sich von der Mitternachtsstunde des Daseins ab wiederum in sich zusammen. Zunächst wird er übergeführt in das Pflanzliche, das ihm eingegliedert wird. Und je mehr er sich dem irdischen Leben nähert, desto mehr zieht er sich gewissermaßen zusammen, so daß er als ein von seiner Haut umschlossenes Wesen wiederum geboren werden kann.

Dieses, was da an dem Menschen zu geschehen hat, wenn er in den Bereich der Archai eintritt, das gliedert, verdichtet das Pflanzenhafte zum Tierischen. Der Mensch hat, indem er die Mitternachtsstunde des Daseins überschreitet, erst die Kräfte – natürlich nicht die Organe, sondern erst die Kräfte – in sich, die also sein Atmen, auch das differenzierte Atmen bedingen. Aber daß sich diese Kräfte dann zu den Organkräften konzentrieren, das geschieht erst nach der Mitternachtsstunde des Daseins, das geschieht erst in dem Bereich der Archai. Der Mensch wird sozusagen immer mehr und mehr Mensch. Aber es ist doch so, daß diese kosmische Wirkung, die da auf den Menschen ausgeübt wird im Sinne der Kräfte, die von den Archai ausgehen, den Menschen eigentlich so organisiert, daß die Organe nach der tierischen Bildung hinstreben. Wenn wir den Menschen in seiner Beziehung zum Kosmos auffassen, dann ist das so, daß der Mensch, indem er da herausstrebt von der Mitternachtsstunde des Daseins aus zu einem neuen Erdenleben, da ja geradeso unter kosmischen Gesetzen steht, wie er hier auf der Erde unter irdischen Gesetzen steht. Und wir können das Folgende sagen: Aus den unermeßlichen Weiten des Weltenalls heraus wird der Mensch bestimmt, indem er sich immer mehr und mehr zusammenzieht. Es ist gewissermaßen ein Ausdehnen des Menschen durch das mineralische Bewußtsein in die Weiten des Weltenalls hinaus bis zur Mitternachtsstunde des Daseins (siehe Zeichnung, Pfeile), in die

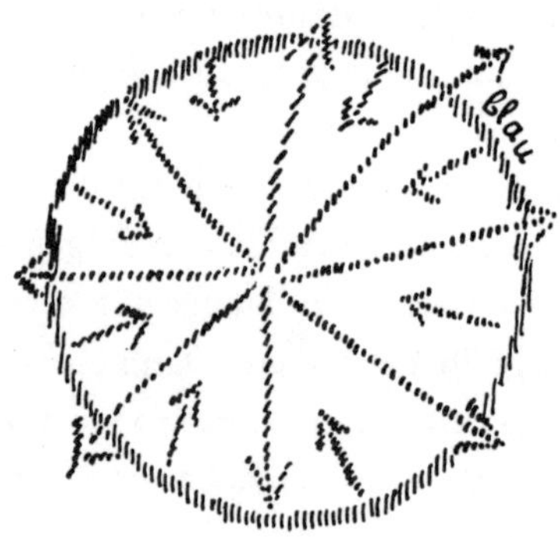

unermeßlichen Weiten des Weltenalls hinaus. Wenn dann die Mitternachtsstunde des Daseins eintritt (blau), so gliedern sich dem Menschen die Kräfte ein, die dann in ihm als pflanzenähnliche Kräfte wirken. Von dieser Mitternachtsstunde des Daseins aus kehrt der Mensch wiederum zurück, um sich dann gewissermaßen für das irdische Leben zu begrenzen (Pfeile nach innen). Diese Mitternachtsstunde des Daseins ist überhaupt ein ungeheuer bedeutsamer Einschnitt in der Menschenentwickelung.

Während der Mensch sich vom Tode aus hinauslebt in das Kosmische, wird er immer mehr und mehr mit der Welt eins. Er unterscheidet sich da wenig von der Welt. Ich möchte sagen, um das bildhaft auszudrücken – man kann natürlich von physischen Organen da draußen nicht sprechen, aber Sie werden mich verstehen, wenn ich in Bildern, die aus dem physischen Dasein hergenommen sind, dieses ausführe –: Er lernt gewissermaßen, wie das Auge mit dem Licht zusammenwächst, und er unterscheidet dann nicht mehr Licht und Auge, nicht mehr Ton und Ohr. Er wächst, indem er sich hinausdehnt in die Weite, mit dem Weltenall zusammen.

Indem er dann passiert, was die Mitternachtsstunde des Daseins ist, wo er anfängt sich wiederum zusammenzuziehen, um wieder einmal ein begrenztes Wesen zu werden, da dämmert in ihm auf eine Art objektiver Vorstellung: Das ist jetzt nicht die Welt, sondern das ist der Mensch. Und immer stärker und stärker wird jetzt in dem Menschen ein Bewußtsein, das eigentlich am stärksten ist dann, wenn der Mensch wiederum ins irdische Leben zurücktritt. Aber wie hier auf der Erde der Inhalt unseres Bewußtseins die Mineralien, die Pflanzen, die Tiere, die Berge, die Flüsse, die Wolken, die Sterne, die Sonne, der Mond sind, so werden dann, bei diesem Rückgehen zur Erde, die Hauptvorstellungen die von dem Wesen des Menschen.

Es ist wirklich so: Wenn wir auf der einen Seite die scheinbar recht komplizierte Welt nehmen, die da außerhalb unserer Haut liegt, mit allem, was darinnen ist, wenn wir die Welt nehmen mit ihrem Seelischen und Geistigen, sie ist gewiß sehr kompliziert, aber was innerhalb unserer Haut liegt, es ist ebenso kompliziert, es unterscheidet sich nur der Größe nach, aber auf die Größe kommt es nicht an. Unsere Welt ist dasjenige, was außerhalb unserer Haut liegt, wenn wir zwischen der Geburt und dem Tod leben; das, was innerhalb ist, schließen wir ja nur aus dem, was der Mensch während des Lebens eigentlich nicht in Wirklichkeit ist, aus dem Leichnam. Aber in der Zeit von der Mitternachtsstunde des Daseins bis zum nächsten Leben auf der Erde, da ist die Menschenwelt das Innere des Menschen nach Leib, Seele und Geist (siehe Zeichnung Seite 110, blau). Da ist gewissermaßen der Mensch die Welt. Wir verlieren nach und nach bis zur Mitternachtsstunde des Daseins an den Folgen des mineralischen Bewußtseins die Welt, indem wir uns allerdings in sie einleben, als ob sie unser Selbst, unser ganzes umfassendes Selbst wäre, so daß wir nicht mehr unterscheiden zwischen unserem Selbst und der Welt. Und indem wir wieder zurückkehren, wird unsere Welt der Mensch. Wir schauen nicht die Sterne, wir schauen die Gliederung der menschlichen Gliedmaßen, wir schauen nicht dasjenige, was sonst im Weltenall, sagen wir, zwischen

Sternen und Erde enthalten ist, wir schauen das Innere der menschlichen Organisation, insofern es sich aus Geist und Seele herausgestaltet. Wir schauen den Menschen. Was wir da anschauen, das ist dasjenige, was uns hinführt zum erneuerten Erdendasein. Diesen sich gestaltenden Menschen schauen wir.

Wir leben in der Zeit um die Mitternachtsstunde des Daseins herum in dem sich nach dem Pflanzlichen gestaltenden Menschen. Und wenn wir in die Region der Archai kommen, leben wir in dem, wie sich die Organe des Menschen im Sinne der tierischen Kräfte gestalten. Ich sagte: Geradeso wie wir zwischen der Geburt und dem Tode abhängig sind von dem, was von der Erde aus auf uns wirkt, so sind wir, indem wir da draußen im Weltenall sind – es ist jetzt nicht nur das Räumliche, aber man kann es ja natürlich nur räumlich darstellen –, abhängig von demjenigen, was außerirdisch ist. Und in dem Momente, wo wir durch die Archai durchgehen, können wir die Gesetze, die in uns wirken im Sinne des Weltenalls – so wie wir die Erdengesetze hier während unseres irdischen Gemeinschaftslebens durch die Gesetze der heutigen Physik prüfen –, wir können diese Gesetze ausdrücken, indem wir uns beziehen auf Widder, Stier, Zwillinge, Krebs, Löwe, Jungfrau, Waage und so weiter.

Und indem wir die Stellungen desjenigen, was Sonne ist, auf diese Sterne beziehen, überhaupt auf den Fixsternhimmel beziehen, da ha-

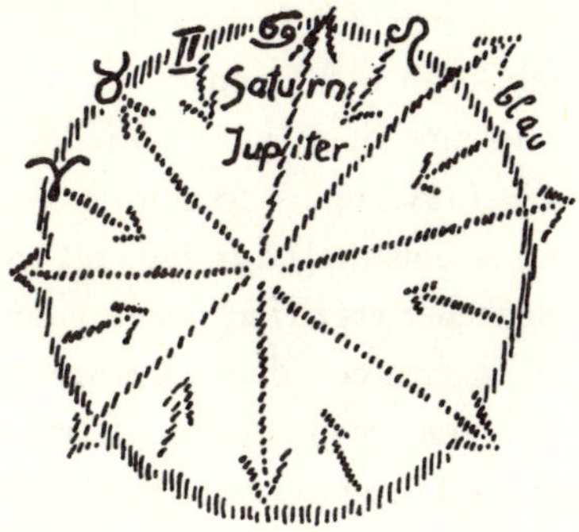

ben wir in den Konstellationen der Sonne zu diesem Fixsternhimmel dasjenige, was an Gesetzen waltet im Bereiche des Willens der Archai. Der Wille, der da waltet, der durchsetzt diese Gesetze, das ist der Wille der Archai.

Wenn wir aber da draußen Naturgesetze suchen würden in der Weise, die unseren Naturgesetzen so entsprechen, wie die Naturgesetze auf der Erde während unseres irdischen Daseins uns entsprechen, dann müßten wir auf diese Sternenkonstellationen sehen. Und wir sind ja lange Zeit in dem Bereich, wo wir also von den Sternenkonstellationen abhängig sind – aber nicht mehr, als wir hier auf der Erde abhängig sind von den Naturgesetzen, wo auch unser Wille dann wirkt, der etwas Höheres als die Naturgesetze ist. Wir dürfen auch da nicht vom Kosmos im Sinne einer mit mechanischer Notwendigkeit wirkenden kosmischen Gesetzmäßigkeit sprechen. Aber das, was wir in den Sternenkonstellationen finden, ist gewissermaßen der Ausdruck, das Bild für diese Gesetze, die da auf uns wirken. Und wie früher, wo wir allein im Bereich der Archangeloi waren, die Gesetze des Pflanzlichen auf uns gewirkt haben, so wirken jetzt die Gesetze des Tierähnlichen auf uns.

Man kommt, wenn man diese Dinge wiederum durch Geisteswissenschaft findet, auf die ungeheuer bedeutsame Tatsache, daß die Alten, die aus gewissen traumhaften Schauungen des Weltenalls heraus auch Kenntnisse gehabt haben, die dann verlorengegangen sind, daß diese Alten wirklich, man möchte sagen, mit einer atavistischen Genialität diesen Bilderkreis, der ihnen den Fixsternhimmel repräsentierte, den Tierkreis nannten. Ich kann nicht anders als finden, daß uns neuere Geisteswissenschaft, die uns diese Dinge wieder zeigt, aus ganz anderen Untergründen heraus zum Verständnis dessen führt, was aus ahnungsvollem Erkennen einstmals durchschaut worden ist. Man wird, möchte ich sagen, ungeheuer ergriffen, wenn einem da von alten Zeiten her bewahrt ist die Lehre von dem Tierkreise und seiner Wirkung auf den Menschen, und wenn man dann, ganz abgesehen von dem, was da bewahrt ist, durch die Mittel der heutigen Geisteswissenschaft wiederum dazu kommt, Erkenntnisse mit den Konstellationen der Sonne zu den Tierkreisbildern, das heißt zum Fixsternhimmel, zu verbinden. Das ist es, was die neuere Geisteswissenschaft so eng zusammenschließt mit der Weisheit der Alten. Und zwischen uns, die wir suchen wollen die Geisteswissenschaft, und dieser Periode, wo die Weisheit der Alten waltete, haben wir etwas, was zwar notwendig war zur Erringung der menschlichen Freiheit, was aber doch im Grunde genommen darstellt ein Zeitalter der Finsternis.

Wir kommen also in den Bereich der Archai und bekommen da eingegliedert, was unser tierisches Wesen ist. Was ist unser tierisches Wesen?

Nun, unser tierisches Wesen ist das, was uns zunächst unsere Organe gibt, die ja bis auf die Zahl vielfach ähnlich sind mit den Organen der höheren Tiere. Aber ehe wir noch an die Geburt herankommen, werden wir aus dem bloßen, wenn ich mich jetzt so ausdrücken darf, Tierkreisbereich entlassen und rücken ein in den Bereich der Planeten, Saturn, Jupiter und so weiter. Indem wir in den Bereich der Planeten einrücken, indem wir also der Erde gewissermaßen näherkommen, näher dem Zeitpunkte, wo wir wiederum die menschliche Begrenzung annehmen, wird das, was in uns als das Tierische sich aus kosmischen Gesetzen heraus eingegliedert hat, wenn ich mich so ausdrücken darf, gerichtet. Ehe wir in das Planetensystem, also in die Kräfte des Planetensystems hereingetaucht sind, haben wir zum Beispiel nicht die Richtung mit dem Rückgrat von der Erde weg, mit dem Kopf nach oben gerichtet. Wir haben mehr das, was das Tier in bezug auf seine Richtkräfte beherrscht. Alles, was uns zum Beispiel die Hände als die Organe unseres Seelischen konstruiert, was sie nicht zum Greif-, nicht zum Gehorgan macht, was sie zu Organen macht, die aus den Impulsen des Seelischen heraus sich frei betätigen können, das verdanken wir dann diesem Einflusse des Planetarischen. Und alles das, was uns hilft als Menschen, bis in die niederste Stufe der tierischen Organisation ein Mensch zu sein, das verdanken wir dann der Konstellation des Mondes zu den übrigen Planeten.

Wir werden also geradezu durch das Planetensystem vermenschlicht, indem wir zurückkehren. Ich sagte Ihnen: Der Mensch selber, der sich gestaltende Mensch ist die Welt, die in unserem Bewußtsein bei dieser Rückkehr von der Mitternachtsstunde des Daseins lebt. Wir sehen auch, wie zunächst vorhanden ist alles das, was zuletzt hinpulst nach den tierischen Kräften. Wir durchleben das so, daß wir es eigentlich durchleben wie eine Art von Untergang, wie eine Art von eisigem Vorgang. Aber das ganze wird, ich möchte sagen, gelockert, indem wir in den Planetenbereich treten, und das erst gestaltet die kosmische Welt, die wir so sehen als die Menschenwelt, zu der Welt, die der irdische Mensch darstellt, der sich dem Tierischen entreißt, der herauswächst aus dem Tierischen. Dies erfüllt uns nun. Dies wird der Inhalt unseres Bewußtseins. Wir tragen das, was der Kosmos uns gegeben hat, als ein System von Kräften in uns.

So kommen wir geistig-seelisch aus den geistigen Welten herab. Wir haben durchlebt die Welten, in denen wir in unmittelbarer Berührung, im Zusammenhang standen mit Angeloi, Archangeloi, Archai. Wir kommen so als Menschen herab. Aber allerdings, wenn wir in dem eben vorhin charakterisierten Sinne nicht intime Beziehungen zu unserem Engelwesen angeknüpft haben, dann haben wir Schwierigkeiten, wenn wir da in die Planetenregion eindringen, weil wir schon zu der Welt der Archai selbst keine göttlich-geistigen Beziehungen anknüpfen konnten. Äußerlich sind wir eingegliedert worden dem Volkstum. Die Archai haben dann wiederum die Notwendigkeit, gewissermaßen nur von außen in uns hereinzuwirken. Wir werden dadurch auf die Erde hingestellt, daß alle Kräfte von den Archai aus auf einen bestimmten Platz der Erde hintendieren. Der Erzengel oder die Erzengel schieben uns in ein Volkstum hinein. Unseren besonderen Platz innerhalb des

Volkstums bestimmen dann die Archai. Wir wachsen unseelisch und ungeistig, auf eine äußerlich mechanische Weise hinein in diese Umgebung.

Das ist ja ein Charakteristikon der heutigen Zeit, daß der Mensch nicht mehr etwa die innere Beziehung hat, die intime innere Beziehung hat, die er in älteren Zeiten zu seiner unmittelbaren Umgebung hatte, wo er auch seelisch hineinwuchs in diese unmittelbare Umgebung. In einer karikaturenhaften Weise ist dieses Hineinwachsen höchstens noch erhalten – nicht wahr, wie gesagt, karikaturhaft –, wenn heute, was aber auch schon aufhört, etwa die Kinder hineinwachsen in irgendein besonderes Schloß, nachdem sie zuvor zu ihren Ahnen hingetrieben worden sind. Da ist noch eine solche Beziehung, die in früheren Zeitläufen seelisch war. Heute wird der Mensch hineingedrängt in seine Umgebung, so daß er im Grunde genommen wenig innerliche Beziehung hat, daß er sich in einer ganz äußerlichen Weise an den Ort gestellt findet, an den ihn das Karma trägt, daß er überhaupt dieses ganze Hereingestelltsein in das physische Dasein als etwas Äußerliches empfindet.

Wenn des Menschen Wesen durch Erziehung und Leben so gestaltet wird, daß er durchseelt, durchgeistigt wird, daß er zu einer geistigen Weltauffassung kommt, dann wird er auch durch das Leben zwischen dem Tod und einer neuen Geburt das hindurchtragen, daß er das innige Verhältnis zu seinem Engel nicht löst, daß er in sein Volkstum durch den Erzengel seelenartig hineingetragen wird, daß er auch durch die Welt der Archai nicht bloß so äußerlich hineingestellt wird in das unmittelbare Dasein, sondern daß er wiederum schon in seine tierische Organisation etwas aufnehmen kann, was er dann so empfindet, daß er sich sagt: Es hat eine tiefe Bedeutung, daß ich gerade von diesem Orte, wo zunächst mein Bewußtsein allmählich erwacht, wo meine Erziehung geleitet wird, daß ich von diesem Orte in die Welt hinaus meine Wirksamkeit entfalte. Das ist allerdings etwas, was wir dadurch herbeiführen müssen, daß wir die Erziehung in dem Sinne reformieren, daß der Mensch wiederum empfindet: Von dem Orte seiner Erziehung nimmt er etwas mit, was ihm dann seine Mission in der Welt gibt. Dann, wenn das so ist, wird der Mensch aber auch gewissermaßen herauswachsen aus dem bloß äußerlichen Bereiche der Archai. Er wird die menschlichen Richtkräfte in durchseelter und durchgeistigter Weise erleben, und er wird in anderer Weise in das neue Leben hereinwachsen, als das heute vielfach der Fall ist.

Also, wie ist es denn eigentlich, wenn der Mensch da ankommt bei einem neuen Erdenleben? Sein Bewußtsein ist erfüllt von dem, wie er von innen heraus seinen Menschen konfiguriert. Er ist erfüllt von einer Welt, die er schaut, die eine Wirkenswelt ist, nicht etwa eine bloße Gedankenwelt. Diese Welt hat allmählich seit der Mitternachtsstunde des Daseins, wie ich ausgeführt habe, die Tendenz des Willens zum Menschentum hin angenommen, und der Mensch taucht unter in das, was ihm entgegengebracht wird durch die Vererbung der Generationen, durch die Substanz, die er von seinen Ahnen erhält. Er taucht darinnen unter. Er umhüllt sich mit der physischen Hülle. Er tritt in die physische Welt herein. Wir können in der Tat, wenn wir den Menschen geistig betrachten, finden, wie der Inhalt des Seelischen ist, wenn er untertaucht in das physische Dasein zu einem neuen Leben.

Natürlich ist es in dem ganzen Gebiete, das der Mensch durchlebt zwischen dem Tod und einer neuen Geburt, so, daß der Mensch da in die nächsten Beziehungen kommt zu Angeloi, Archangeloi, Archai; diese aber wieder stehen weiter hinauf mit den höheren Hierarchien in Beziehung. Und so durchläuft, durchwandert der Mensch zwischen dem Tod und einer neuen Geburt ein Gebiet, in dem aber für seine Beziehungen zu diesem Gebiete durchaus maßgebend ist dasjenige, was er durch die Todespforte trägt. Denn so, wie es ihm gelungen ist, das, was aus den Tiefen seines Wesens als Geistiges herauf will, mit dem mineralischen Bewußtsein zu durchdringen, so intim kann er werden mit seinem Engelwesen. Dadurch aber, daß er so intim mit seinem Engelwesen werden kann, wächst er in die Welt der Archangeloi hinein, so daß er gewissermaßen ihre Kraft von sich aus erkennend, empfindend, bewußt erwidern kann, so daß er dann weitergehen kann und das individualisierte Wesen wird, das er allmählich werden muß, wenn die Welt einem Aufgange, nicht einem Niedergange entgegengehen soll.

Es ist durchaus möglich, von den verschiedensten Gesichtspunkten aus dieses Leben zwischen dem Tod und einer neuen Geburt ganz prägnant zu beschreiben. Einen Gesichtspunkt finden Sie ja in meinem Vortragszyklus, den ich im Jahre 1914 in Wien gehalten habe; einen anderen Gesichtspunkt habe ich Ihnen heute entwickelt. Alle diese Gesichtspunkte sind geeignet, immer mehr und mehr den Menschen auch nach der geistigen Seite hin kennenzulernen. Wer aber nicht in dieser Weise zu einer ganzen geistigen Welt herausgehen will, der wird niemals das Geistige im Menschen selber begreifen können. Wie wir in die Zwischenräume zwischen physischem Leib, Ätherleib, astralischem Leib und Ich gehen müssen, um das Seelische in seiner Objektivität zu durchschauen, so müssen wir aus dem Menschen heraus in die geistige Welt gehen, um seine Beziehungen zu dieser geistigen Welt zu studieren. Dann finden wir das, was im Menschen eigentlich als Geistiges webt und lebt. Es ist nur die Bequemlichkeit unserer Zeit, daß man vom Geist nur im Allgemeinen spricht. Wir müssen in die Möglichkeit kommen, von dem Geiste zu sprechen in allen Einzelheiten, wie wir von der Natur sprechen in allen Einzelheiten. Dann wird wirkliche Menschenerkenntnis erstehen, dann wird in dem Sinne, wie es der Mensch braucht, das uralte Wahrwort erfüllt, das schon von Griechenland heraufleuchtet, dessen Erfüllung aber noch immer angestrebt werden muß für den Menschen, das Wahrwort: «Erkenne dich selbst!»

Selbsterkenntnis ist Weltenerkenntnis und Weltenerkenntnis ist Selbsterkenntnis. Denn leben wir zwischen der Geburt und dem Tode, dann sind die Sterne und die Sonne und der Mond und die Berge und die Täler und die Flüsse und die Pflanzen und die Tiere und die Mineralien unsere Welt, und dasjenige, was innerhalb unserer Menschengrenze lebt, das sind wir. Leben wir zwischen dem Tod und einer neuen Geburt, dann ist das, was sich als Geistiges verbirgt hinter Sonne, Mond, hinter den Sternen, hinter Bergen und Flüssen – das sind wir, und unsere Welt ist dann des Menschen Inneres. Welt und Mensch wechseln rhythmisch, indem der Mensch physisch und geistig lebt. Für den Menschen hier auf Erden ist die Welt die da draußen. Für den Menschen zwischen Tod und neuer Geburt ist die Welt das da drinnen. Daher handelt es sich nur um das Abwechseln der Zeiten, daß der Mensch sagen kann: Menschenerkenntnis ist Welterkenntnis und Welterkenntnis ist Menschenerkenntnis im wirklichsten Sinne.

SIEBENTER VORTRAG

Dornach, 8. Oktober 1921

Die Betrachtung, die wir seit einiger Zeit angestellt haben, hat uns dazu geführt, die Beziehung des Menschen zur geistigen Welt ins Auge zu fassen, und diese Beziehung wiederum hat es notwendig gemacht, den Blick zu werfen auf diejenige Entwickelung, die der Mensch durchmacht zwischen dem Tod und einer neuen Geburt. An diesem Punkte wollen wir heute einsetzen. Wir haben gestern gesagt, daß der Mensch durch die Pforte des Todes trägt ein, ich nannte es mineralisches Bewußtsein. Es kann so genannt werden, weil es im wesentlichen zu seinem Inhalte hat die mineralische Welt mit ihren Gesetzen. Tingiert, also durchtränkt ist dieses Bewußtsein mit alldem, was aus den moralischen Gefühlen und Empfindungen des Menschen kommt. Mit demjenigen, was sich nun von diesen beiden Seiten her zusammensetzt, tritt der Mensch seinen Weg an durch die Welt, die er durchläuft zwischen dem Tod und einer neuen Geburt. Wenn wir das, was so der Mensch ist nach dem Tode, betrachten, so stellt sich uns das Folgende dar: Es hat sich entrungen demjenigen, was gewissermaßen wie eine Art von Schale war, dem physischen Leibe und dem ätherischen Leibe, der astralische Leib und das Ich.

Nun, wenn wir uns die kosmische Entwickelung der Menschheit vorstellen mit den zu ihr gehörigen kosmisch-planetarischen Körpern, dann wissen wir ja aus der Darstellung in meiner «Geheimwissenschaft im Umriß», wie diese kosmische Entwickelung in der Vergangenheit durchgeht durch die Saturnentwickelung, Sonnenentwickelung, Mondenentwickelung, und wie dann der Mensch in der Erdenentwickelung ankommt, in der er eben noch drinnensteht. Wir wissen auch, daß im wesentlichen die Saturnentwickelung den physischen Leib in seiner ersten Anlage bildet als eine Art universellen Sinnesorganes, das sich dann durch Sonnen-, Monden- und Erdenentwickelung weiterbildet. Wir wissen, daß der ätherische Leib während der Sonnenentwickelung dazukommt, der astralische Leib in der ersten Anlage während der

Mondenentwickelung, und daß die Erdenentwickelung die eigentliche Ich-Entwickelung für den Menschen ist.

Wenn wir das Menschenwesen im ganzen auffassen, so hat es sein Ich durch die Verbindung des Menschen mit der Erde; denn durch diejenigen Kräfte, die in der Erde vorhanden sind, wird das Ich gestaltet, gebildet. Wenn wir also sagen: Der Mensch tritt durch die Todespforte, indem er sein Ich durch sie durchträgt –, so bringt er ja eigentlich dasjenige durch die Todespforte hindurch, was er aus seiner irdischen Entwickelung hat, was er sich also innerhalb der irdischen Entwickelung aneignet. Wir tragen geradezu durch den Tod hindurch, was der irdischen Entwickelung angehört. Während der irdischen Entwickelung ist eben zu den anderen Reichen – das können Sie wiederum aus meiner «Geheimwissenschaft» entnehmen – die mineralische Welt dazugekommen. Also das Äußere, die mineralische Welt, gehört gewissermaßen mit der Ich-Entwickelung zusammen. Daß das Ich mit einem mineralischen Bewußtsein durch des Todes Pforte tritt, das hängt im wesentlichen also mit dem zusammen, was der Mensch eigentlich von der Erde hat. Nun aber ist ja die Erde nur unvollständig aufgefaßt, wenn wir sie bloß so auffassen, wie sie uns zunächst als Weltkörper entgegentritt. Die Erde ist gewissermaßen als Weltkörper ein Wesen, das sich vergleichen läßt mit einem großen Tropfen im unendlichen Meere des Raumes. Aber dieser Tropfen ist ja gerade dadurch konstituiert, daß er in sich stofflich differenziert ist, daß er Stoffe enthält von verschiedener Schwere, verschiedener Dichte.

Wir brauchen nur die Metalle, die in der Erde sind, ins Auge zu fassen. Wir finden Metalle verschiedener Dichte. Was der Mensch also in sich eingegliedert erhält von der Erde mit dem mineralischen Bewußtsein, das rührt von der ganzen Erde her, das rührt einfach davon her, daß die Erde eben dieser Gesamtplanet im Kosmos ist. Das nach den verschiedenen Mineralsubstanzen hin Differenzierte, das wirkt dann so, daß der Mensch nicht nur mitnimmt durch die Pforte des Todes, was sein Ich geworden ist, sondern daß er auch für einige Zeit mitnimmt, was sein astralischer Leib war, was ja auch beschrieben ist in der «Geheimwissenschaft» und im Buch «Theosophie» als der Durchgang des Menschen durch die Seelenwelt.

So daß wir sagen können: Wenn der Mensch die Erde verläßt, dann entwickelt er das mineralische Bewußtsein. Aber dieses mineralische Bewußtsein, es wird zunächst durchdrungen von demjenigen, was der Mensch von der differenzierten Erde mitnimmt, von der Erde, insofern sie aus verschiedenen Substanzen besteht. Das bildet dann die Zeit seines Durchganges durch die Seelenwelt. Und wir können sagen: Da nimmt der Mensch etwas mit, was zunächst nicht nur sein Ich ist, das dann weitergeht, sondern was in gewisser Weise eine astralische Erdenfrucht ist (siehe Zeichnung Seite 129).

Wenn wir dann den Menschen weiter verfolgen, wenn er diese astralische Erdenfrucht abgelegt hat in dem Sinne, wie ich das beschrieben habe in meinem Buche «Theosophie», wo gezeigt ist, wie er einige Zeit nach dem Tode seinen Durchgang durch die Seelenwelt vollendet hat, dann wandert sein Ich weiter. Aber es ist zunächst durchdrungen von mineralischem Bewußtsein. Richten wir den geistigen Blick da hinauf, wo der Mensch ist, so gewahren wir das mineralische Bewußtsein des verstorbenen Menschen, das heißt die Gedankenwelt, die sich auf das Mineralische bezieht. Und es ist in der Tat so: An demjenigen, was nun mineralisches Reich ist auf der Erde und auch im Kosmos, arbeitet mit diese von dem Menschen durch den Tod getragene Gedankenwelt (siehe Zeichnung Seite 129).

Das ist ein außerordentlich bemerkenswerter und bedeutsamer Zusammenhang. Wenn wir hier auf der Erde unsere Mineralien überschauen, wenn wir das mineralische Reich, das ja auch in den Wolken ist, denn das sind ja auch mineralische Wirkungen, überschauen und uns fragen: Was für geistige Essenzen wirken denn da drinnen? – so müssen wir uns zur Antwort geben: In diesen mineralischen Gebilden, die uns gewissermaßen, wenn wir als Menschen auf der Erde mit physischen Sinnen stehen, ihre Außenseite zeigen, in allen mineralischen Wirkungen leben die Gedanken, zu denen die Menschengedanken nach dem Tode werden. Wir können also geradezu, wenn wir verständnisvoll hinblicken auf das mineralische Reich, unseren Blick schweifen lassen über dieses mineralische Reich und können uns sagen: In der mineralischen Tätigkeit arbeitet innerlich dasjenige, was das Bewußtsein der Toten ist im Beginne ihrer überirdischen Laufbahn. –

Wir müssen also das mineralische Reich nicht nur aus äußeren Gründen hier ein totes, unlebendiges Reich nennen, sondern wir müssen es auch in dem Sinne ein totes Reich nennen, als zunächst die Menschengedanken, die wesenhaften Menschengedanken, die der Mensch zu hegen hat nach dem Tode, hineinwirken in dieses mineralische Reich.

Wenn der Mensch dann seine Wanderung fortsetzt, so kommt er ja immer mehr in die Nähe der Mitternachtsstunde des Daseins. Vor- und nachher entwickelt er in dem Sinne, wie ich das gestern auseinandergesetzt habe, ein Bewußtsein, das mehr pflanzenhafter Natur ist, das also nicht das mineralische Bewußtsein ist von vorher, sondern ein Bewußtsein, das dadurch entsteht, daß die menschliche Wesenheit durchdrungen wird von den pflanzenschaffenden Kräften. Der Mensch nimmt ja etwas anderes auf aus dem außerirdischen Reiche, als die Erde als solche ihm geben kann. Der Mensch nimmt auf zu dem, was die Erde ihm geben kann, dasjenige, was eine Art höheren Bewußtseins ist, und es kann uns das dadurch anschaulich sein, daß wir sagen: Es entwickelt dann der Mensch ein pflanzliches Bewußtsein. Und während dieser Zeit arbeitet er sowohl auf der Erde wie auch im Kosmos mit an dem Pflanzenreich (siehe Zeichnung Seite 129).

Das gehört zu den Geheimnissen des Daseins, daß, wenn wir die Pflanzendecke der Erde, wenn wir alles im vegetabilischen Dasein Befindliche betrachten, daß uns das dann ja natürlich auch nur die Außenseite zeigt; es hat auch eine Innenseite. Nur müssen wir natürlich die Innenseite nicht unter den Wurzeln suchen, sondern über den Blüten. Wenn wir die Pflanze uns vorstellen, die da blüht, so ist sie in dem, was sich so astralisch zur Pflanze niederneigt, was gewissermaßen astralisch lebt und seinen äußeren Ausdruck in der Pflanzendecke in dem Befruchtungsvorgange hat; das also, was nicht gesehen wird. Man möchte sagen: Die Außenseite wäre diese, wenn man die Pflanze selber rein von der Wurzel nach der Blüte anschaut, und das Innere wäre dann das, was über der Blüte ist. Wenn wir also das, was die Pflanzendecke äußerlich sinnlich ist, als eine Außenseite betrachten, so ist die Innenseite davon das Gebiet derjenigen Kräfte, welche zum Teil ihren Ausgangspunkt haben von dem Bewußtsein derjenigen Menschen, die in der Mitte zwischen dem Tod und einer neuen Geburt leben, die vor und nach der Mitternachtsstunde des Daseins leben. Also auch in der Pflanzendecke der Erde haben wir etwas zu sehen, demgegenüber wir sagen können: Es ist in seinem kosmischen Dasein etwas, was zusammenhängt mit der ganzen menschlichen Entwickelung.

Wenn wir gegenüber dem mineralischen Reiche sagen können: In diesem toten Reiche leben die webenden Gedanken der Menschen, die in der ersten Hälfte, im Anfange ihrer Laufbahn zwischen dem Tod und einer neuen Geburt sind –, dann müssen wir sagen: In dem Pflanzenwachstum der Erde enthüllt sich uns auf eine äußerliche Weise, was innerlich im Weltenall lebt, so daß es auch ausmacht die Bewußtseinswelt der Menschen in der Mitte zwischen dem Tod und einer neuen Geburt.

Jene innigen Beziehungen zwischen dem Menschen und der Welt, von denen wir gestern gesprochen haben und die es möglich machten, daß die gestrige Betrachtung schloß mit den Worten: Welterkenntnis ist Menschenerkenntnis und Menschenerkenntnis ist Welterkenntnis – diese Beziehungen enthüllen sich da noch auf eine ganz besondere Weise. Es zeigt sich uns, daß wir tatsächlich auch schon hier auf der Erde etwas anschauen von dem, was der Mensch ist zwischen dem Tod und einer neuen Geburt. Schauen wir die Mineralien an, so enthüllen sie uns – etwa so, wie eine Art äußeren Bildes irgendeinen Vorgang enthüllt –, was Menschen innerlich bewußt tun in der Zeit, die gleich nach dem Tode folgt. Und indem wir die Pflanzenwelt anblicken, enthüllt sich das, was der Mensch innerlich tut in der Mitte seines Entwickelungsganges zwischen dem Tod und einer neuen Geburt.

Solche Dinge lassen sich für den unbefangenen Blick auch in einer gewissen äußerlichen Weise beobachten. Man wird, ich glaube, jedesmal aufs neue überrascht, wenn man die eigentümliche Natur *Goethes* – sie ist eben nur ein hervorragendes Beispiel – betrachtet. Diese eigentümliche Natur Goethes, worin besteht sie denn? Sie besteht darin, daß Goethe zum Beispiel immer wieder und wiederum den Ansatz dazu gemacht hat, Zeichner oder Maler zu werden. Er ist niemals dazu gekommen, wirklich Zeichner oder Maler zu werden; aber was er hinterlassen hat von seiner Zeichnerei, von seiner Malerei, das frappiert in einer gewissen Beziehung durch das Treffsichere. Und wenn man dann Goethes Dichtungen, namentlich manche in dieser Beziehung außerordentlich charakteristische, ins Auge faßt, dann sagt man sich: Goethe hat zwar kein Maler werden können, aber seine Dichtungen zeigen, daß sie gewissermaßen sich ausgelebt haben wie eine verschlagene Malerei. – Goethe malt viel in seinen Dichtungen. Man könnte sagen, wenn man das zum Beispiel nach den Talenten mancher modernen Kritiker ausdrücken möchte – aber ich will nicht behaupten, daß es sehr gut ist, das zu sagen –: Goethe hat die Anlage gehabt, ein schlechter Maler zu werden, und er hat die malerischen Anlagen in die Dichtung hineingetragen und ist deshalb eine Art bloß malender Dichter geworden.

Weiter kann man wiederum sagen: Etwas recht haben doch diejenigen Menschen gehabt, die manche Dichtungen Goethes, schon in einem gewissen Sinne «Iphigenie» und «Tasso», aber noch mehr «Die natürliche Tochter», marmorglatt und marmorkalt genannt haben. Goethe hat so dramatische Dichtungen gegeben, in denen eigentlich ein Bildhauer lebt, und so sind sie als dramatische Dichtungen in gewisser Beziehung nicht von jenem inneren Leben durchhaucht, von denen die Shakespearschen Dichtungen durchsetzt sind; sie sind in einer gewissen Beziehung Dichtungen, die steckengeblieben sind und die sich ausgelebt haben in gewissen plastischen Formen. Kurz, Goethe kann einem gerade vielleicht deshalb als ein besonderes Genie erscheinen, weil er eigentlich niemals richtig ganz zur Welt gekommen ist. Er ist zur Welt gekommen als Maler, ist es aber nicht geworden. Da hat er sich wiederum zurückgewandt zur Dichtung und hat in einer Dichtung, die halb malerisch ist, die Sache zum Ausdrucke gebracht. Er hat nicht vollständig die dramatische Dichtung herausgesetzt; er war dazu dichterisch veranlagt, ist aber niemals eigentlich ein wirklich dramatischer Dichter geworden, sondern ist vorher steckengeblieben, hat sich wiederum zurückgewendet und hat das in einer plastischen Weise zum Ausdrucke gebracht. Man könnte sagen, und das ist wirklich etwas, was Goethe charakterisiert, was einem kommt, wenn man ihn so recht betrachtet: Goethe ist ein Mensch, der eigentlich nie so recht geboren worden ist. – Er hat eine Farbenlehre verfaßt und war doch nicht im wirklichen Sinne ein Physiker. Er hat sich mit

Naturwissenschaft befaßt, aber er hat es nicht in das vollständig Fachliche hineingebracht. Kurz, er ist eigentlich nirgends ganz in die Welt herausgetreten. Er ist nicht ordentlich zur Welt gekommen.

Man könnte sogar noch weiter gehen, könnte zum Beispiel seine Beziehungen zu den Frauen ins Auge fassen. Die haben sich gewöhnlich auch nur bis zu einem gewissen Grade entwickelt und niemals bis zu demjenigen Punkt hin, bis zu dem sie sich bei ordentlichen Weltmenschen, die so recht ins physische Leben hereingeboren werden, entwickeln. Überall könnte man das bewahrheitet finden, wenn man nur diese Dinge fühlt und empfindet, wenn man nur nicht ein Hindernis hat für das Fühlen und Empfinden solcher Dinge an dem gewöhnlichen pedantisch-philiströsen Vorstellen, das ja natürlich all das einwenden kann, was ich Ihnen nicht zu nennen brauche. Man kann ja selbstverständlich gegen die These, Goethe sei nicht ganz geboren worden, einwenden: Ja, er ist am soundsovielten in Frankfurt geboren. Nicht wahr, das kann man in allen Biographien verzeichnet finden. Aber ich mache Sie darauf aufmerksam, daß auch da die Sache wiederum einen Haken hat. Er ist nämlich halbtot zur Welt gekommen und ganz schwarz am Körper. Also auch da liegt nicht ein so robustes Hereingehen in die Welt vor, sondern eine Art halbtotes Hereinkommen in die Welt.

Und wiederum, verfolgen Sie sein Leben, wie er überall nicht ankommt, zurückgeschleudert wird bis zum Erkranktsein. Alles ist so – ich möchte sagen, bis zu der Art und Weise, wie er in Weimar herumging: unnahbar in einer gewissen Beziehung –, daß man sagen kann: Er ist nicht ganz herausgetreten zur Welt. Und das rührte doch davon her, daß er besonders viel mitbekommen hat von demjenigen, was da um die Mitternachtsstunde des Daseins an pflanzlichem Bewußtsein sich entwickelt. Daher auch sein Hindrängen zur Metamorphose der Pflanzen, wo er sein Allergrößtes geleistet hat: dieses wunderbare Anschauen der Pflanzenwelt.

Ich kann mir wirklich vorstellen, daß es etwas Groteskes hat, wenn man wie im Ernst davon spricht, Goethe sei nicht ganz zur Welt herausgetreten. Aber es gibt eben viele Leute, die sprechen lieber davon, daß die äußere Welt eine Art Maja sei im Allgemeinen, im Abstrakten. Wenn man dann aber im besonderen darauf eingeht, wie sich die einzelnen Majastufen differenzieren, dann ist es zum Beispiel durchaus eine Maja, wenn man Goethe so ganz äußerlich nimmt, wie ihn etwa Mr. *Lewes* oder der Professor *Bielschowsky* und so weiter genommen haben! So ist er ganz sicherlich nicht, sondern er ist eben ganz anders. Er ist so, daß man wirklich an ihm das Urständen merkt in diesem Gebiete, das gerade hier in der Mitte dieses Lebenslaufes des Menschen zwischen dem Tod und einer neuen Geburt liegt.

Wir kommen dann zu dem dritten Gliede in dieser Entwickelung, wo es schon zugeht der neuen Verkörperung, dem neuen Erdenleben. Da entwickelt der Mensch, wie Sie sich jetzt sehr leicht denken können, eine Art tätigeren Bewußtseins (siehe Zeichnung Seite 129, rot). Er hat äußerlich ein solches Bewußtsein, wie ich es Ihnen gestern beschrieben habe, aber er arbeitet mit dem, was jetzt in seinem Bewußtsein lebt, vor allen Dingen mit in alldem auch, was sich als tierische Welt auf der Erde hier entwickelt. Nur können wir jetzt nicht gut sagen: wenn wir die Tierwelt äußerlich anschauen, dann bedeute sie uns die Außenseite; das Innere führe uns zu den Menschengedanken hinauf, die der Mensch hat, oder zu dem menschlichen Bewußtseinsinhalte hinauf, den der Mensch hat, wenn er schon im dritten Teile seines Lebenslaufes zwischen dem Tod und einer neuen Geburt ist. So können wir eigentlich nicht sagen, sondern wir können etwa so sagen: Wenn wir die tierische Welt anschauen, dann liefert uns diese tierische Welt gewissermaßen eine Art Inneres. Also: Das mineralische und das pflanzliche Reich – beim Pflanzlichen stimmt es nicht mehr so ganz, aber man kann es doch so nehmen – zeigen uns gewissermaßen die Außenseite; die Innenseite bietet uns neben anderem der Bewußtseinszustand derjenigen, die durch die Pforte des Todes gegangen sind und auf dem Wege zu einem neuen Erdenleben sind. Aber indem wir das tierische Reich ansehen, müssen wir eigentlich sagen: Das bietet uns die Innenseite, und die Außenseite sind die Gruppenseelen der Tiere, die hinaufgehen bis ins Schaffen überirdischer Hierarchien. Und da, beim tierischen Reiche, können wir jetzt nicht in den Tieren selbst das finden, was vom Menschen aus, vom menschlichen Bewußtsein aus arbeitet, sondern wir können sagen: In demjenigen, was tierische Gruppenseele ist, was da in der Gesamtheit der tierischen Gruppenseelenwelt sich entwickelt, in dem weben und leben die menschlichen Gedanken mit. In der Tat durchlebt der Mensch in dieser Zeit alle die feinen und komplizierten Konfigurationen der tierischen Gruppenseelenwelt. Das wird jetzt des Menschen Welt, diese tierische Gruppenseelenwelt. Und aus dem, was der Mensch da anschaut in der tierischen Gruppenseelenwelt, aus dem, was von da aus- und eingeht in seinem Bewußtsein, konstituiert er seine eigenen Organe. Er zieht gewissermaßen das, was er da in den Weltenweiten sieht, allmählich ganz zusammen in das tätige Anschauen seines eigenen Wesens. Aus der Summe der tierischen Gruppenseelen heraus formt sich der Mensch seinen eigenen inneren organhaft gegliederten Organismus.

Man möchte sagen: Der Mensch bildet da, sagen wir, die Hauptformen seines Gehirns – natürlich zunächst als Kräfte, nicht daß da solche Klumpen von Materie gebildet werden –, zunächst als Kräfte: Lunge, Herz mit Blutgefäßen und so weiter. Die einzelnen Organe bildet der Mensch aus dem ganzen Zusammenhang des tierischen Gruppenwesens heraus. Während also der Mensch eigentlich im ersten Teil seines übersinnlichen Lebensweges an der äußeren Welt baut, kommt er jetzt immer mehr und mehr in sich zurück und baut endlich aus der Gesamtheit der tierischen Gruppenseelenwelt die einzelnen Organe seines inneren Organismus auf.

Und dann tritt ja der Mensch im letzten Stadium seines Werdens so auf, daß er, wie ich Ihnen gestern gesagt habe, in den Bereich der planetarischen Kräfte kommt. Das ist jetzt gewissermaßen eine spätere Stufe, die der Mensch durchmacht. Nachdem er durchgemacht hat das Wirken aus und in dem tierischen Gruppenseelensystem, wird der Mensch abhängig von dem in der Außenwelt, was in den Bewegungen, in den Konstellationen der Planeten lebt. Dadurch aber wird vorbereitet des Menschen Ätherleib. Der Mensch neigt sich hin zum Wiedergeborenwerden. Sein Ätherleib wird ausgebildet. Sichtbar werden jetzt in diesem Ätherleib die Gedankengewebe, von denen ich Ihnen gesprochen habe, die dann im Menschen anzutreffen sind zwischen dem Ätherleib und dem physischen Leib. So daß der Mensch jetzt gewissermaßen einspinnt hier in seinem Organsystem das, was er mehr aus Gefühlen heraus gearbeitet hat, aus Gefühlen heraus, die aber durchaus schon durchsetzt sind von Gedanken. Da bildet er dann das Gedankengewebe herum. Dieses Gedankengewebe ist also ein Ergebnis dessen, was der Mensch aus der Wirkung der planetarischen Welt auf sein Wesen, das sich der Wiedergeburt nähert, erfahren hat. Dadurch aber wird der Mensch reif, einzutreten in die Hülle, die ihm jetzt hergegeben wird von demjenigen, was sich in der Reihenfolge der Generationen vollzieht.

Was ist denn da der Mensch, der da herunterkommt? Der Mensch, der da herunterkommt, ist so, daß er ausgegossen hat unmittelbar nach dem Tode das Gedankliche, das Mineralisch-Gedankliche, das er mitgenommen hat, in die mineralische Welt des Äußeren. Dadurch, daß er die Gedanken ausgegossen hat, drängen sich allmählich Willensimpulse herauf, Gefühlsinhalte. Das alles durchsetzt ihn dann mit dem Inhalte des pflanzlichen Bewußtseins. Der Mensch kommt zuerst dazu, am Pflanzenreich der Außenwelt mitzuarbeiten, zieht sich dann in sich selbst zurück, arbeitet mit dem tierischen Bewußtsein aus der Gruppenseelenhaftigkeit der Tiere heraus und bildet sich da seine Organe, die er in gewissem Maße umgibt mit jener Hülle, die aus Gedankenstoffen gewoben ist. Das ist es, was nun hinunter will in das physische Dasein.

Wie kommt nun diese Eingliederung in das physische Dasein zustande? Nun, ich habe schon früher und auch wieder gestern darauf aufmerksam gemacht, daß man in der heutigen Wissenschaft vielfach erwartet, es werde sich einstmals ergeben, daß die Zellen eine sehr komplizierte chemische Struktur haben, so daß wir gewissermaßen die komplizierteste chemische Formel finden würden für das, was in der Zelle sich darbietet. Das ist aber ein vollständig unrichtiger Gedanke.

In der Zelle, schon in der gewöhnlichen organischen Zelle ist es so (siehe Zeichnung, hell), daß das chemische Zusammenhalten darinnen nicht etwa stärker ist als in einer gewöhnlichen komplizierten chemischen Verbindung, sondern im Gegenteil: chaotisch werden die chemischen Wahlverwandtschaften gerade, und am allerchaotischsten sind sie in der befruchteten Keimzelle. Die befruchtete Keimzelle ist in bezug auf das Materielle direkt Chaos, Chaos, das zerfällt, Chaos, das wirklich zerfällt. In dieses verfallende Chaos ergießt sich das, was ich Ihnen als den Menschen geschildert habe, der sich eben in der Weise, wie ich es beschrieben habe, gebildet hat (lila). Und nicht durch den Keim selber, sondern durch die Prozesse, die im mütterlichen Leibe zwischen dem Embryo und der Umgebung vor sich gehen, bildet sich dann das eigentlich Physische aus. Es wird also tatsächlich dasjenige, was da aus der geistigen Welt herunterkommt, in das Leere hineingelegt und nur durchtränkt mit mineralischer Substanz. Es ist, wie Sie sehen können, ein durchaus durchsichtiger Vorgang, der hier geschildert wird.

Das tierische Bewußtsein können wir nicht so sehen, daß es zurückwirkt, sondern wir müssen sagen, es wirkt hinauf in das Gruppenseelenhafte, in die Tiergruppenseelen (siehe Zeichnung Seite 129, roter Pfeil). Und dann, wenn der Mensch angekommen ist im planetarischen Bereich, dann bildet er den Menschen selber aus und gliedert sich in dieser Weise ein in das, was ihm Platz macht, wie ich eben davon gesprochen habe.

Wenn Sie aber jetzt den Anfang und das Ende des Lebensweges zwischen dem Tod und einer neuen Geburt ins Auge fassen, dann werden Sie sich sagen müssen: Da tritt etwas auf, was durchaus aufeinander bezogen werden kann. In dem, was wir nennen können den Durchgang der Menschenseele durch die Seelenwelt nach dem Tode, tritt etwas auf, was noch auf das Irdische einen Bezug hat, was den Menschen zurückweist auf das Irdische. Wir wissen ja, daß der Mensch da zurücklaufend in ungefähr einem Drittel seines Lebenslaufes sein Erdenleben durchwandert, durchwandert eben in der Weise, wie ich Ihnen das beschrieben habe. Gewissermaßen das polarisch Entgegengesetzte ist das, was dann der Mensch im Durchgang durch das Planetensystem vor der Geburt erlebt. Es teilt sich ihm da als Mensch etwas mit, was er noch aus den Himmeln mit auf die Erde bringt. Geradeso wie er für die Seelenwelt noch etwas hinausträgt, was in seinem astralischen Leibe ist, wodurch er in einer Rückwärtswanderung sein

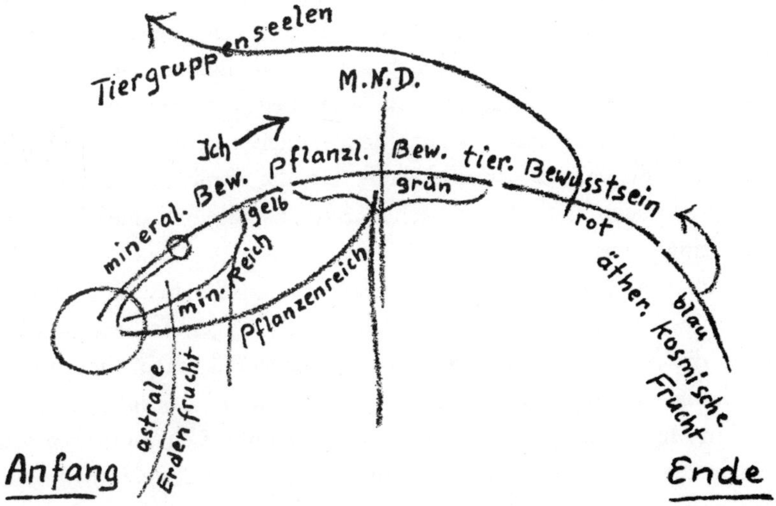

Erdenleben durchlebt, so bringt der Mensch etwas mit sich aus dem Kosmos, was dann seinen ätherischen Leib durchsetzt, was jetzt ebenso etwas zu tun hat mit seinem ätherischen Leibe, wie das, was ich genannt habe die astralische Erdenfrucht mit seinem astralischen Leibe. Mit seinem ätherischen Leib hat das, was er sich aus dem Kosmos bringt, zu tun, ebenso wie das, was er als die astralische Erdenfrucht hinausträgt, mit seinem astralischen Leibe zu tun hat.

Ich kann also sagen: Der Mensch bringt sich aus dem Kosmos herein die ätherische kosmische Frucht. Diese ätherische kosmische Frucht, die sich da der Mensch hereinbringt, die lebt tatsächlich in seinem ätherischen Leibe weiter. Der Mensch hat von der ersten Stunde, von dem ersten Augenblicke seiner Geburt an in seinem Ätherleibe etwas wie eine kosmische Stoßkraft nach vorwärts, die durchwirkt durch das ganze Leben. Mit dieser kosmischen Stoßkraft verbindet sich das, was als die karmischen Tendenzen zurückgeblieben ist. In dieser kosmischen Stoßkraft wirken die karmischen Tendenzen.

Man kann also in gewissem Sinne sagen: Man ist selbst imstande, ganz anschaulich darauf hinzuweisen, wie das Karma sich zum wirklichen Menschen verhält. Während wir uns sagen, der Mensch hat ein präexistentes Leben, er kommt herein aus geistigen Höhen in das physisch-irdische Dasein, gliedert sich seinem physischen Leib, Ätherleib ein mit seinem Ich und seinem astralischen Leib –, kann man sagen, daß sein Karma, das er mitbringt aus dem früheren Erdenleben, sich eingliedert in diejenige ätherische Stoßkraft, die er mit hereinnimmt aus den Wirkungen des planetarischen Systems, die vorangehen seiner Erdeneingliederung.

Und nun, ich möchte sagen, jetzt können Sie fast mit Händen greifen, wie man aus den planetarischen Beziehungen das, was im Menschen drängt und stößt, wenn man es sachgemäß macht, herausrechnen kann. In dieser Weise kann man intim in all das hineinschauen, was im Menschen so wirkt, daß es aus seinem physisch-sinnlichen Wirken in die geistig-seelische Welt hinausgeht und daß es von ihm aus der geistig-seelischen Welt hereingetragen wird und sich wiederum in sein physisch-leibliches Erdendasein gewissermaßen einhüllt und in demselben wirkt. Man kann diese Dinge durchaus im einzelnen angeben.

Der Mensch kann sich erfüllen mit solchen Vorstellungen, wie sie durch diese Erkenntnisse kommen, und er wird sich dann sagen: Ich trete als physische Menschengestalt in dieses irdische Dasein, bin scheinbar abgeschlossen von der übrigen Welt. Diese Bewußtheit des Abgeschlossenwerdens, sie wird mir gegeben da, wo sich mein Übersinnliches hineinlegt in das Lager, das ihm zubereitet wird vom irdischphysischen Dasein aus. Aber indem ich mich in diese Hülle eingliedere, wachse ich immer mehr und mehr wiederum in den Kosmos hinein durch mein Wahrnehmen, durch meine Erfahrungen. Und ich wachse insbesondere hinein, wenn ich mir solche Vorstellungen bilde vom Zusammenhang des Menschen mit der Welt.

So lernt der Mensch, gerade durch anthroposophische Geisteswissenschaft, sich als eins zu fühlen mit dem Weltenall. Er fühlt die Welt in sich, sich in der Welt. Er fühlt das Leben des Makrokosmos pulsieren in seinem eigenen Inneren, und er empfindet, wie das, was er im Inneren erlebt, wiederum hinauspulst in den ganzen Kosmos. Das Atmen wird ihm nur ein Symbolum für ein umfassendes Dasein: Die eingezogene Atemluft nimmt die Gestalt des menschlichen Leibes an, wird Innenleben; die den Organismus verlassende Atemluft zerstreut sich wieder in die Welt. So ist es aber auch mit dem Geistig-Seelischen: Der ganze Kosmos wird gewissermaßen geistig-seelisch eingeatmet, wird zum Menschen; das, was da im Menschen wird, wird wiederum geistig-seelisch ausgeatmet und zerstreut sich im Kosmos, bis es gewissermaßen an der Peripherie des Kosmos ankommt, um wiederum zurückzukommen und den Menschen zu bilden. Man kann schon im Menschen das Abbild der Welt sehen, und in der Welt das fein aufgelöste menschliche Wesen. So daß man eine umfassende Welt- und Menschenkenntnis zusammenfassen kann in die beiden Sätze:

Mensch, du bist das zusammengezogene Bild der Welt.
Welt, du bist das in Weiten ergossene Wesen des Menschen.

Der Mensch soll sich, damit die Zukunft für ihn eine Aufgangs-, nicht eine Niedergangsentwickelung ist, ein solches Bewußtsein aneignen, das wirklich seine Wesenheit mit dem Kosmos zusammenschließt.

Morgen wollen wir davon weiter sprechen.

ACHTER VORTRAG

Dornach, 9. Oktober 1921

Wir haben gesprochen von der seelischen und geistigen Entwickelung des Menschen. Indem wir die geistige Entwickelung ins Auge gefaßt haben, mußten wir hinweisen auf die Art, wie diese geistige Entwickelung des Menschen, also das, was in ihm geistig wirksam ist, heraus entsteht aus seinem Zusammenarbeiten mit den Wesen der höheren Hierarchien der über ihm stehenden Reiche. Und wenn wir uns wiederum fragen nach der besonderen Artung dieser höheren Wesen, so werden wir verwiesen auf die Vergangenheit des Kosmos. Wir wissen ja aus meiner «Geheimwissenschaft im Umriß», wie zum Beispiel die Wesen, die wir in das Reich der Angeloi einreihen, während der alten Mondenentwickelung die Menschheitsstufe durchgemacht haben, wie die Archangeloi ihre Menschheitsstufe während der alten Sonnenentwickelung durchgemacht haben, die Archai während der alten Saturnentwickelung. Kurz, wenn wir in der Art, wie wir heute, wo wir den Menschen vor uns haben, etwas verstehen können vom Kosmos, wenn wir in der Art verstehen wollen diese höheren Reiche, dann müssen wir auf weitvergangene Zeiten zurückblicken. Wir können also auch sagen: Wollen wir das Wesen des Menschen als Geist verstehen, dann blicken wir hinauf zu der heutigen Entwickelungsstufe von Wesenheiten, die in weit zurückliegenden Zeiten auf ihre besondere Art durchgemacht haben, was heute der Mensch während des Erdendaseins durchmacht. Wir müssen also auf die Vergangenheit höherer Wesenheiten blicken, wenn wir die geistige Entfaltung des Menschen ins Auge fassen.

Wir haben auch die seelische Entfaltung vor unser geistiges Auge hingestellt und wir haben gefunden, daß diese seelische Entwickelung nach Denken, Fühlen, Wollen gewissermaßen in den Zwischenräumen zwischen Ich, astralischem Leib, Ätherleib und physischem Leib sich abspielt.

Nun ist ja gar kein Zweifel: Das, was des Menschen Seelenleben ausmacht, ist Gegenwart. Wir entwickeln unsere Seele heran an demjenigen, was wir aus den Tiefen unseres Wesens herausholen, was sich da zwischen den vier Gliedern der Menschheit für das Denken, Fühlen und Wollen entwickelt. Wir nehmen äußere Eindrücke auf, verarbeiten sie, nehmen vielfach selber teil an dieser Verarbeitung in der unmittelbaren Gegenwart. Kurz, wir können sagen: Wenn wir das seelische Leben des Menschen ins Auge fassen, so müssen wir das geistig-seelisch-physische Weben in der Gegenwart zu unserem Verständnisse bringen.

Wie ist es nun, wenn wir des Menschen physischen Leib, ätherischen Leib – Bildekräfteleib, astralischen Leib und sein Ich nun selbst ins Auge fassen? Diesen physischen Leib, ihn trägt der Mensch von der Geburt oder vom Embryonalleben an bis zum Tode an sich. Indem er ihn im Tode abstößt, kann dieser physische Leib seine Form nicht bewahren. Er hat nur die Möglichkeit, seine Form, seine Gestaltung, sein ganzes Wesen zu bewahren, wenn des Menschen Seele und Geist ihn durchdringen. Die Kräfte, die außen in der irdisch-physischen Natur wirken, sie zerstören ihn, die einen schneller, die anderen langsamer, aber sie zerstören ihn. Dieser physische Leib zerfällt, weil er innerhalb der Kräfte, die die Erde zusammensetzen im mineralischen, tierischen, pflanzlichen Reich, nicht bestehen kann. Dieser physische Leib, er ist also eigentlich nur da vermöge der besonderen Gestaltung, die aus den höheren Reichen, aus den geistigen Reichen heraus der menschliche Geist ihm gibt. Er ist nur da vermöge der Prozesse, die die menschliche Seele im Denken, Fühlen, Wollen mit ihm vornimmt. Dieser physische Leib hat keine Existenzmöglichkeit, wenn er sich in dem physischen Erdendasein allein befindet. Bevor der Mensch in das Embryonalleben kommt, nachdem er durch den Tod gegangen ist, hat alles das, was an Kräften in diesen physischen Leib hereinwirkt, innerhalb der Erde kein Heimatrecht. Nur während des menschlichen physischen Erdenlebens bildet sich die Gestalt dieses physischen Leibes, spielen sich die entsprechenden Prozesse in diesem physischen Leibe ab, wächst dieser physische Leib, verwelkt und so weiter. Er gehört dem Menschen an, nicht aber der Erde. Das ergibt eine ganz gewöhnliche Überlegung.

In dem Augenblicke nun, wo wir mit der Geisteswissenschaft an diese physische Welt herankommen, finden wir zwar, daß das richtig ist, daß der physische Leib in der Erde keinen Bestand hat; aber was ihn zusammenfügt, das hat ja im bewußten Leben des Menschen auch nicht eigentlich Bestand. Es bleibt ja völlig unterbewußt. Es ist aber doch ein innerlich Bildhaftes, und wir können es erfassen, wenn wir das imaginative Bewußtsein entwickeln. Dann entwickeln wir gewissermaßen das innerlich Bildhafte dieses physischen Leibes. Und was wir da als innerlich Bildhaftes schauen, das sind die widerstrebenden Kräfte, denen die Stoffe des physischen Leibes mit ihren Kräften nicht gewachsen sind.

Dieses innerlich Bildhafte, das verfällt nicht den Erdenprozessen. Dieses innerlich Bildhafte kann wenigstens bestehen und auch, wenn die Erde einmal nicht mehr da sein wird, hinausgetragen werden zu kommenden Entwickelungsstufen der Erde. Dann wird sich aus diesem physischen Menschenleib etwas bilden, was wir ein Naturreich der Zukunft nennen können, das jetzt eben noch gar nicht da ist – ein Naturreich der Zukunft. Aus dem, was heute erst Bild ist, wird ein Naturreich der Zukunft entstehen, ein Reich, das seinem Wesen nach in einer gewissen Beziehung mitten drinnenstehen wird zwischen unserem heutigen Mineralreich, das wie tot auf der Erde daliegt, und dem Pflanzenreich, das sich in dieses tote Mineralreich hineinsenkt, es belebt, Leben entwickelnd.

Denken Sie sich einmal die mineralische Welt, in welche die Pflanzenwelt eingesenkt ist, teilnehmend an dem Leben, nicht bloß als tote Erde daliegend und die Stoffe durch die Wurzeln und durch die Luft der Pflanze beibringend, sondern denken Sie sich das, in was da die Pflanze eingesenkt ist, selber lebend: eine ganze lebende Erde, die nicht das tote Mineralreich hat und eine pflanzliche Welt, die nun nicht bloß Leben hineinsenken kann in dieses Mineralreich, sondern die im lebenden Mineralreich selber drinnen lebt, ein lebendes Mineralreich, eine künftige Verwandlungsstufe unserer Erde – in meiner «Geheimwissenschaft» nenne ich sie die Jupiterstufe –, ein künftiges, lebendes Mineralreich, aber dieses Mineralreich so lebend, daß es sich zur Pflanze formt, daß gewissermaßen das, was jetzt bloß stofflich als chemische Prozesse in das Pflanzenreich untertaucht, daß das selber lebendige chemische Prozesse sein werden, so daß das pflanzliche Leben und die mineralische Gestaltung eines ist. Das ist es, was als späteres, ich möchte sagen, Pflanzenreich im menschlichen physischen Leib von heute seinen Keim hat. Der menschliche physische Leib von heute ist der Keim eines zukünftigen Reiches, eines zukünftigen Naturreiches.

Und betrachten wir den heutigen Ätherleib des Menschen. Er bleibt unbewußt während des Lebens zwischen Geburt und Tod; aber er ist tätig. Er ist ja im Grunde genommen das, was uns einpflanzt das eigentliche Leben. Er ist das uns Belebende. Er ist das, was die Kräfte des Wachstums, auch der Ernährung enthält. Er bleibt im Unterbewußten. Seine wahre Gestalt können wir ja gar nicht wahrnehmen. Aber diese wahre Gestalt, wir nehmen sie wahr für kurze Zeit, nachdem wir durch des Todes Pforte gegangen sind. Da schauen wir zurück auf eine Bilderwelt, die also eine Welt webender Gedanken ist. Diese Bilderwelt ist die wahre Gestalt des ätherischen Leibes. Während wir beim physischen Leib durch das imaginative Bewußtsein Bilder wahrnehmen, welche uns verbürgen, daß im physischen Leibe der Keim liegt für ein späteres Pflanzen-Mineralreich, bietet uns im rein natürlichen Verlauf der Entwickelung der ätherische Leib des Menschen nach dem Tode selber diese Bilder dar. Diese Bilder haben aber im gegenwärtigen Erdendasein wiederum keinen Bestand. Was in uns die Kräfte des Wachstums, die Kräfte der Ernährung sind, das also, was unser ätherisches, unser vitales Dasein bewirkt, das hat keinen Bestand innerhalb des Irdischen. Wenige Tage, nachdem wir durch des Todes Pforte gegangen sind, lösen sich diese Bilder auf; und wir treten ein in eine zukünftige Lebensentwickelung, innerhalb welcher wir diese Bilder als solche, als Bild-Ätherleib, als Bildekräfteleib nicht haben. Sie lösen sich auf im ätherischen Kosmos, wie sich der physische Leib in den Kräften des Erdendaseins auflöst. Wieder aber zeigt dieses Bilddasein des ätherischen Leibes durch seine eigene Wesenheit, daß wir in ihm etwas haben, was keimhaft ist, was zwar jetzt verschwindet wie der Keim der Pflanze, den wir in die Erde senken, aber der dann als Pflanze, als gestaltete Pflanze aufgeht. So nimmt der Kosmos, gleichsam unseren Ätherleib auflösend bis ins Unendliche, unseren Ätherleib auf. Aber alles das, was so im Kosmos aus menschlichen Ätherleibern gewoben wird, wird in ihm zu Kräften eines zukünftigen Jupiter-Naturreiches, eines Pflanzen-Tierreiches, eines Tier-Pflanzenreiches. Und die Beobachtungen bieten uns eine Gewähr, daß der menschliche ätherische Leib der Keim dieses zukünftigen Reiches ist, eines Reiches, das zwischen der Pflanzen- und der Tierwelt mitten drinnensteht.

Wir denken uns die heutige Pflanzenwelt, welche nur Leben entwickelt, die keine Empfindungen entwickelt. Wir denken uns aber, daß in einer Substantialität, die der heutigen Pflanzenwelt ähnlich ist, aber durchsetzt mit Empfindungsfähigkeit, sich ein Tier-Pflanzenreich, ein Pflanzen-Tierreich entwickelt, welches gewissermaßen die zukünftige Erde oder den Jupiterplaneten umweben wird. Die Empfindung wird nicht so sein, wie die Empfindung der heutigen Tiere, die sich auf die Wahrnehmungen des Irdischen beschränken, die Empfindung wird sein eine kosmische Empfindung, ein Wahrnehmen der den Jupiter umgebenden Vorgänge.

Wir haben also hier in dem ätherischen Leibe den Keim für ein zukünftiges Reich, für ein Tier-Pflanzenreich. Gewissermaßen wird abschmelzen – und das wird ja den Untergang des Irdischen bilden – das, was heute draußen ausgebreitet ist als mineralisches Reich. Dagegen wird aus demjenigen, was scheinbar sich ganz auflöst in den irdischen Kräften, aus den menschlichen physischen Leibern, als Keim ein künftiger Weltenplanet mit seinem untersten Reiche, mit einem Mineral-Pflanzenreiche entstehen. Aus demjenigen, was sich nach dem Tode wie zerstreut, wird sich konsolidieren ein zweites Reich dieses künftigen Weltenplaneten, ein Tier-Pflanzenreich, das ihn umweben wird wie eine Art lebendiger Ätherizität.

Und der menschliche astralische Leib: Wir wissen, daß der Mensch ja durchmacht durch längere Zeit, wenn er durch die Pforte des Todes getreten ist, das, was ich beschrieben habe in meinem Buche «Theosophie» als den Gang durch die Seelenwelt. Ich habe dort beschrieben, wie die Umwandlungen des menschlichen Erlebens in dieser Seelenwelt nach dem Tode sich abspielen, wie der Mensch durch gewisse Zustände durchgeht, die ich Begierdenglut, fließenden Reiz und so weiter genannt habe. Aber all das, was da von dem Menschen durchgemacht wird, wenn es auch längere Zeit währt, es ist auch etwas, was man als sich auflösend empfinden kann, was man sogar als verschwindend empfinden kann. Lesen Sie nur die letzten Seiten dieser Beschreibung, die da handelt von des Menschen Durchgang durch die Seelenwelt nach dem Tode, und Sie werden aus der Art und Weise, wie dort geschildert ist, dieses Gefühl bekommen, wie, ich möchte sagen, hinschwindet in die Welt, was da der Mensch als astralischen Leib in sich getragen hat, wie es gewissermaßen so hinschwindet, wie wenn finstere Wolken in einem allgemeinen Lichtmeere von diesem Lichtmeere aufgezehrt würden. Ich habe ganz absichtlich dort in meiner «Theosophie» die Schilderung stilistisch so gestaltet, daß man etwas fühlen und empfinden kann von diesem Sich-Auflösen, wie wenn Finsternis in dem Lichte sich auflösen würde, wie wenn das Tote vom Leben verzehrt würde. Fühlen Sie an der Schilderung des Endes dieses Durchganges durch die menschliche Seelenwelt nach dem Tode, wie das ist, dann werden Sie sagen: Wenn so geschildert wird dieser Durchgang durch die Seelenwelt, dann haben wir ja auch etwas geschildert in ähnlicher Weise, wie der Imagination die Bilder des physischen Leibes vor dem geistigen Auge stehen, wie dem Menschen gleich nach dem Tode der ätherische Leib vor dem Seelenauge steht.

Wir haben in dieser Schilderung, die in meinem Buche «Theosophie» gegeben wird, wenn wir sie recht lebendig machen, geradezu etwas, was seiner Wesenheit nach wiederum sich als Keim für Zukünftiges entpuppt. Aber es löst sich vom Menschen los, wie sich die anderen Glieder der menschlichen Natur von ihm loslösen. Der physische Leib löst sich los, wird Keim für ein Pflanzen-Mineralreich. Der ätherische Leib löst sich los, wird Keim für ein Tier-Pflanzenreich. Der menschliche astralische Leib wird gewissermaßen aufgesogen von der allgemeinen Weltumgebung, und er wird Keim für ein Menschen-Tierreich, für ein Reich, welches das höhere Tierische, das heute da ist, um eine Stufe hinaufgehoben hat, wie wenn sich die Tiere nicht bloß in Empfindungen bewegten, wie sie sich heute bewegen, sondern in Gedanken bewegten, und auch, obwohl auf eine mehr automatische Art als das beim heutigen Menschen der Fall ist, aber doch in einer gewissen Weise vernünftige Handlungen ausführend: ein Menschen-Tierreich, das wir uns so vorzustellen haben, daß vernünftige, von innen heraus tätig erfüllte Handlungen vollbracht werden, die aber doch wiederum nicht so verlaufen wie beim Menschen heute, wo die vernünftige Handlung aus dem Zentrum seines Ich-Wesens heraus kommt. Das werden sie nicht; sie werden schon mehr einen, ich möchte sagen, eben wiederum automatenhaften Charakter haben; aber sie werden nicht so sein wie die Handlungen des heutigen Tierreiches, bloß aus Instinkten hervorgehend. Sie werden gewissermaßen vom Tiere ausgeführte Handlungen einer großen Jupitervernunft sein, und das einzelne Tier wird hineingestellt sein in diese Jupitervernunft.

Nun bleibt uns dann noch das menschliche Reich als solches. Verfolgen Sie wiederum in meiner «Theosophie», wie da dieses menschliche Reich, das nach Abstreifen des astralischen Leibes in die Geisterwelt aufsteigt, wie das in der Geisterwelt innere Erlebnisse hat, die aber dort durchaus so beschrieben werden können, daß die Beschreibungen Bilder einer geistigen Außenwelt sind. Ich habe, um das zu erreichen, geschildert, wie dort in dem Geisterlande durchaus etwas durchlebt wird wie ein Kontinentalgebiet des Geisterlandes, etwas wie ein Meeresgebiet, etwas wie ein Luftgebiet. In alldem, was da von mir geschildert worden ist in diesem Geisterland, haben Sie etwas, was Bilder sind von einer Welt, die heute für das Irdische nicht da ist. Die heutige irdische Umgebung ist anders. Aber dennoch, will man die Dinge wirklich so schildern, wie sie der Wahrheit gemäß geschildert werden sollen, dann muß man dies tun, indem man an die großen Zusammenfassungen des Erdenplaneten sich anlehnt: indem man, was sich hier als kontinentale Gebiete zusammenschließt, auch in diesem seinem Zusammenschlusse anwendet auf das, was man da im Geisterland findet; ebenso indem man das Meeresgebiet zusammenfaßt. Was dort als Kontinentalland, als Meeresgebiet, als Luftgebiet, als Wärmegebiet geschildert ist, es ist so geschildert, daß es zu gleicher Zeit durchsetzt ist von demjenigen, was der Mensch als Moralisches durch die Pforte des Todes trägt. Es ist so geschildert, daß die moralisch-geistige Welt dort unmittelbar in sich auch das äußerlich Substantielle hat, daß das Moralische da ein Schattenriß ist, aber es noch nicht bringt bis zum Schaffen eines Himmelskörpers, eines Planeten. Aber das, was da des Menschen Ich durchlebt, es ist der Keim dieser Verteilungskategorien, dieser Zusammenhänge im großen für den künftigen Jupiterplaneten.

Wir haben also in dem menschlichen Ich von heute den Keim für das, was dann die große Verteilung sein wird, das Zusammenleben in Gebieten, die dann anders aussehen werden, aber die in ähnlicher Weise behandelt werden können wie heute die Kontinentalgebiete, Meeresgebiete und so weiter. Wir haben da etwas, was wir aber nun, um es zu charakterisieren, um dafür eine Idee, einen Begriff zu bekommen, auch in anderer Weise wiederum zusammenfassen müssen.

Wir müssen etwa so sagen: In diesem Weben im Geisterland, das ich in dem Buche «Theosophie» beschrieben habe, da sieht man ja sofort: man hat es nicht mit dem einzelnen Menschen zu tun. Es gliedern sich gleich, wie Sie sehen, schon in dem zweiten Gebiete, in dem Meeresgebiete, die Menschen wie zu Menschenzusammenhängen, Menschengruppen zusammen: etwas Übermenschliches entsteht. Das Ich wird höher hinaufgehoben. Das Ich vereint sich mit anderen Ichen in Menschengruppen. Lesen Sie das doch nach in der Beschreibung des Geisterlandes: es ist etwas, was man nur beschreiben kann als ein Reich, das über dem Menschenreiche steht. Und in ein solches Reich wird der Mensch dann während des Jupiterdaseins eintreten. Es kann nicht dadurch beschrieben werden, daß ich etwa sage: ein «Engel-Menschenreich»; das würde die Sache nicht genau treffen, weil, wenn ich Angeloi charakterisiere, so ist das ein Begriff für die Gegenwart, der dadurch charakterisiert ist, daß die Angeloi während der Mondenzeit Menschen waren. Wenn ich also das, was sich da entwickeln wird während des zukünftigen Erdendaseins oder Jupiterdaseins, charakterisieren will, so müßte ich schon so sprechen, daß ich sage: Es ist der Mensch in eine höhere Sphäre gehoben; es ist der Mensch in seiner äußeren Offenbarung, in seiner leiblichen Offenbarung so geworden, daß er das, was heute tief im Inneren lebt, was heute seelisch nur lebt, nach außen offenbart. Wie er heute, ich möchte sagen, auf geheimnisvolle Art sein Inneres im Inkarnat, in der Fleischfarbe offenbart, so wird er in der Zukunft sein Inneres, ob er gut oder böse ist, in seiner äußeren Konfiguration offenbaren. Heute kann man nur andeutungsweise der Menschengestalt entnehmen, ob irgend jemand ein Pedant ist, oder ein bissiger Mensch, oder ein grausamer Mensch, oder ein gefräßiger Mensch. Gewisse moralische Qualitäten, sie drücken sich heute auf leise Weise ab in der Physiognomie oder im Gange oder in sonstiger äußerer Gestaltung, aber immer so, daß sie auch geleugnet werden können, daß man sozusagen sich darauf berufen kann, man könne nichts dafür, daß man die gerade just auf Gefräßigkeit hindeutenden Lippen oder ein auf Gefräßigkeit deutendes Unterantlitz erhalten hat. Aber wie man heute sozusagen sich herausreden kann in bezug auf dieses äußere Auftreten des Seelischen, so wird das in der Zukunft ganz und gar nicht möglich sein. Menschen, die festhalten am Materiellen, werden das dann deutlich ausdrücken in ihrer Gestalt: sie werden ahrimanische Formen annehmen. Man wird in dieser Zukunft deutlich unterscheiden zwischen ahrimanischen Gestalten und luziferischen Gestalten. Für diese luziferischen Gestalten haben ja eine gute Anlage eine große Anzahl von Mitgliedern verschiedener theosophischer Gesellschaften, die immer schwärmen in höheren Regionen. Es werden auch Gestalten da sein, die den Ausgleich bilden. Die schwärmerischen Mystiker, sie werden die luziferischen Gestaltungen annehmen. Das aber, was angestrebt werden soll durch das Innewohnen des Christus, ist der Ausgleich. Kurz, als Entfaltung dessen, was heute Ich-Keim ist, werden wir haben das Seelen-Menschenreich.

Keim:	Entfaltung:
menschlicher physischer Leib	Pflanzen-Mineralreich
menschlicher ätherischer Leib	Tier-Pflanzenreich
menschlicher astralischer Leib	Mensch-Tierreich
menschliches Ich	Seelen-Menschenreich

Was wir da in unserem Ich in uns tragen: Ein Mensch, der ganz tragisch gelitten hat an der Verfallszivilisation des 19. Jahrhunderts, *Nietzsche,* er hat gefühlt, daß eigentlich dieses Ich sich entringen muß, um seine Zukunft zu retten, demjenigen, was heute schon im Verfall drinnen ist. Er hat, weil die ganze Idee abstrakt geblieben ist, das abstrakte Wort «Übermensch» gewählt. Aber es ist ein unbestimmter dunkler Drang, auszudrücken, was im Ich nicht bloß fertig ist, sondern was im Ich keimhaft ist und als Keim hinweisen muß auf künftige kosmische Gestaltungen.

Nietzsche hat das ja wiederholt schön ausgedrückt, indem er sagte: Der Mensch ist im Grunde genommen etwas, was aus dem Wurm geworden ist. Aber wie der Mensch aus dem Wurm geworden ist, so wird der Übermensch aus dem Menschen werden. – Er stellt sich dadurch mit einem dunklen Gefühl hinein in etwas, was zur Klarheit zu bringen eigentlich unsere Zeit als Aufgabe hat, wenn sie nicht im Finstern einer Verfallskultur und Verfallszivilisation herumtappen will.

Es ist durchaus begreiflich, daß Nietzsche, der nur tragisch gelitten hat an unserer rein intellektualistischen Kultur, diesen intellektualistischen Begriff des Übermenschen, der eigentlich im Grunde genommen keinen Inhalt hat, aus dem, was man eben haben konnte in der intellektualistischen Kultur, herausdestilliert hat. Nietzsche ist ja auch nicht zu einem wirklichen Begreifen des Christus gekommen. Und es hat sich ihm das Eigentümliche ergeben, daß er aus diesem Drange des Ich-Keimes heraus, und wiederum aus der Notwendigkeit, stehenzubleiben innerhalb der intellektualistischen Kultur, nun nicht zu einem Anbeter des Christus, sondern zu einem Anbeter des Antichrist, geradezu zu einem Verehrer und Glorifizierer des Antichrist geworden ist. Das Antichristentum ist in Nietzsche genial zutage getreten. Aber dieses Antichristentum würde, wenn es das bleiben sollte, was es ist, nichts anderes vollziehen können, als den Menschen dazu zu veranlassen, zu träumen von einem abstrakten Übermenschen, aber sich zu gleicher Zeit die Gewißheit einzupflanzen, daß dieser abstrakte Übermensch mit dem Erdendasein stirbt. Nietzsche wollte noch krampfhaft festhalten an der Entwickelungsidee. Aber auch dieses krampfhafte Festhalten half ihm nichts. Er kam aus den Abstraktionen des Intellektualismus nur zu einer «Wiederholung des Gleichen», so daß sich später nicht höhere Stufen ergeben würden, sondern immer nur die Wiederholung des Gleichen, die aber auch, wie gesagt, krampfhaft nur da ist, um die Entwickelungsidee festzuhalten.

So haben wir also des Menschen Geistiges, des Menschen Seelisches, des Menschen Leibliches betrachtet. Wenn wir des Menschen Geistiges betrachten, so erscheint es uns heute eben als der dem Menschen maßgebende Geist. Und insofern wir als Menschengeist diesen Geist betrachten, erscheint er uns nicht sehr differenziert. Er trägt in sich gewisse, ich möchte sagen, Färbungen, aber er erscheint uns als ein Einheitliches. Betrachten wir diesen Menschengeist in seinem Weltenzusammenhange, dann brauchen wir dazu Geisteswissenschaft. Wenn wir nicht zur Geisteswissenschaft kommen, dann strahlt man einfach diesen indifferenzierten, einheitlichen, unbestimmten Menschengeist in die Welt hinaus und es entsteht der verwaschene Pantheismus. Wenn man aber mit Geisteswissenschaft diesen Menschengeist erkennen lernen will, dann dringt man ein in die Welt der im gegenseitigen Verhältnisse und im Verhältnisse zum Menschen stehenden höheren geistigen Reiche. Was wir in unserem Geist haben, es wird erst konkret eingesenkt in eine Welt, wenn wir es konkret eingesenkt finden in die Welt der höheren Hierarchien. Was wir fluktuierend als unser Seelenleben, differenziert in Denken, Fühlen und Wollen haben, wir können es erst erkennen lernen, wenn wir es gewissermaßen in den Zwischenstufen zwischen den Leibesgliedern des Menschen suchen: wie da das Denken webt zwischen dem physischen Leib und dem ätherischen Leib, gewissermaßen den Verkehr dieser beiden Leiber vermittelnd, wie da das Fühlen webt zwischen dem ätherischen und dem astralischen Leib, das Durcheinanderatmen von ätherischem Leib und astralischem Leib vermittelnd. Und wenn wir das Wollensleben kennenlernen wollen, dann müssen wir das Ineinanderkraften von Ich und astralischem Leib beobachten und gewissermaßen in dem Wechselspiel, das sich zwischen beiden entwickelt, das Willensleben studieren. Dann haben wir des Menschen Gegenwart, sein seelisches Leben.

Und wenn wir nun hinuntersteigen zu des Menschen Leiblichkeit, dann erscheint uns zunächst dieses Leibliche so, als ob es eigentlich für das Nichts bestimmt wäre. Der physische Leib, der für den Menschen diese große Bedeutung hat, während er auf der Erde lebt, er scheint gegenüber den einzelnen Gesetzmäßigkeiten ein Nichts zu sein, denn er löst sich in ihnen auf. Sie zerstören ihn. Der ätherische Leib, er wird noch, ich möchte sagen, erhalten kurze Zeit nach dem Tode, aber er verbreitet sich im Kosmos. Er entschwindet dem Menschen. Er hebt sich hinweg. Er scheint wiederum für den Kosmos nichts zu sein in der Gegenwart der Erde. Der astralische Leib, er wird dem Menschen am Ende seiner Seelenwanderung nach dem Tode wie resorbiert von dem seelisch-geistigen Dasein, wiederum wie ein Nichts. Das Ich, es ist von der Erde gegeben, es scheint der Erde anzugehören. Wir bekommen aus dem Ich heraus zunächst nicht eine Idee, was es sein soll für die Zukunft. Betrachten wir aber diese Leibesglieder des Menschen im Lichte der Geistesforschung, so finden wir, wie im physischen Leib, im ätherischen Leib, im astralischen Leib, im Ich-Leib eigentlich die Keime liegen für kosmische Welten. Es handelt sich bloß darum, daß wir die Wege finden, das, was wir da in uns tragen als Keime künftiger kosmischer Welten, in der richtigen Weise zu pflegen, so daß die Keime gedeihen können. Denn Keime, das wissen Sie, Keime können auch verfallen, und die Möglichkeit des Verfallens haben, wie andere Keime, auch diese Keime.

Unsere Verbindung mit dem Mysterium von Golgatha gibt uns die Kräfte, die den Christus in uns zum Gärtner machen, der die Keime nicht verfallen läßt, sondern der die Keime hinüberführt in die Zukunftswelt. Wenn abschmilzt das mineralische Reich der Erde, wenn verwest das pflanzliche Reich der Erde, wenn hinstirbt das Reich der Tierklassen, wenn auch die gegenwärtige Menschengestalt nicht mehr möglich ist, weil sie ein Ausfluß der Erde ist, also zur Erde gehört, wenn also alles das wie in Nichts zerfällt, dann sind die Keime da, die der Gärtner hinüberführt in eine zukünftige Gestaltung der Erdenwelt, die ich in meiner «Geheimwissenschaft» die Jupiterwelt genannt habe.

Sehen wir auf die geistigen Reiche über dem Menschen: wir erblicken sie in der Vergangenheit und verstehen sie ihrer Wesenheit nach. Wir wissen aber, daß sie in ihrer gegenwärtigen Arbeit zustande bringen, was in unserem Geiste webt und lebt. Sehen wir auf des Menschen Seelenwelt, dann finden wir die Gegenwart, finden diese Seelenwelt innig mit der Gegenwart verbunden. Sehen wir aber auf des Menschen leibliche Welt, dann tragen wir in dieser leiblichen Welt die Keime für die Zukunft in uns.

Es enthüllen sich uns die Leiber nach ihrer geistigen Art. Wenn wir sie außen anschauen, sind sie die Leiber. Wenn wir auf ihre innerliche Wesenheit eingehen, sind sie Kraft und Geist – aber Kraft und Geist, der in die Zukunft hineinwächst. Man kann in einem Symbolum Vergangenheit, Gegenwart und Zukunft in bezug auf den Menschen etwa so zusammenstellen, daß man sagt: Die Vergangenheit (siehe Zeichnung, blau) kommt herüber, kreist sich ein in unsere gegenwärtige Geistigkeit. Aus unserer Geistigkeit strahlt aus unser Seelisches (hell) in Denken, Fühlen, Wollen. Und das Denken sondert gewissermaßen nach der einen Seite den physischen Leib aus, nach der anderen Seite den ätherischen Leib; das Fühlen sondert nach der einen Seite den ätherischen, nach der anderen Seite den astralischen Leib aus; das Wollen nach der einen Seite den astralischen Leib, nach der anderen Seite das Ich. Und wir können sagen: das alles entwickelt sich keimmäßig in die Zukunft hinein, um neue Reiche zu bilden (rot).

So können wir aber auch die verschiedenen Hierarchien, die Anteil nehmen an uns, ja auch bezeichnen als sich gewissermaßen hier spiralisch zusammenschließend, und wir haben im Bilde, schematisch, den Menschenwirbel, der da, wo er sich in der Mitte zusammenschließt, die gegenwärtigen Erlebnisse des Menschen im Seelischen bildet.

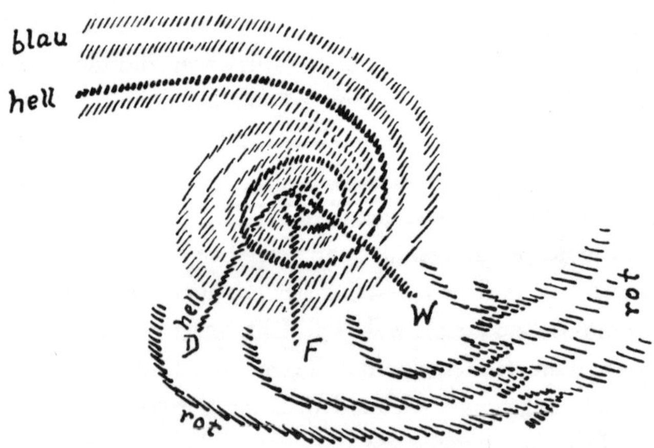

Es ist durchaus so, daß Menschenerkenntnis Welterkenntnis ist. Denn auch von diesem Gesichtspunkte, den wir heute wiederum eingenommen haben, enthüllt sich uns das. Wir haben eine Welt in der Vergangenheit. Wir haben ihre Wirkung heute im menschlichen Geiste.

Welterkenntnis muß Menschenerkenntnis werden, wenn wir den menschlichen Geist aus der Welt begreifen wollen. Menschenerkenntnis wird Welterkenntnis, indem wir des Menschen Leiber studieren, wenn wir die Wesen dieser Leiber in ihrer Keimnatur ins Auge fassen und hinschauen darauf, wie das, was des Menschen Hüllen sind, heute schon, seinem Wesen nach, zwei Welten in sich schließt. Vergangene Welten werden erkannt im gegenwärtigen Menschen. Erkenntnis des gegenwärtigen Menschen, dem Geiste nach, heißt: Welterkenntnis der Vergangenheit. Erkenntnis des gegenwärtigen Menschen, dem Leibe nach, heißt: Welterkenntnis der Zukunft.

Ja, wahrhaftig, nach den allerverschiedensten Gesichtspunkten hin ist Welterkenntnis Menschenerkenntnis. Willst du die Welt erkennen, schau in dich selber. Willst du den Menschen erkennen, schau in die Welt. Willst du den Menschen als Geist erkennen, schau in die Herrlichkeiten der vergangenen Welt. Willst du die Herrlichkeiten der zukünftigen Welten erkennen, schau in die keimhafte Natur der menschlichen leiblichen Gegenwart. Es ist Menschenerkenntnis Welterkenntnis und Welterkenntnis Menschenerkenntnis.

Davon dann das nächste Mal weiter.

NEUNTER VORTRAG

Dornach, 14. Oktober 1921

In den letzten Betrachtungen habe ich gezeigt, wie der Mensch ein Verhältnis zur Welt dadurch finden kann, daß er dieses Verhältnis sucht zum Geistigen, zum Seelischen und zum Leiblichen. Und ich habe Ihnen gezeigt, daß wenn wir im Ernste das geistige Wesen des Menschen zu unserem Bewußtsein bringen wollen, wir das nicht anders können als dadurch, daß wir den Blick hinaufwenden in die geistigen Welten. Denn tatsächlich spielen in unserem Menschengeiste die Taten und die gegenseitigen Beziehungen derjenigen Hierarchien, die immer von uns zusammengefaßt worden sind als Hierarchie der Angeloi, Archangeloi und Archai und so weiter. Und die Taten und Beziehungen dieser Wesenheiten sich zum Bewußtsein zu bringen, heißt zugleich des Menschen eigene Geistigkeit sich zum Bewußtsein bringen.

Von dem Seelischen konnte ich Ihnen ausführen, wie das Denken sich abspielt zwischen dem ätherischen Leibe des Menschen und dem physischen Leib, wie das Fühlen sich abspielt zwischen dem ätherischen Leibe des Menschen und seinem astralischen Leibe, wie das Wollen sich abspielt zwischen dem astralischen Leib und dem Ich des Menschen. Und dann zeigte ich Ihnen, wie das, was der Mensch heute seine Leiber nennen kann, nunmehr aufgefaßt werden muß, wenn man es in seiner wahren Gestalt sich zum Bewußtsein bringen will, als Keim für zukünftige Welten. So daß tatsächlich dasjenige, was im Weltensein der Zukunft sich gestalten wird, die Keime hat in den Menschenleibern, die wir an uns tragen: in unserem physischen Leib, den wir hier auf der Erde ablegen – aber indem er im Erdenbereich aufgelöst wird, wird er Keim für dasjenige, was die Erde wird, nachdem sie als Erde verschwunden sein wird. Unseren Ätherleib lernen wir kennen – kurze Zeit, nachdem wir durch die Pforte des Todes gegangen sind, löst er sich scheinbar im weiten Weltenall auf; aber er wird Keim für dasjenige, was die Erde werden soll in Zukunft. Und so ist es auch mit unserem astralischen Leib und mit dem, was unsere Ich-Hülle ist. Diese Ich-Hülle aber, so wie wir sie hier auf Erden haben als Menschen, haben wir in unser Wesen erst während dieses Erdendaseins eingegliedert bekommen.

Nun leben wir heute, das heißt, wir leben schon durch lange Zeiten hindurch im intellektualistischen Zeitalter. Die Menschen begreifen, was in der Welt um sie herum ist, so wie man es eben heute begreift, durch den Intellekt, durch das verstandesmäßige Erkennen. Alles, was heute an den Menschen als Bildung, als Zivilisation herantritt, ist eingestellt auf diese äußere Erkenntnis. Und auch dann, wenn wir fühlen, so bleibt ja das Gefühl dumpf und traumhaft. Was auch im Fühlen dem Menschen klar wird, ist eben das, was die Welt heute aus ihrer autoritativen Wissenschaft heraus als eine äußere Erkenntnis liefert. So daß der Mensch heute von der Zeit an, da er der Schule übergeben wird, innerhalb unserer gewöhnlichen Zivilisation nur dasjenige als inneres Seelenleben erhält, was verstandesmäßige Beherrschung der Umwelt ist. Wie weit aber wirkt das, was verstandesmäßige Beherrschung der Umwelt ist? Ich könnte auch so sagen: Wie tief kommt das, was verstandesmäßige Beherrschung der Umwelt ist, in unser Seelenleben hinein?

Nehmen wir einen Menschen, der heute mit sechs Jahren der Schule übergeben wird, jenen Schulen, in denen an die Menschen nur nach äußeren Methoden eine Beziehung zur äußeren Welt herangebracht wird. Nehmen wir an, dieser Mensch werde durch unsere höheren Schulen durchgeführt. Er kann dann sogar weiter irgend etwas lernen, kann die höheren Bildungsstufen durchmachen und all das in sich aufnehmen, wodurch man heute ein Führer der Menschheit auf irgendeinem Gebiete wird in geistiger Beziehung. Was nimmt denn ein solcher Mensch, der im Sinne der Bildung unserer heutigen Zeit sein Seelenleben gestaltet bekommt, was nimmt denn der eigentlich in diese seine Seele auf? Er nimmt nur das auf, was bis in sein Ich geht. Er nimmt nicht mehr auf als das, was bis in sein Ich geht. Er bekommt es dann zurückgestrahlt von denjenigen Gliedern seiner Menschenwesenheit, in die das Ich zwar eingesenkt ist, die aber nicht zur eigentlichen selbstbewußten Betätigung aufgerufen werden. Er nimmt von diesen wie Zurückstrahlungen auf seine Gedanken, seine Erinnerungsbilder, seine Gefühle, das, was er weiß über seine Willensimpulse. Alles übrige, was er erlebt, ist abgeschwächt, abgelähmt. Sein Seelenleben verläuft lediglich im Ich. Und alles das, was ihm vermittelt wird, wird ihm nur soweit vermittelt, daß es in sein Ich hineinkommt.

Wie ist es nun, wenn an einen Menschen herantritt, was wir anthroposophische Geisteswissenschaft nennen? Wenn an einen Menschen herantritt, was wir anthroposophische Geisteswissenschaft nennen, dann sollte er eigentlich so etwas fühlen lernen, was ähnlich ausgesprochen werden kann wie: «... das Ich zu erkennen als ein Gebilde, das mit einer Gewalt, gegen die die Schwerkraft der Hauch einer Schneeflocke war, zu einem Zustande strebte, in dem nichts mehr von dem, was die moderne Kultur als Geistesgabe bezeichnete, eine Rolle spielte ...» Der Mensch sollte nämlich, indem er an anthroposophische Geisteswissenschaft herantritt, wirklich dazu kommen, sich zu sagen: An dich wird mit dieser anthroposophischen Geisteswissenschaft ein ganz besonderer Anspruch gemacht. Du kannst Dinge verstehen, die du als Ideen in deine Seele aufnimmst, von denen die anderen, die nur in der heutigen Bildung leben, sagen, sie seien phantastisch oder verrückt, denen also diejenigen, die in der heutigen Bildung leben, mit ihrer Ich-Kultur nicht beikommen. Sie kommen nicht an sie heran mit ihrer Ich-Kultur. Das Erden-Ich kann das nicht begreifen, was da aus Anthroposophie heraus als ein Begriff an den anderen gereiht wird, was da erzählt wird über Saturn-, Sonnen-, Mondenentwickelung, über die geistige, seelische, leibliche Wesenheit des Menschen. Man denke nur, wenn man einen heutigen richtigen Philosophen, der nicht bis zu diesem Grade verrückt oder «gescheit« geworden ist, daß er «den Darwin für eine Hebamme und den Affen für Kunstgewerbe anschaut», wenn man einem heutigen richtigen Philosophen zumutet, er solle verstehen, daß der Geist des Menschen, über den er so viel redet – aber er redet nur Worte, der Philosoph von heute –, nur begriffen werden kann im Zusammenhange mit den höheren Hierarchien; daß die Seele des Menschen nur begriffen werden kann nach Denken, Fühlen, Wollen, wenn man zwischen die Glieder physischen Leib, Ätherleib, astralischen Leib und Ich hineinschaut! Und nun sollte man gar einem solchen Philosophen zumuten, daß er in den Leibeshüllen des Menschen, die er ja schon als phantastisch ansieht, Keime für Weltenzukünfte sehe! Dazu kann man natürlich mit dem, was das heutige Ich überschaut, nicht kommen. Ist man nun doch in der Lage, irgend etwas vom seelischen Leben mit diesen grotesken Ideen verbinden, verknüpfen zu können – man braucht dazu gar nicht selbst Hellseher zu sein, sondern braucht nur die Dinge des Hellsehers hinzunehmen als Ideen –, dann tut man dies nun nicht im Ich, sondern im astralischen Leibe. Die Gedankenschatten, die man heute im Ich als Reflexion aus dem astralischen Leibe bekommt, die strengen den astralischen Leib nicht an. Die kann man mit der Ich-Kultur haben. Denn wenn das der astralische Leib ist (siehe Zeichnung, rot) und hier das Ich (grün), dann

ist alles das, was der moderne Mensch erlebt, hier im Ich, und seine Gedanken sind nichts anderes als das, was der astralische Leib als Schattenbilder in das Ich hineinwirft (gelb). Man braucht sich dabei nicht anzustrengen. Man läßt das Ich walten, das man eben durch die Erdenorganisation bekommen hat. Man braucht sich wirklich nicht anzustrengen. Man konstruiert ein Mikroskop, legt darunter ein Präparat, verfolgt ein Präparat, ein zweites Präparat, guckt und stellt die Gedankenschattenbilder zusammen, macht einige Rechnungsoperationen, die ja auch so, wie sie als Schattenoperationen gegeben werden, in sich ablaufen. Man kann sich dabei in bezug auf sein inneres Miterleben der Welt ganz passiv verhalten. Man bildet dann diese Passivität weiter aus, indem man sich – aber jetzt nicht im Goetheschen Sinne – vom inneren Arbeiten auf das Schauen verlegt. Man geht nicht mehr gern zu Vortragsbetrachtungen, in denen man mitdenken muß, sondern lieber zu Vortragsbetrachtungen, in denen viel Experimente gemacht werden, und zwischen den Experimenten, in dem unangenehmen Geräusch, durch das die Experimente erklärt werden, schläft man dann ein. Oder aber man geht gar ins Kino. Da braucht man schon gar nicht irgendwie aktiv zu sein.

Das ist eben die Ich-Kultur. Sie wird immer weiter und weiter kommen. Aber da tritt anthroposophische Geisteswissenschaft auf: Da kann man es nicht so machen. Ein Theologe der Gegenwart hat zwar gesagt, er würde die «Akasha-Chronik» selbst dann nicht lesen, wenn ich sie ihm in einem illustrierten Prachtexemplar spendieren würde. Aber er braucht nicht zu fürchten, daß er die «Akasha-Chronik» in einem illustrierten Prachtexemplar spendiert bekommen würde, denn man muß sie in einer Weise sich aneignen, daß man innerlich bildend mitarbeitet. Wenn man wirklich symbolisierend künstlerisch auch das, was man in der «Akasha-Chronik» findet, einmal fixieren würde – dieser Theologe, der würde auch dann nicht in der Lage sein, mit einem solchen «illustrierten Prachtexemplar» der «Akasha-Chronik» irgend etwas anzufangen, weil er eben auf das «Illustrierte» den Hauptwert legte. – Nun ja.

Bei anthroposophischer Geisteswissenschaft, da muß man innerlich mitarbeiten, sonst hört man natürlich nur Worte, die man ja in beliebiger Weise als Phantasterei ansehen kann. Aber dieses innerliche Mitarbeiten, das muß man lieben lernen. Zu dem muß man sich entschließen. Es ist unbequem; aber man merkt, wenn man sich dazu entschließt, daß es erfrischt, daß es den Menschen seelisch und leiblich frischer macht.

Ich weiß, daß manche Menschen auch manches einwenden gegen dieses Frischerwerden. Aber die möchten gern das, was sie durch ein aktives Mitarbeiten des astralischen Leibes in einem schwer sich weiterringenden Verständnis sich erwerben sollen, sich eben nur durch das passive Denken erwerben, so wie jener Theologe wohl am liebsten haben würde, wenn man ihm die ganze «Geheimwissenschaft im Umriß» im Kino abspielen würde. Denn so ungefähr sind seine Begriffe, die er ja auch sonst in dem Aufsatz gebraucht, wo er von der «illustrierten Prachtausgabe» der «Akasha-Chronik» spricht.

Kurz, durch die anthroposophische Geisteswissenschaft kommt etwas in Regsamkeit, was nun nicht das bloße Ich ist, sondern was der astralische Leib ist. Es gibt allerdings auch solche Leute, die das dann spüren, wenn sie ein anthroposophisches Buch lesen. Da spüren sie so etwas; da quirlt in ihnen etwas. Nun sind sie darauf eingerichtet, sich innerlich nur passiv, als Gedankenschatten, fortzubewegen. Nun fängt da so etwas wie ein aktiver Verstand an zu quirlen. Da kommt es ihnen so vor, wie wenn sie innerlich Läuse hätten, und dann werden sie nervös über dieses innerliche Quirlen, und dann sagen sie: Das ist ungesund. Und dann klagen sie über diese schwierigen Dinge, die den Menschen in anthroposophischer Geisteswissenschaft dargeboten werden. Und insbesondere diejenigen, die dann solche innerlich merkwürdig affizierten Menschen als Bruder, Schwester, Tante, Onkel beobachten können, die machen sich dann die Klage zu eigen, daß Anthroposophie etwas ist, was die Menschen nervös macht.

Aber wie steht es da nun, wenn wir jetzt fragen: Welches Verhältnis ist zwischen der Ich-Kultur, die der Mensch zunächst während der Erdenzeit aufnimmt, und derjenigen Kultur, die angeeignet werden kann durch anthroposophische Geisteswissenschaft? Das kann eine einfache schematische Zeichnung klarmachen. Nehmen wir also an,

wir hätten hier die Erde (siehe Zeichnung, rot). Ihr würden vorangegangen sein Mond, Sonne, Saturn. Wir hätten hier als nächsten Planeten, der sich aus der Erde herausverwandelt, nachdem die Erde ihrem Untergang entgegengegangen ist, den Jupiter (grün). An dem

Jupiter sind nun intensiv beteiligt diejenigen Glieder der menschlichen Wesenheit, die, jetzt als Keim, physischer Leib, Ätherleib, astralischer Leib sind; aber das Ich nur unter einer bestimmten Voraussetzung. Wenn das Ich nämlich nichts aufnimmt, als was es aufnehmen kann durch die Erdenkultur, dann hört dieses Ich-Bewußtsein auch mit der Erde auf, dann ist der Mensch ein Erden-Ich geworden, und er hört auf, ein Erden-Ich zu sein mit der Erde. Er muß in andere Formen sich weiterentwickeln.

Wenn aber der Mensch sich hineinentwickelt hat bis in seinen astralischen Leib, wenn er seinen astralischen Leib in Aktivität gebracht hat, dann strahlt diese Aktivität auch zu seinem Ich zurück. Der Mensch hat dann eine Wesenheit von Ich und astralischem Leib, die innerlich tätig sind. Er fühlt nicht, als ob er – wie ich vorhin gesagt habe – innerlich Läuse hätte, sondern er fühlt, als ob er innerlich von starken, gesunden Lebenskräften durchzogen wäre, von solchen Lebenskräften, die ihn nun verbinden mit dem, was eben schon von seinen Leibeshüllen als Keim hinausgeht in zukünftige Erdenmetamorphosen, um in zukünftigen Erdenmetamorphosen sich weiterzuentwickeln.

Anthroposophische Geisteswissenschaft muß durchaus als etwas Lebendiges betrachtet werden. Sie gibt dem Menschen nicht bloß eine Theorie oder eine theoretische Weltanschauung, sie gibt dem Menschen die Lebenskraft, die ihn über das bloße Erdendasein hinausführen kann.

Insbesondere nun, wenn wir eine solche Erkenntnis, wie wir sie in den letzten drei Vorträgen hier vor unserer Seele sich haben entrollen lassen, ganz ernst nehmen, wenn wir den Menschen hineinstellen nach Geist, Seele und Leib in das ganze Weltenwerden und etwas dabei fühlen an innerem menschlichem Gehalte, reicher werden dadurch, dann gliedern wir diesem Menschen etwas ein, was ihn hinausträgt über das Erdendasein. Denn es könnte durchaus so sein – obwohl es hoffentlich nicht der Fall sein wird –, daß die Menschen, weil sie in der vorhin charakterisierten Weise müde davon werden, abweisen anthroposophische Geisteswissenschaft. Dann würde allerdings die menschliche Hülle sich auch weiterentwickeln, aber sie würde von anderen Wesen als von den Menschen in Anspruch genommen werden, und die Menschen würden hinuntersinken in ein niedrigeres Dasein als das ist, zu dem sie bestimmt sind.

Das ist es schließlich, was ein paar Menschen in der Gegenwart dazu bringt, ängstlich zu werden über des Menschen kosmische Zukunft, was ein paar Menschen dazu bringt, zu ahnen, daß der Mensch durch seine Schuld verlorengehen könnte im Weltenall. Und dazu muß nur noch manches andere kommen, daß die Menschen nicht etwa bloß einsehen: «Darwin war eine Hebamme und der Affe ein Kunstgewerbe», daß sie nicht bloß einsehen, daß man schließlich «unter Führung der Schulmedizin» redet von «Nervenschwäche, Ermüdbarkeit, Psychasthenie» und so weiter, daß sie nicht bloß dazu kommen, sich zu sagen: «Ich schreibe nichts mehr, man müßte mit Spulwürmern schreiben. Ich lese nichts mehr. Wen denn? Die alten ehrlichen Titaniden in Stullenpapier?»

Nun, trotz des Höllengelächters, das von manchen Seiten angestimmt wird, muß man eben sagen: Diejenigen, die keinen Glauben mehr haben an die «Titaniden mit den Ikaridenflügeln in Stullenpapier», diejenigen, die einsehen, daß man über all das, was keimhaft veranlagt ist in unserer Niedergangskultur, eigentlich nur «mit Spulwürmern schreiben» müßte, die dann fragen: Was soll man denn noch lesen, womit soll man sich denn beschäftigen? – die dann fragen können: Lebt man denn überhaupt noch? – denen sollte, wie gesagt, trotz des Höllengelächters, das von manchen Seiten in der Gegenwart angestimmt wird, anthroposophische Literatur in die Hand gegeben werden, und sie sollten auf irgendeine Weise, sofern das nur irgend vermocht wird, eine seelische Arzenei bekommen, damit sie die durch die Gegenwartskultur verursachten Hemmungen loswerden, welche sie hindern, das aufzunehmen, was die Seele heute unbedingt braucht.

Es gehen viele Leute heute in der Welt herum, die mit sich nichts anzufangen wissen, denen ihr Leib zu schwer, innerlich zu krüppelig wird. Gerade sie müßten oftmals im vollen Ernste darauf hingewiesen werden, welch kraftende, gesundende Impulse in einem wirklichen Sich-Erarbeiten der Gedanken, der Ideen anthroposophischer Geisteswissenschaft liegen.

Diese Dinge müssen schon durchaus, ich kann es immer nur wieder und wiederum sagen, mit hohem Ernste genommen werden. Man muß schon heute durchaus ein wenig einsehen können, wie es eigentlich liegt in unserer Zeit mit demjenigen, was so als die Konsequenzen hervorgehen kann aus den Richtungen, die die materialistische Kultur eingeschlagen hat.

Möge nun auch gespürt werden, wie sehr es notwendig ist, daß heute aus Ursprungsquellen heraus eine Erneuerung unserer Kultur stattfindet!

Davon dann morgen weiter.

ZEHNTER VORTRAG

Dornach, 15. Oktober 1921

Ich will noch einmal zurückblicken auf die letzten Betrachtungen. Wir haben versucht, uns Vorstellungen zu machen darüber, wie das menschliche Geistesleben, das menschliche Seelenleben und das menschliche Leibesleben zu begreifen sind. Wenn wir uns das menschliche Seelenleben vor Augen stellen, also das, was der Mensch als Inneres in sich ablaufen fühlt als Denken, Fühlen und Wollen, so finden wir ja, daß das Denkerische, also das, was unmittelbar erlebt wird als Gedankeninhalt, sich abspielt zwischen dem physischen Leibe und dem Ätherleibe, daß sich dann abspielt das Fühlen zwischen dem Ätherleibe und dem astralischen Leibe, das Wollen zwischen dem astralischen Leibe und dem Ich. Wir sehen daraus, daß die Gedanken, insofern wir uns ihrer voll bewußt sind, nur darstellen, was wie aus den Tiefen des eigenen Wesens heraufblickt und den Wellen des Seelenlebens eigentlich nur die Form geben kann. So etwas wie Schatten schlagen aus den Tiefen des menschlichen Wesens herauf, erfüllen unser Bewußtsein und sind dann der Gedankeninhalt.

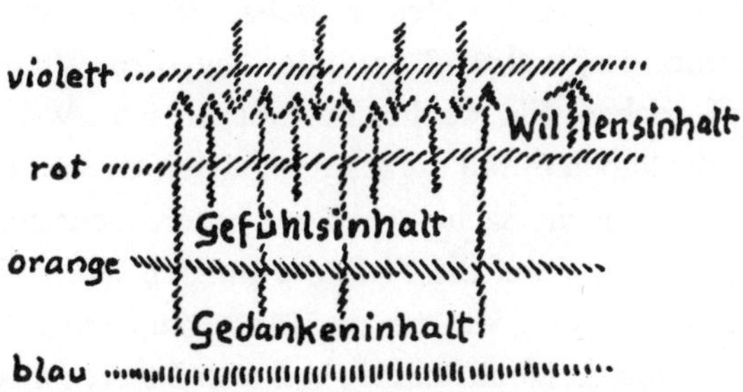

Wenn wir uns die Sache schematisch darstellen wollten, so könnten wir uns sagen: Physischer Leib (siehe Zeichnung, blau), Ätherleib (orange), astralischer Leib (rot) und Ich (violett). Dann würden wir zwischen dem physischen Leib und dem Ätherleib den Gedankeninhalt haben. – Aber Sie haben aus meinen Schilderungen der letzten Vorträge ersehen, daß dieser Gedankeninhalt in seiner Wahrheit etwas viel Realeres ist als das, was wir im Bewußtsein erleben. Was wir im Bewußtsein erleben, das ist ja nur etwas, was eben, wie ich sagte, aus der Tiefe unseres Wesens die Wellen heraufschlägt bis zum Ich. Da schlägt es herauf. Der Gefühlsinhalt liegt zwischen Ätherleib und astralischem Leib und schlägt wiederum bis zum Ich herauf, und der Willensinhalt, der ist dann zwischen dem astralischen Leib und dem Ich. Der liegt also dem Ich am nächsten. Wir können sagen: In dem Willen erlebt sich das Ich in seiner unmittelbarsten Art, während Gefühlsinhalt und Gedankeninhalt in den Tiefen unseres Wesens ruhen und nur eben die Wellen heraufschlagen in unser Ich.

Nun aber wissen wir ja auch, daß das Wollen, daß der Willensinhalt, wie er von uns erlebt wird, dumpf erlebt wird. Von dem Willen, wie er, sagen wir, in einer Armbewegung, in einer Beinbewegung lebt, wissen wir nicht mehr als wir von dem wissen, was sich abspielt zwischen dem Einschlafen und Aufwachen. Der Wille lebt dumpf in uns. Dennoch ist er das, was in unserem eigentlichen Ich als das ihm Nächste lebt. Bewußt, oder sagen wir wachend, nehmen wir den Willen nur wiederum durch die Gedankenabschattungen wahr, die aus den Tiefen des Wesens heraufkommen. Die Vorstellungen, die wir bewußt erleben, sind Schattenbilder eines tiefen seelischen Webens; aber sie sind eben nur Schattenbilder, während wir allerdings den Willen unmittelbar, aber dumpf erleben. Ein waches Bewußtsein vom Willen können wir aber doch nur haben durch die schattenhaften Gedankenbilder.

So erscheint uns die Sache, wenn wir unsere menschliche Wesenheit betrachten und dabei auf die Tiefe des Inneren sehen. Wir sehen, wie, ich möchte sagen, wenig wir von uns selbst in unserem Bewußtsein enthalten, wie wenig da heraufschlägt von dem Inneren unseres Wesens in unser Bewußtsein. Wir verstehen gewissermaßen nur wenig, was wir dem Ich nach im Inneren sind, und nehmen eigentlich nur wahr die Tingierung, welche der Gedankeninhalt heraufwirft in dieses dumpfe, willenshafte Ich.

Man kann eigentlich mit dem gewöhnlichen Bewußtsein von diesem gedankenerfüllten dumpfen Ich kaum mehr als ein unmittelbar

Wirkliches sehen, als dasjenige ist, was wir etwa kurz vor dem Aufwachen oder kurz nach dem Einschlafen als unser dumpfes Ich empfinden. Aber in dieses dumpfe Ich schlägt ja eben mit dem Aufwachen die Welt der Sinneswahrnehmungen ein. Werden Sie sich nur einmal bewußt, wie Ihr Leben zwischen dem Einschlafen und dem Aufwachen dumpf ist, so daß Sie die Dumpfheit fast als leer empfinden. Und erst mit dem Aufwachen, wenn Sie die Sinne nach außen öffnen, die Sinneseindrücke kommen, sind Sie an der Hand der Sinneseindrücke in der Lage, sich als Ich wirklich zu empfinden. Da schlägt der Schein der Sinneswahrnehmungen in das Ich herein. Da erfüllt jenes dumpfe Wesen, von dem ich eben gesprochen habe, der Schein der Sinneswahrnehmungen. So daß das Ich als vollbewußtes im Erdenmenschen eigentlich nur lebt in demjenigen Zustande, in dem er durch die Sinnesbilder, durch alles das, was in seine Sinne hereindringt, in Verkehr mit der Außenwelt gekommen ist, und es tritt dann von innen entgegen noch als das Hellste, noch als das, was am meisten aufhellt, der abgeschattete Gedankeninhalt.

Man kann also sagen: Die Sinneswahrnehmungen dringen von außen herein. Der Willensinhalt wird nur dumpf wahrgenommen. Der Gefühlsinhalt schlägt herauf, verbindet sich mit den Sinneseindrücken. Wir sehen Rot, es erfüllt uns mit einem gewissen Gefühl; wir sehen Blau, wir hören Cis oder C und fühlen etwas dabei. Dann machen wir uns aber auch Vorstellungen über das, was die Sinneseindrücke sind. Der Gedankeninhalt, der von innen kommt, verwebt sich mit den Sinneseindrücken. Inneres verbindet sich mit Äußerem. Aber daß wir im vollen wachen Ich leben, das verdanken wir eigentlich dem Sinnenschein, und unser Ich steuert dazu so viel bei, als eben jetzt beschrieben werden konnte von dem, was da entgegenschlägt dem Äußeren.

Beachten wir wohl diesen Sinnenschein. Sehen wir auf ihn hin und seien wir uns klar darüber: er hängt ganz und gar an unserem physischen Dasein. Er kann uns nur erfüllen, indem wir unseren physischen Leib der Außenwelt im wachenden Zustande entgegenstellen. Dieser Sinnenschein, er hört auf in dem Augenblicke, wo wir, durch den Tod gehend, unseren physischen Leib ablegen in dem Sinne, wie wir das in den vorangehenden Betrachtungen besprochen haben.

Zwischen Geburt und Tod wird also gewissermaßen unser Ich erweckt durch den Sinnenschein. Wir können von unserem eigentlichen Wesen als wache Erdenmenschen nur soviel haben, als sich an diesem Sinnenschein eben belebt. Stellen Sie sich jetzt lebhaft vor, wie das menschliche Ich-Wesen den Sinnenschein, der ja eben nur ein Schein ist, auffängt und ihn mit dem eigenen menschlichen Wesen verwebt. Nun bedenken Sie, wie da ein Äußeres ein Inneres wird, wie – Sie können es ja am Traum sehen –, ich möchte sagen, ein ganz feines Gewebe innerlich gesponnen wird, in das sich die Sinneseindrücke einweben. Das Ich bemächtigt sich dessen, was da durch die Sinneseindrücke kommt. Das Äußere wird Innerliches. Aber nur das, was innerlich wird, kann der Mensch durch die Pforte des Todes tragen.

Es ist also ein feines Gewebe zunächst, das der Mensch durch die Pforte des Todes trägt. Seinen physischen Leib legt er ab. Der vermittelte ihm die Sinneseindrücke. Daher sind die Sinneseindrücke ja nur Schein, denn der physische Leib wird abgelegt. Nur so viel, als das Ich von dem Schein in sich aufgenommen hat, wird durch die Pforte des Todes getragen. Der ätherische Leib wird auch abgelegt kurze Zeit nach dem Tode. Damit aber wird das, was zwischen dem physischen Leib und dem ätherischen Leib ist, von dem eigenen Wesen abgelegt. Das löst sich, wie wir gesehen haben, im allgemeinen Kosmos zunächst auf, bildet nur den Keim für weitere Welten, lebt aber eigentlich mit unserem Menschenwesen nach dem Tode nicht weiter zusammen, sondern nur das lebt weiter, was an Wellen heraufgeschlagen und sich mit dem Sinnenschein verbunden hat. Wenn man das erwägt, so kann man ungefähr eine Vorstellung bekommen von dem, was der Mensch durch des Todes Pforte trägt.

Aus diesem Grunde, weil das so ist, muß man ja, wenn man gefragt wird: Wie kann jemand eine Verbindungsbrücke bauen zu einem hingegangenen Menschen? – folgendes sagen: Diese Verbindungsbrücke, man kann sie nicht bauen, wenn man abstrakte Gedanken, unanschauliche Vorstellungen zu dem verstorbenen Menschen hinschickt. Wenn man an den verstorbenen Menschen mit abstrakten Vorstellungen denkt – wie ist es denn da? Abstrakte Vorstellungen haben vom Sinnenschein fast nichts mehr, sie sind abgeblaßt, aber es lebt in ihnen auch nichts innerlich Wirkliches, sondern nur dasjenige, was heraufschlägt aus dem innerlich Wirklichen. Nur eine Tingierung mit dem menschlichen Wesen lebt in abstrakten Vorstellungen. Was wir also durch unseren Intellekt auffassen, das ist ja viel weniger wirklich als das, was im Sinnenschein unser Ich erfüllt. Was im Sinnenschein unser Ich erfüllt, macht unser Ich wach. Aber nur durchsetzt wird dieser wache Inhalt mit den Wogen, die aus dem eigenen Inneren heraufschlagen. Wenn wir also abstrakte, verblaßte Gedanken an einen Toten richten, kann er mit uns nicht Gemeinschaft haben; wohl aber, wenn wir uns recht innerlich konkret vorstellen, wie wir mit ihm da oder dort zusammengestanden haben, wie wir mit ihm gesprochen haben, wie er das oder jenes durch sein eigenes Sprechen von uns gewollt hat. Der Gedankeninhalt, der blasse Gedankeninhalt wird nicht viel fruchten, wohl aber, wenn wir eine feine Empfindung entwickeln für den Klang seiner Sprache, für die besondere Art von Emotion oder Temperament, mit dem er sich mit uns unterhalten hat, wenn wir das lebendig warme Zusammensein mit seinen Wünschen fühlen, kurz, wenn wir uns dieses Konkrete vorstellen, aber so, daß unsere Vorstellungen Bilder sind: wenn wir uns selber sehen, wie wir mit ihm zusammengestanden oder zusammengesessen haben, wie wir die Welt mit ihm erlebt haben. Leicht könnte man glauben, daß über den Tod hinüber gerade die blassen Gedanken spielen. Das ist nicht der Fall. Die anschaulichen Bilder spielen über den Tod hinüber. Und in Bildern des Sinnenscheins, in Bildern, die wir nur dadurch haben, daß wir Augen und Ohren, eine Tastempfindung und so weiter haben, in solchen Bildern bewegt sich das, was der Tote wahrnehmen kann. Denn er hat mit dem Tode alles abgelegt, was nur abstraktes, blasses, intellektualistisches Denken ist. Unsere bildhaften Vorstellungen, insofern wir sie uns angeeignet haben, die nehmen wir durch den Tod mit. Unsere Wissenschaft, unser intellektualistisches Denken, das nehmen wir alles nicht durch den Tod mit. Der Mensch kann ein großer Mathematiker sein, viel geometrische Vorstellungen haben – das alles legt er ebenso ab wie seinen physischen Leib. Der Mensch kann viel wissen über Sternenwelten und die Erdenoberfläche – insofern er dieses Wissen aufgenommen hat in blassen Gedanken, legt er es mit dem Tode ab. Wenn der Mensch als ein gelehrter Botaniker über eine Wiese geht und seine theoretischen Gedanken über die Blumen der Wiese sich durch den Kopf gehen läßt, so ist das ein Gedankeninhalt, der ihn nur hier auf der Erde erfüllt. Allein das, was in seine Augen hereinschlägt und was tingiert wird dadurch, daß er die Blumen liebt, was also dadurch menschlich warm gemacht wird, daß der blasse Gedanke mit dem Ich-Erlebnis zusammengebracht wird, das wird durch des Todes Pforte getragen.

Es ist wichtig, daß man weiß, was man eigentlich als wirkliches menschliches Besitztum hier auf der Erde so erwirbt, daß man es durch die Pforte des Todes tragen kann. Es ist wichtig, daß man weiß, wie der ganze Intellektualismus, der die Hauptsache der menschlichen Zivilisation seit der Mitte des 15. Jahrhunderts ausmacht, etwas ist, was nur im Erdenleben Bedeutung hat, was nicht durch des Todes Pforte getragen wird. So daß man sagen kann: Das Menschengeschlecht lebte die vergangenen Zeiten, die wir besprochen haben, wenn wir nur anfangen bei der atlantischen Katastrophe, die langen Zeiten hindurch durch das alte Indertum, das alte Persertum, durch die ägyptisch-chaldäische Zeit und dann durch unser Zeitalter herauf bis zu uns, die Menschen lebten in dieser ganzen Zeit, also bis zum ersten Drittel oder bis zur Mitte des 15. Jahrhunderts noch kein so ausgesprochenes intellektualistisches Leben, wie dasjenige ist, das wir heute als unser Zivilisationsleben so schätzen. – Aber von alldem, was durch die Pforte des Todes mitgetragen wird, erlebten die Menschen vor dem 15. Jahrhundert eben viel mehr. Denn gerade das, auf das sie stolz geworden sind seit dem 15. Jahrhundert, was den ganzen Wert des Erdenlebens eigentlich für die heutige gebildete, sogenannte gebildete Welt ausmacht, das ist etwas, was mit dem Tode ausgelöscht ist. Man könnte geradezu sagen: Was ist das Charakteristische der neueren Zivilisation? Das Charakteristische all dessen, was so gepriesen wird als gebracht durch den Kopernikanismus, durch den Galileismus, es ist etwas, was mit dem Tode abgelegt werden muß, was der Mensch sich eigentlich nur durch das Erdenleben erwerben kann, was aber für ihn auch nur ein Erdenbesitz werden kann. Und indem der Mensch sich heraufentwickelt hat zu der modernen Zivilisation, hat er eigentlich gerade dieses Ziel erreicht, hier zwischen Geburt und Tod zu erleben, was nur für die Erde Bedeutung hat. Es ist sehr wichtig für den modernen Menschen, daß er gründlich wisse, daß der Inhalt dessen, was heute auch gerade im Schulmäßigen als das höchste angesehen wird, nur für das Erdenleben eine eigentliche Bedeutung hat. In unseren gewöhnlichen Schulen unterrichten wir unsere Kinder mit alldem, was moderne Zivilisation ist, zunächst nicht für ihr unsterbliches Seelenteil, sondern wir unterrichten sie nur für ihr irdisches Dasein.

Der Intellektualismus, er kann auch in folgender Weise von der Seele richtig erfaßt werden. Wenn der Mensch des Morgens aufwacht, da dringen die Sinnesbilder auf ihn ein. Er merkt nur, daß wie ein feines Netz die Gedanken diese Sinnesbilder durchspinnen, und er lebt ja eigentlich in Bildern. Diese Bilder verschwinden sofort, wenn er des Abends einschläft. Auch sein Gedankenleben verschwindet da. Aber der Schein dieser Sinnesbilder, er ist doch wesentlich, denn was sich von ihm das Ich aneignet, das geht mit durch den Tod. Was von innen kommt, der Gedankeninhalt, der bleibt noch in Form einer kurzen Erinnerung, wie Sie wissen, wenige Tage nach dem Tode bestehen, solange der Mensch seinen Ätherleib trägt. Dann löst sich der Ätherleib in den Weiten des Kosmos auf. Das ist ein kurzes Erlebnis für den Menschen unmittelbar nach dem Tode, daß er seine Bilder, die den Sinnenschein enthalten, insofern ihn das Ich sich angeeignet hat, ich möchte sagen, mit starken Linien durchwebt fühlt von dem, was er sich nun durch sein Wissen angeeignet hat. Aber das legt er mit seinem Ätherleib wenige Tage nach seinem Tode ab. Dann lebt er sich mit seinen Bildern in den Kosmos hinein, und dann werden diese Bilder einverwoben in den Kosmos so, wie sie dem eigenen Wesen vor dem Tode einverwoben werden. Vor dem Tode gestalteten sich die Bilder in den Sinneswahrnehmungen nach innen. Sie werden von dem menschlichen Wesen, ich möchte sagen, insofern es durch seine Haut begrenzt ist, ergriffen. Nach dem Tode, nachdem die paar Tage vergangen sind, wo das Gedankenleben noch erlebt wird, weil man den Ätherleib hat, bevor sich dieser auflöst, nach diesen Tagen werden die Bilder in einer gewissen Weise größer. Sie vergrößern sich so, daß sie gewissermaßen nach außen nun so aufgenommen werden, wie sie während des Erdenlebens nach innen aufgenommen wurden. Man könnte schematisch den ganzen Vorgang so zeichnen: Wenn das des Menschen Leibesgrenze ist (siehe Zeichnung, hell) und er im Wachzustande seine Eindrücke hat,

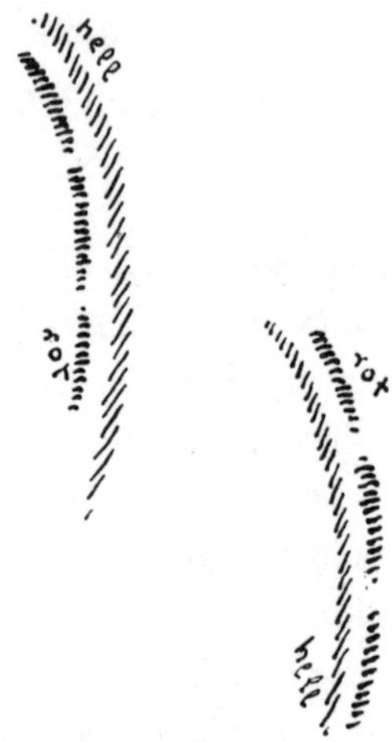

dann bilden sich seine Innenerlebnisse von den Sinneseindrücken innerhalb seines Wesens. Nach dem Tode erlebt der Mensch seine Grenze wie ein umfassendes Gefühl; aber die Eindrücke, die wandern gewissermaßen aus ihm heraus. Er empfindet sie in seiner Umgebung (rot). So daß sich der Mensch, während er im Erdenleben sagt: Meine Seelenerlebnisse sind in mir –, sich nach dem Tode sagt: Meine Seelenerlebnisse sind vor mir, oder besser gesagt, um mich. – Sie verschmelzen mit der Umwelt. Sie werden dadurch auch innerlich anders. Sagen wir zum Beispiel, der Mensch habe sich, weil er ein Blumenliebhaber ist, besonders stark eingeprägt in immer wiederholten Sinneseindrücken eine Rose, eine rote Rose; dann wird er, wenn er nun nach dem Tode erlebt dieses Hinauswandern, die Rose größer sehen, bildhaft größer, aber sie wird ihm grünlich erscheinen. Also auch innerlich ändert sich das Bild. Alles das, was der Mensch in der grünen Natur wahrgenommen hat, insofern er wirklich mit menschlichem Anteil diese grüne Natur erlebt, nicht bloß mit abstrakten Gedanken, wird nun nach dem Tode für ihn zu einer rötlich sanften Umgebung seines ganzen Wesens.

Aber es wandert das Innere nach außen: Der Mensch hat sozusagen das, was er sein Innen nennt, nach dem Tode in seiner Umgebung, außen.

Diese Erkenntnisse, die also dem menschlichen Wesen angehören, insofern dieses wiederum der Welt selbst angehört, diese Erkenntnisse, wir können sie uns durch Geisteswissenschaft aneignen. Denn nur dadurch, daß wir uns diese Erkenntnisse aneignen, bekommen wir eine Vorstellung von dem, was wir eigentlich selber sind. Wir können nicht eine Vorstellung von dem bekommen, was wir eigentlich selber sind, wenn wir uns nur in dem Sinne kennen, wie der Mensch ist zwischen Geburt und Tod und in seiner Gedankenwebung von innen. Denn das sind die Dinge, die als solche nach dem Tode abfallen. Von dem Sinnenschein bleibt nur das, was ich Ihnen eben geschildert habe, und es bleibt so, wie ich es Ihnen geschildert habe.

Es ist in der Mitte des 19. Jahrhunderts, wo die materialistische Empfindungsweise und Weltanschauung der zivilisierten Menschheit, wie ich öfter betont habe, eine Kulmination erlangt hatte, einen Höhepunkt, es ist da viel davon die Rede gewesen, wie der Mensch, wenn er sich eine Religion begründet, wenn er von irgend etwas Göttlich-Geistigem in der äußeren Welt spricht, eigentlich nur sein Inneres nach außen projiziere. Sie brauchen nur einen solchen grundmaterialistischen Schriftsteller wie den *Feuerbach* zu lesen, der auch auf *Richard Wagner* einen großen Einfluß gehabt hat, so werden Sie sehen, wie dieses materialistische Denken eigentlich draußen nur die Natur sieht, das heißt aber nur den Schein, in derjenigen Gestalt, wie er sich darstellt zwischen Geburt und Tod, und wie dann diese materialistische Gesinnung glaubt, alles Denken über das Göttlich-Geistige sei doch nur das Innere des Menschen, hinausgeworfen, hinausprojiziert, so daß der Mensch das Göttlich-Geistige nur dadurch glaubt annehmen zu dürfen, weil er sein eigenes Inneres nach außen projiziert. Man nannte diese scheinbare Erkenntnis den Anthropomorphismus. Man sagte: Der Mensch ist anthropomorphistisch; er stellt sich die Welt nach dem vor, was in seinem eigenen Inneren liegt. Und es wurde ja um die Mitte des 19. Jahrhunderts bei den eigentlich charakteristischen Materialisten ein Satz geprägt, welcher darstellen sollte, wie so herrlich weit die

Welt der Menschen es gebracht hätte, gerade in der neueren Zeit. Man sagte: Die Alten glaubten, Gott habe die Welt geschaffen; wir Neueren aber wissen: Der Mensch hat Gott geschaffen, das heißt, er strahlt ihn von seinem eigenen Wesen nach außen hinaus. – Das war aus dem Grunde, weil man eben nur von dem Inneren wußte, das zwischen Geburt und Tod eine Bedeutung hat. Und es war in Wirklichkeit nicht bloß eine falsche Ansicht, die man sich da gebildet hat, sondern man hatte sich eine Weltanschauung gebildet, die in der Tat anthropomorphistisch war: Man hatte von dem Göttlich-Geistigen keine anderen Vorstellungen als diejenigen, die der Mensch schließlich aus sich hinausgeworfen, hinausprojiziert hatte.

Aber vergleichen Sie damit alles das, was zum Beispiel von mir in meiner «Geheimwissenschaft im Umriß» dargestellt worden ist; da werden Sie sehen, daß die Welt nicht so dargestellt wird, wie die menschlichen Vorstellungen im Inneren sind. Was ich da darstelle als Saturn-, Sonne-, Mond-, Erdenentwickelung – der Mensch trägt es nicht in sich. Man muß erst vorausnehmen, was der Mensch nach dem Tode erlebt, was er also vor sich hinstellen kann. Da ist nichts Anthropomorphisches. Diese «Geheimwissenschaft» ist dargestellt kosmomorphistisch, das heißt, es sind die Eindrücke so, daß sie tatsächlich erlebt werden als außerhalb des Menschen stehend. Daher verstehen diese Dinge diejenigen Menschen nicht, die vorstellungsgemäß nur erleben können, was innerhalb des Menschen liegt, wie das ja so geworden ist gerade im intellektualistischen Zeitalter seit der Mitte des 15. Jahrhunderts. Dieses Zeitalter, das nimmt ja nur wahr, was eben im Inneren des Menschen lebt, und projiziert es nach außen. Niemals wird man eine Außenwelt so schildern können, wie ich sie in dem Kapitel meiner «Geheimwissenschaft» schildere, wo von der Saturnentwickelung die Rede ist, auch nur in der allereinfachsten elementarsten Erscheinung, wenn man nur das, was im menschlichen Inneren lebt, nach außen projiziert.

Sehen Sie, der Mensch lebt zum Beispiel in Wärme. Wie er durch seinen Gesichtssinn die Welt in Farben wahrnimmt, so nimmt er die Welt in Wärme wahr durch seinen Wärmesinn. Er erlebt die Wärme in seinem, ich möchte sagen, Innenmenschenwesen, insofern es durch die

Haut begrenzt ist. Aber er abstrahiert dabei schon in der Wahrnehmung. Wärme im Weltenleben wahrgenommen, kann eigentlich nicht anders dargestellt werden, als indem man sie in ihrer Totalität erfaßt. Dann ist aber bei Wärme immer etwas dabei, was in der menschlichen Erfahrung nur ausgedrückt werden kann, indem man auf den Geruchssinn hinweist. Wärme, objektiv draußen wahrgenommen, hat immer auch etwas von Geruch an sich.

Und jetzt lesen Sie das Kapitel in meiner «Geheimwissenschaft» über denjenigen Vorgang unserer Erde, der hauptsächlich in Wärme lebt: wie da zugleich von den Geruchsempfindungen die Rede ist, indem man diese Dinge schildert. Sie sehen daraus, es ist die Wärme nicht so geschildert, wie der Mensch sie im Intellektualismus erlebt. Es ist herausgestellt aus dem Menschen. Und das, was der Mensch hier zwischen Geburt und Tod als Wärme erlebt, das ist eben sogleich nach dem Tode wie eine Geruchsempfindung da.

Licht erlebt der Mensch hier auf der Erde eigentlich sehr abstrakt. Er erlebt dieses Licht, indem er sich einer fortwährenden Täuschung hingibt. Ich möchte darauf auch hier hinweisen: Ich habe – es ist jetzt, ich darf wohl sagen, achtunddreißig Jahre her – eine Abhandlung geschrieben, sehr grün, jugendlich, in der ich darzustellen versuchte, wie die Leute vom Lichte reden. Aber wo ist denn das Licht? Der Mensch nimmt Farben wahr; die sind seine Sinneseindrücke. Wo er immer hinschaut: Farben, irgendeine Tingierung nimmt er wahr, auch wenn er weiß, es ist eine Tingierung. Aber Licht – er lebt im Licht, aber er nimmt das Licht doch nicht wahr; er nimmt durch das Licht Farben wahr, aber das Licht selbst nimmt er doch nicht wahr. In welchen Illusionen der Mensch in dieser Beziehung im intellektualistischen Zeitalter lebt, das geht daraus hervor, daß es eine «Lichtlehre» in unserer Physik gibt; daß man so redet, als wenn das irgend etwas wäre, was Hand und Fuß hat, wenn man es als Lichtlehre betrachtet. Es hat nicht Hand und Fuß. Nur eine Farbenlehre hat Hand und Fuß, aber nicht eine Lichtlehre.

Es brauchte schon des ganz gesunden Natursinns *Goethes,* damit nicht eine Optik zustande kam, sondern eine Farbenlehre. Wir schlagen heute unsere Physikbücher auf – da wird das Licht geradezu konstruiert: Strahlen werden da gezogen; die reflektieren sich und tun alles mögliche. Aber es ist ja alles keine Realität! Farben sieht man. Von einer Farbenlehre kann man sprechen, aber nicht von einer Lichtlehre. Man lebt im Lichte. Durch das Licht und am Licht nimmt man Farben wahr, aber nichts vom Lichte. Das Licht kann niemand sehen. Denken Sie sich, Sie wären in einem Raume, der ganz durchleuchtet wäre, aber kein einziger Gegenstand wäre drinnen. Sie könnten ebensogut im Dunkeln sein. Sie würden in einem Raum, wenn er ganz dunkel ist, nicht mehr für sich wahrnehmen als im bloßen Lichte; Sie könnten ihn nicht einmal unterscheiden von einem ganz dunklen Raum. Sie könnten ihn nur durch ein inneres Erlebnis unterscheiden. Aber sobald der Mensch durch die Pforte des Todes geschritten ist, nimmt er geradeso, wie er an der Wärme den Geruch wahrnimmt, an dem Lichte etwas wahr, wofür wir heute in unserer intellektualistischen Sprache nicht einmal ein passendes Wort haben – wir müßten sagen: Rauch. Ein Hinfluten, das nimmt er wirklich wahr. Das Hebräische hatte noch so etwas: Ruach. Das Hinflutende wird wahrgenommen. Dasjenige, was wir eigentlich allein berechtigt sind, Luft zu nennen, das wird da wahrgenommen.

Und wenn wir nun auf dasjenige sehen, was überall in unseren Erdenverhältnissen wirkt als chemische Wirkungen: Wir nehmen sie wahr in ihren Erscheinungen, diese chemischen Wirkungen, die chemischen Ätherwirkungen. Geistig gesehen, ohne den physischen Leib, also auch nach dem Tode, liefern sie das, was der Inhalt des Wassers ist.

Und das Leben selber, es ist das, was der Inhalt der Erde ist, des Festen. Unsere gesamte Erde wird von dem Gesichtspunkte des toten Menschen aus als ein großes Lebewesen wahrgenommen. Wenn wir hier auf der Erde herumwandeln, nehmen wir ihre einzelnen Wesenheiten, insofern sie Erdenwesenheiten sind, auch als Totes wahr. Aber worauf beruht denn das, daß wir Totes wahrnehmen? Die ganze Erde lebt, und sie enthüllt sich uns auch in ihrem Leben sofort, wenn wir sie von jenseits des Todes aus erblicken. Wenn das unsere Erde ist – wir sehen von ihr ja immer nur ein ganz kleines Stück und sind angepaßt an das Sehen dieses kleinen Stückes –, nur wenn wir sie im Geiste umschweben und außerdem ein Wahrnehmungsvermögen von außen ha-

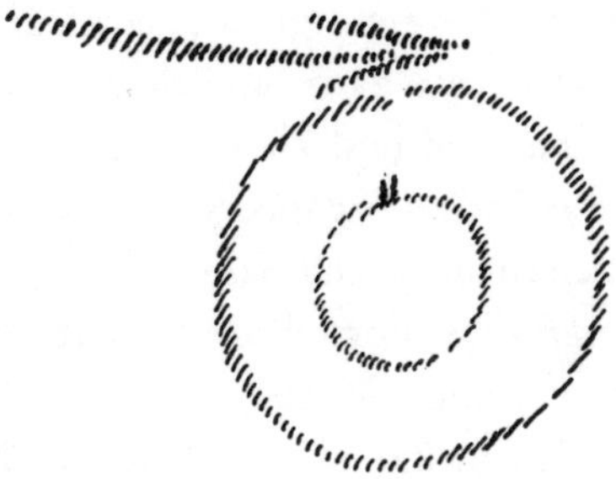

ben, die Eindrücke also vergrößert werden, dann nehmen wir sie als ganzes Wesen wahr. Dann aber ist sie ein Lebewesen.

Damit habe ich auf etwas hingedeutet, was außerordentlich wichtig ist, einmal ins Auge zu fassen.

Wärme:	Geruch
Licht:	Rauch, Luft
Chemische Wirkungen:	Wasser
Leben:	Erde

Sehen Sie, ich hatte einmal mit einem Herrn ein Gespräch, der sagte, man wisse jetzt endlich durch die Relativitätstheorie, daß man sich den Menschen auch doppelt so groß, als er ist, vorstellen könne; das alles sei relativ. Das alles hänge ja nur vom menschlichen Anschauen ab.

Das ist eine ganz unwirklichkeitsgemäße Anschauung. Denn sehen Sie, wenn – es ist schon sogar ein nicht ganz eigentliches Bild, aber sagen wir – ein Sonnenkäferchen auf dem Menschen herumkriecht, so ist es im Verhältnis zum Menschen in einer gewissen Größe. Es nimmt nicht die ganze menschliche Wesenheit wahr, sondern seiner Größe gemäß immer nur wenig vom Menschen. Und deshalb ist für das Sonnenkäferchen der Mensch kein Lebendes, sondern der Mensch, auf dem es herumkriecht, ist für das Sonnenkäferchen geradeso tot, wie für den Menschen die Erde tot ist. Sie müssen den Gedanken aber auch umgekehrt denken können. Sie müssen sich sagen können: Damit der Mensch die Erde als tot erleben kann, muß er eine bestimmte Größe haben auf der Erde. Die Größe des Menschen ist nicht eine zufällige im Verhältnis zur Erde, sondern sie ist völlig angemessen dem ganzen Leben des Menschen auf der Erde. Daher kann man sich den Menschen nicht –

etwa im Sinne der Relativitätstheorie – groß oder klein denken. Nur wenn man ganz abstrakt, wenn man ganz intellektualistisch denkt und vorstellt, dann kann man ihn groß und klein denken; nur dann kann man sagen: Wäre man etwas anders organisiert, so würde der Mensch vielleicht doppelt so groß erscheinen, und dergleichen.

Das hört auf, wenn man eine Vorstellung in sich aufnimmt, die absieht von dem Subjektiven, und die des Menschen Größe im Verhältnis zur Erde ins Auge fassen kann. Es ist eben auch so, daß das ganze menschliche Wesen nach dem Tode ins Weltenall hinaus sich erweitert, daß der Mensch eine Zeitlang nach dem Tode viel größer wird als die Erde selbst. Dann empfindet er sie als ein lebendes Wesen. Und dann empfindet er in alledem, was Wasser ist, chemische Wirkungen. Er empfindet in dem Luftartigen das Licht, nicht abgesondert Luft und Licht, sondern in dem Luftartigen das Licht und so weiter. Bilder erlebt der Mensch, veränderte Bilder gegenüber den Bildern seines Wachlebens zwischen Geburt und Tod.

Ich sagte: Nichts können wir durch den Tod mit uns nehmen von dem, was auf intellektualistische Art von unserer Seele erworben ist, nichts davon. Aber vor dem 15. Jahrhundert, da hatte der Mensch noch eine Art Erbschaft aus Urzeiten. Sie wissen ja, diese Erbschaft war so groß in Urzeiten, daß der Mensch ein atavistisches Hellsehen hatte, das dann abgestumpft und abgeblaßt, abgelähmt wurde, das vollends in die Abstraktion überging seit der Mitte des 15. Jahrhunderts. Aber das, was der Mensch von dieser göttlichen Erbschaft mit durch den Tod nahm, das gab ihm eigentlich sein Wesen. So wie der Mensch hier physische Materie aufnimmt, wenn er durch die Geburt respektive durch die Empfängnis ins irdische Dasein tritt, so war es das göttliche Wesen, das er mitbrachte und durch den Tod trug, das ihm überhaupt, wenn ich so sagen darf, der Ausdruck ist grotesk, aber er wird es Ihnen verständlich machen, eine geistige Schwere – es ist natürlich polarisch entgegengesetzt der physischen Schwere –, das ihm eine geistige Schwere gab.

So wie die Menschen jetzt inkarniert werden, haben sie dieses Erbe eigentlich, wenn sie richtige Zivilisationsmenschen sind, nicht mehr an sich. Höchstens da und dort kann man es noch bemerken: die nichtrichtigen Zivilisationsmenschen, die immer seltener werden, haben das noch in sich. Und es ist durchaus eine ernste Angelegenheit der Menschheitsentwickelung, daß der Mensch durch das, was er durch die intellektualistische Zivilisation erhält, sein Wesen im Grunde verliert. Und er geht der Gefahr entgegen, daß er nach dem Tode zwar so hinauswächst, daß er diese Eindrücke hat, aber daß er sein eigentliches Wesen, das Ich, verliert, wie ich das schon gestern von einem anderen Gesichtspunkte aus dargestellt habe. Und es gibt für dieses Wesen, für den neueren und zukünftigen Menschen nur eine Rettung, und die ist durch das Folgende zu erkennen: Wir können, wenn wir hier in der Sinneswelt eine Realität erfassen wollen, die das Denken so stark macht, daß es nicht bloß blasses Bild ist, sondern daß es innere Lebendigkeit hat – wir können am Menschen eine solche von innen heraus kommende Realität nur in jenem reinen Denken erkennen, das ich in meiner «Philosophie der Freiheit» als dem Handeln zugrunde liegend geschildert habe. Sonst haben wir in allem menschlichen Bewußtsein nur Sinnenschein. Wenn wir aber aus reinem Denken heraus, das heißt, wie ich es in meiner «Philosophie der Freiheit» dargestellt habe, frei handeln, wenn wir also wirklich die Impulse unseres Handelns im reinen Denken haben, so geben wir diesem sonst Scheindenken, diesem intellektualistischen Denken dadurch, daß es zugrunde liegt unseren Handlungen, eine Realität. Und das ist die einzige Realität, die wir rein von innen heraus in den Sinnenschein hereinverweben können und mit durch den Tod nehmen können.

Was also nehmen wir da eigentlich mit durch den Tod? Das, was wir in wirklicher Freiheit hier zwischen Geburt und Tod erlebt haben. Diejenigen Handlungen, die entsprechen der Schilderung der Freiheit in meiner «Philosophie der Freiheit», begründen, was der Mensch außer dem Sinnenschein, der sich in der Weise, wie ich es geschildert habe, umwandelt, durch den Tod hindurchtragen kann. Dadurch bekommt er wieder ein Wesen. Dadurch, daß sich der Mensch frei macht von der Determination in der sinnlichen Welt, dadurch bekommt er nach dem Tode wieder ein Wesen, dadurch ist er ein reales Wesen. Die Freiheit ist es, was, wenn wir dieses Wesen erwerben, uns gerade für die Zukunft als Menschenseelen bewahrt vor dem seelisch-geistigen Tode.

Diejenigen Menschen, die sich nur ihren Naturgewalten, das heißt, den Instinkten und Trieben – ich habe das vom rein philosophischen Standpunkt in meiner «Philosophie der Freiheit» geschildert – überlassen, die leben in etwas, was mit dem Tode verfällt. Sie leben sich dann in die geistige Welt hinein. Selbstverständlich, ihre Bilder sind da. Aber sie würden allmählich in Anspruch genommen werden müssen von anderen geistigen Wesenheiten, wenn der Mensch sich nicht im vollen Sinne der Freiheit entwickelte, damit er wiederum ein Wesen bekomme, wie er es gehabt hat, als er sein göttlich-geistiges Erbe noch hatte.

So innerlich hängt das intellektualistische Zeitalter mit der Freiheit zusammen. Deshalb konnte von mir immer gesagt werden: Der Mensch mußte intellektualistisch werden, damit er frei werden könne. Der Mensch verliert im Intellektualismus sein geistiges Wesen, denn er kann vom Intellektualismus nichts durch des Todes Pforte tragen. Aber er erwirbt hier die Freiheit durch den Intellektualismus, und was er so in Freiheit erwirbt, das kann er dann durch des Todes Pforte tragen.

Der Mensch mag also denken so viel er will auf bloße intellektualistische Art – nichts davon geht durch des Todes Pforte. Allein wenn der Mensch das Denken verwendet, um es in freien Handlungen auszuleben, so geht so viel gewissermaßen als die geistig-seelische Substanz, die ihn zum Wesen macht und nicht zum bloßen Wissen, mit ihm aus seinen Freiheitserlebnissen durch des Todes Pforte. Im Denken wird uns durch den Intellektualismus unser Menschenwesen genommen, um uns zur Freiheit gelangen zu lassen. Was wir in Freiheit erleben, das wird uns dann wiederum gegeben als menschliches Wesen. Der Intellektualismus tötet uns, aber er belebt uns auch. Er läßt uns wieder auferstehen mit völlig verwandelter Wesenheit, indem er uns zu freien Menschen macht.

Ich habe das heute zunächst so dargestellt, wie es sich aus dem Menschenwesen selbst ergibt. Morgen will ich dann, was ich heute nur aus dem Menschenwesen dargestellt habe, in Zusammenhang bringen mit dem Mysterium von Golgatha, mit dem Christus-Erlebnis, um zu zeigen, wie sich in Tod und Auferstehung nun das Christus-Erlebnis als innerliches Erlebnis beim Menschen hineinergießen kann. Davon also morgen weiter.

ELFTER VORTRAG

Dornach, 16. Oktober 1921

Im Laufe der letzten Betrachtungen zeigte es sich uns, wie grundverschieden des Menschen ganze Anschauung ist, je nachdem er hier zwischen der Geburt und dem Tode oder aber in der geistigen Welt zwischen dem Tode und einer neuen Geburt lebt. Und wir haben gestern gesagt, daß der Mensch in unserem gegenwärtigen Zeitalter, seit der Mitte des 15. Jahrhunderts, hier zwischen der Geburt und dem Tode sich erwerben kann die Freiheit, daß dann alles, was er vollbringt aus dem Impuls der Freiheit heraus, seinem Wesen in dem Leben zwischen dem Tod und neuer Geburt gewissermaßen Schwere, Realität, Sein gibt. Gerade wenn wir loskommen hier von den Notwendigkeiten des irdischen Daseins, wenn wir uns erheben zu Motiven für unser Wollen, die frei sind, wenn wir also für unser Wollen nichts aus dem Irdischen heraus nehmen, dann zimmern wir uns dadurch die Möglichkeit, zwischen dem Tod und einer neuen Geburt auch ein selbständiges Wesen zu sein. Nur gehört zu diesem gewissermaßen Sein-Selbst-Bewahren nach dem Tode in unserem Zeitalter dazu, was man nennen kann die Beziehung zu dem Mysterium von Golgatha; und man kann ja dieses Mysterium von Golgatha von den verschiedensten Gesichtspunkten aus betrachten. Wir haben schon eine große Anzahl von Gesichtspunkten im Laufe der Jahre eingenommen; wir wollen es heute einmal von dem Gesichtspunkte, der sich ergibt durch die Betrachtung des Wertes der Freiheit für den Menschen, anschauen.

Wenn der Mensch hier auf der Erde zwischen Geburt und Tod lebt, dann hat er ja eigentlich im gewöhnlichen Bewußtsein keine Selbstanschauung. Der Mensch kann nicht in sich hineinschauen. Es ist natürlich nur eine Täuschung, wenn eine äußere Wissenschaft durch die Betrachtung dessen, was am Menschen tot ist, zuweilen ja wirklich nur durch die Betrachtung des Leichnams, glaubt, eine Innenerkenntnis der menschlichen Organisation zu gewinnen. Das ist ja durchaus ein Trug, eine Illusion. Der Mensch hat hier zwischen Geburt und Tod nur eine Anschauung der äußeren Welt. Aber was für eine Anschauung der äußeren Welt hat er hier? Er hat diejenige Anschauung, die wir oftmals genannt haben die Anschauung des Scheines, und auch gestern habe ich dies wiederum stark hervorgehoben.

Wenn wir unsere Sinne hinausrichten in unsere Weltumgebung zwischen Geburt und Tod, dann stellt sich uns die Welt als Erscheinung, als Schein dar. Wir können diesen Schein in unser Ich-Wesen hereinnehmen. Wir können ihn zum Beispiel in der Erinnerung behalten, haben ihn also dann in gewissem Sinne zu unserem Eigentum gemacht. Aber insofern er beim Hinausschauen in die Welt vor uns steht, ist er eben Schein, ein Schein, der sich als solcher noch ganz besonders dadurch zu erkennen gibt, daß er ja, wie ich Ihnen gestern gezeigt habe, im Tode verschwindet und in anderer Form wiederum auftritt, indem er nun nicht mehr in uns erlebt wird, sondern vor uns oder um uns erlebt wird.

Wenn aber der Mensch zwischen Geburt und Tod im heutigen Zeitalter die Welt nicht als Schein wahrnehmen würde, wenn er den Schein nicht erleben könnte, so könnte er ja nicht frei sein. Die Entwickelung der Freiheit ist nur möglich in der Welt des Scheines. Ich habe das angedeutet in meinem Buche «Vom Menschenrätsel», indem ich darauf hingewiesen habe, daß eigentlich die Welt, die wir erleben, verglichen werden kann mit den Bildern, die uns aus einem Spiegel heraus anschauen. Diese Bilder, die uns aus einem Spiegel heraus anschauen, die können uns nichts aufzwingen; sie sind eben nur Bilder, sie sind Schein. Und so ist das, was der Mensch als Wahrnehmungswelt hat, auch Schein.

Der Mensch ist ja durchaus nicht etwa ganz nur in den Schein der Welt eingesponnen. Er ist nur mit seinem Wahrnehmen, das sein waches Bewußtsein ausfüllt, eingesponnen in eine Scheinwelt. Aber wenn der Mensch hinblickt auf seine Triebe, auf seine Instinkte, auf seine Leidenschaften, auf seine Temperamente, auf all das, was heraufwogt aus dem menschlichen Wesen, ohne daß er es zu klaren Vorstellungen bringen kann, wenigstens zu wachen Vorstellungen, so ist ja das alles nicht Schein. Es ist schon Wirklichkeit, aber eine Wirklichkeit, die dem Menschen nicht vor das gegenwärtige Bewußtsein tritt. Der Mensch lebt zwischen Geburt und Tod in einer wahren Welt, die er nicht kennt, die aber niemals dazu angetan ist, ihm wirklich die Freiheit zu geben. Instinkte, die ihn unfrei machen, kann sie ihm einpflanzen, innere Notwendigkeiten kann sie hervorbringen, aber nie und nimmer kann sie den Menschen die Freiheit erleben lassen. Die Freiheit kann nur erlebt werden innerhalb einer Welt von Bildern, von Schein. Und wir müssen eben, indem wir aufwachen, in ein Scheinwahrnehmungsleben eintreten, damit sich da die Freiheit entwickeln kann.

Dieses Scheinleben, das wir als unser waches Wahrnehmungsleben haben, es war nicht immer so innerhalb der geschichtlichen Entwickelung der Menschheit. Wenn wir zurückgehen in alte Zeiten, in die wir ja schon öfter den Blick zurückgeworfen haben, wo ein gewisses instinktives Schauen vorhanden war oder das, was Nachzügler ist dieses instinktiven Schauens, was ja als Nachzügler gewissermaßen noch fortgedauert hat bis in die Mitte des 15. Jahrhunderts, wenn wir da zurückblicken, so können wir nicht im gleichen Sinne sagen, daß der Mensch in seinem wachen Zustande nur eine Scheinwelt um sich hatte. Durch den Schein hindurch sprach ja für den Menschen alles das, was er in seiner Art als den geistigen Hintergrund der Welt sah. Er sah allerdings auch diesen Schein, aber in anderer Weise. Es war dieser Schein für ihn Ausdruck, Offenbarung einer geistigen Welt. Diese geistige Welt ist hinter dem Scheine verschwunden. Der Schein ist geblieben. Das ist das Wesentliche in der Fortentwickelung der Menschheit, daß ältere Zeiten den Schein als die Offenbarung einer göttlich-geistigen Welt empfunden haben, daß aber aus diesem Schein die göttlich-geistige Welt verschwunden ist und der Schein heute dem Menschen vor Augen liegt, damit er innerhalb dieser Scheinwelt seine Freiheit finden kann, daß also der Mensch seine Freiheit in einer Scheinwelt finden muß, daß er in der wahren Welt, die ganz zurückgetreten ist in die dumpfen Erlebnisse des Inneren, keine Freiheit, sondern nur eine Notwendigkeit findet. Man kann also sagen: Lebt der Mensch zwischen Geburt und Tod – alles das, was ich sage, gilt nur für unser Zeitalter –, so ist seine Wahrnehmungswelt eine Scheinwelt. Er nimmt die Welt wahr, aber er nimmt die Welt als Schein wahr.

Wie ist es nun zwischen dem Tod und einer neuen Geburt? Wir haben ja in den letzten Betrachtungen darauf hingewiesen, daß da der Mensch nicht diese äußere Welt wahrnimmt, die er hier gewahr wird zwischen der Geburt und dem Tode, sondern daß in der Zeit zwischen dem Tod und einer neuen Geburt der Mensch wesentlich den Menschen selbst, das Innere des Menschen sieht. Der Mensch ist dann für den Menschen die Welt. Das, was gerade hier auf der Erde verborgen ist, das ist in der geistigen Welt offenbar. Der ganze Zusammenhang zwischen dem Seelischen und dem Organischen des Menschen, zwischen der Wirksamkeit der einzelnen Organe, kurz, alles, was gewissermaßen, symbolisch gesprochen, innerhalb der menschlichen Haut ist, das durchschaut der Mensch zwischen dem Tod und einer neuen Geburt.

Aber nun ist es wieder für unser Zeitalter so, daß da der Mensch eben nicht dazu kommt, im Scheine zu leben. Das Leben im Scheine ist ihm eigentlich nur gewährt zwischen der Geburt und dem Tode. Der Mensch kommt heute nicht dazu, zwischen dem Tode und einer neuen Geburt im Scheine zu leben. Er wird gewissermaßen gefangengenommen von der Notwendigkeit, wenn er durch den Tod tritt. So frei sich der Mensch fühlt in seinem Wahrnehmen hier auf der Erde, wo er seine Augen hinwenden kann, wohin er will, sich in Begriffen zusammenfassen kann, was er wahrnimmt, in der Weise, daß er sein freies Tun in diesen Begriffen empfindet, so unfrei fühlt sich der Mensch in dieser Beziehung auf die Wahrnehmungswelt zwischen dem Tod und einer neuen Geburt. Er wird gewissermaßen hingerissen von der Welt. Es ist geradeso, als ob in dieser Zeit der Mensch so wahrnehmen würde, wie er hier wäre, wenn er gewissermaßen hypnotisiert würde von jeder einzelnen Sinneswahrnehmung, wenn er hingerissen würde von jeder einzelnen Sinneswahrnehmung, so daß er nicht freiwillig von ihr loskommen könnte.

Das ist die Entwickelung, in die der Mensch eingetreten ist mit der Mitte des 15. Jahrhunderts. Aus dem Schein der Erde sind ihm verschwunden die göttlich-geistigen Welten. In der Zeit zwischen dem Tod und einer neuen Geburt nehmen ihn aber diese göttlich-geistigen Welten so gefangen, daß er seine Selbständigkeit ihnen gegenüber nicht bewahren kann. Nur, sagte ich, wenn der Mensch hier wirklich Freiheit entwickelt, das heißt, wenn er seinen ganzen Menschen engagiert für das Scheinleben, dann ist es ihm möglich, auch sein Eigenwesen durch die Todespforte zu tragen. Was aber dazu noch notwendig ist, es kann uns vor Augen treten, wenn wir noch auf einen anderen Unterschied unseres Anschauens von heute mit älteren menschlichen Anschauungen hinblicken.

Ob wir mehr die allgemeine Menschheit betrachten oder die Eingeweihten und die Mysterien in älteren Zeiten, die ganze Weltanschauung war anders orientiert, als sie heute orientiert ist. Wenn der Mensch bei demjenigen stehenbleibt, was er seit der Mitte des 15. Jahrhunderts durch die seither aufgekommene Wissensart eben erkennen kann, wenn man auf das hindeutet, so findet man, daß der Mensch sich da Vorstellungen macht über die Erdenentwickelung, Vorstellungen macht über die Entwickelung seiner eigenen Menschengattung; aber es entschwinden ihm solche Vorstellungen, die in irgendeiner befriedigenden Weise auf Erdenanfang und Erdenende hinweisen können. Man möchte sagen, eine gewisse Entwickelungslinie überblickt der Mensch. Er sieht geschichtlich zurück, er sieht geologisch zurück. Aber wenn er weiter zurückgeht, macht er sich Hypothesen. Er stellt an den Anfang den Urnebel, der ein physisches Gebilde zu sein scheint. Daraus entwickeln sich dann – das heißt, es entwickelt sich nicht, sondern der Mensch bildet sich ein, daß es sich entwickelt – die höheren Wesen der Naturreiche, Pflanzen, Tiere und so weiter. Dann wiederum stellt sich der Mensch vor nach heutigen physikalischen Vorstellungen: Am Ende verfällt das irdische Sein in den Wärmetod (siehe Zeichnung Seite 179, rot) – wiederum eine Hypothese. Der Mensch sieht also gewissermaßen ein Stück zwischen Anfang und Ende. Anfang und Ende verschwimmen als unbefriedigende Gebilde vor dem heutigen Blick des Menschen.

Das war für ältere Zeiten nicht so. Für ältere Zeiten hatten die Menschen vermöge jenes Sich-Offenbarens des Göttlich-Geistigen im Scheine gerade über Erdenanfang und Erdenende ganz präzise Vorstellungen. Wir können auf das Alte Testament blicken, wir können in andere Religionslehren der Alten blicken: Wir finden im Alten Testamente gerade über den Weltenanfang in der Art, wie es eben damals gegeben werden konnte, Vorstellungen ausgebildet, so daß der

Mensch aus diesen Vorstellungen sein eigenes Dasein auf der Erde begreifen konnte. Aus dem Kant-Laplaceschen Urnebel heraus kann niemand das menschliche Dasein jetzt auf der Erde begreifen.

Wenn Sie die wunderbaren Kosmogonien der verschiedenen heidnischen Völker nehmen, so haben Sie wiederum etwas, woraus der Mensch sein irdisches Dasein begreifen kann. Der Mensch also richtete den Blick auf den Erdenanfang und konnte zu Vorstellungen kommen, die ihn einschlossen. Was dann als Vorstellungen über das Erdenende da war, das hielt sich sogar länger im Bewußtsein der Menschen aufrecht. Wir sehen noch, sagen wir, in *Michelangelos* «Jüngstem Gericht», in anderen «Jüngsten Gerichten» bis in die neuesten Zeiten hinein Vorstellungen über das Erdenende, die durchaus den Menschen einschließen, die, mögen nun die Vorstellungen über Schuld und Sühne noch so schwierig sein, den Menschen nicht vernichten.

Nehmen wir die heutige hypothetische Vorstellung über das Erdenende: da ist ja alles in eine gleichmäßige Wärme aufgegangen. Das ganze menschliche Wesen ist abgeschmolzen. Der Mensch hat da keinen Platz. Neben dem also, daß das göttlich-geistige Sein verschwunden ist aus dem Wahrnehmungsschein, sind dem Menschen verlorengegangen im Laufe der Zeit solche Vorstellungen über Erdenanfang und Erdenende, innerhalb welcher er Geltung haben kann, innerhalb welcher er mit dem Erdenanfang und Erdenende sich selber im Kosmos sehen kann.

Was war denn für diese Menschen, in welcher Gestalt immer sie sie mögen erkannt haben, die Geschichte? Die Geschichte war das, was sich zwischen Erdenanfang und Erdenende bewegte, was einen Sinn bekam durch die Vorstellungen vom Erdenanfang und Erdenende. Nehmen Sie irgendeine heidnische Kosmologie und Sie können sich das geschichtliche Werden der Menschheit vorstellen. Sie gelangen zurück bis in Zeiten, in denen das Irdische aufgeht in einem göttlich-geistigen Weben. Die Geschichte hat einen Sinn. Auch nach vorne hin, nach dem Erdenende, hat die Geschichte einen Sinn. Blieb bis in die neueren Zeiten herein für das bildhafte Anschauen, für das religiöse Empfinden mehr erhalten die Vorstellung von dem Erdenende, so blieb für die geschichtliche Betrachtung der Erdenanfang noch in einer gewissen Weise bis in die neuesten Zeiten wie ein Nachzügler durchaus vorhanden. Bis in solch aufgeklärte Geschichtswerke wie die Rotteck-sche Weltgeschichte finden Sie noch das Nachwirken dieser Vorstellung vom Erdenanfang, die der Geschichte einen Sinn gibt. Wenn das auch nur noch ein Schatten ist über den Erdenanfang in *Rottecks* Weltgeschichte, die ja im Anfange des 19. Jahrhunderts geschrieben worden ist, es gibt das dem geschichtlichen Werden noch einen Sinn. Das ist das Bedeutsame, das Eigentümliche, daß in derselben Zeit, in der der Mensch eintritt in eine Wahrnehmungswelt des Scheines, indem ihm also die äußere Natur als Schein vor sein Wahrnehmen tritt, daß in dieser Zeit für das unmittelbare menschliche Wissen die Geschichte wegen des Fehlens von Erdenanfang und Erdenende ihren Sinn verliert.

Nehmen Sie nur diese Sache völlig ernst. Nehmen Sie am Ausgangspunkte der Erdenentwickelung einen Urnebel, aus dem sich herausballen zuerst unbestimmte Gestalten, dann alle Wesen, die dann heraufkommen bis zum Menschen, und nehmen Sie am Erdenende den Wärmetod, in dem alles erstirbt, und dazwischen dasjenige, was wir erzählen meinetwillen von Moses, von den alten chinesischen Größen, von den alten indischen, persischen, ägyptischen Größen bis über Griechenland, bis über Rom hinaus, bis in unsere Zeiten, zu dem wir hinzufügen in Gedanken, was etwa noch kommen möchte – es spielt sich auf der Erde ab wie eine Episode ohne Anfang und ohne Ende. Sinnlos erscheint die Geschichte.

Man muß sich das nur einmal klarmachen. Die Natur ist zu überschauen, wenn auch nicht in ihrem Inneren. Als Schein tritt sie vor den Menschen, indem er sie erlebt zwischen der Geburt und dem Tode. Die Geschichte wird sinnlos. Und der Mensch ist nur nicht mutig genug in unserer Zeit, sich zu gestehen, daß die Geschichte sinnlos ist, sinnlos aus dem Grunde, weil ihm entfallen ist Erdenanfang und Erdenende. Der Mensch müßte eigentlich heute das größte Rätsel empfinden gegenüber dem geschichtlichen Werden der Menschheit. Er müßte sich sagen: Sinnlos ist dieses geschichtliche Werden.

Einzelne haben das geahnt. Lesen Sie bei *Schopenhauer* nach, was er über die Sinnlosigkeit der Geschichte aus dem abendländischen

Glauben heraus vorgebracht hat, dann werden Sie eben sehen, daß Schopenhauer diese Sinnlosigkeit durchaus empfunden hat. Es muß auftreten das Verlangen, in einer anderen Weise den Sinn der Geschichte wiederum zu finden. Aus der Welt, die wir genügend finden können für die Naturerkenntnis, aus der Welt des Scheines, aus ihr heraus können wir uns gerade im Goetheschen Sinne eine befriedigende Naturerkenntnis bilden, wenn wir auf Hypothesen verzichten und in der Phänomenologie, das heißt in der Scheinlehre, in der Erscheinungslehre stehenbleiben. In der Naturlehre kann Befriedigung sein, wenn wir uns nur enthalten der störenden Hypothesen über Erdenanfang und Erdenende. Aber wir sind dann gewissermaßen in unserer Erdenhöhle eingeschlossen; wir sehen nicht heraus. Die Kant-Laplacesche Theorie und der Wärmetod verbauen uns den Ausblick in die zeitlichen Weltenweiten.

Im Grunde genommen ist das die Lage, in der nach dem allgemeinen Bewußtsein doch die gegenwärtige Menschheit lebt. Daher droht ihr eine gewisse Gefahr. Sie kann sich nicht recht einleben in die bloße Welt der Phänomene, in die Welt des Scheines. Vor allen Dingen mit dem inneren Leben kann sie sich nicht in diese Welt des Scheines einleben. Sie will sich der Notwendigkeit, der inneren Notwendigkeit übergeben, den Instinkten, Trieben, Leidenschaften. Wir sehen ja heute wenig von dem verwirklicht, was aus der freien Impulsivität des reinen Denkens hervorgeht. Aber ebensoviel als dem Menschen hier im Leben zwischen Geburt und Tod mangelt an Freiheit, ebensoviel kommt mit dem hypnotisierenden Zwange zwischen Tod und neuer Geburt von Unfreiheit, von Notwendigkeit in der Wahrnehmung über ihn. So daß dem Menschen die Gefahr droht, daß er durch die Todespforte schreitet, sein eigenes Wesen nicht mitnehmen kann, aber für die Wahrnehmungswelt sich nicht einlebt in etwas Freies, sondern in etwas, was ihn untertauchen läßt in Zwangsverhältnisse, was ihn wie erstarren macht in der äußeren Welt.

Was da einschlagen muß in das Leben der Menschheit gegen die Zukunft hin, das ist, daß dem Menschen in anderer Weise das Göttlich-Geistige erscheint, als es ihm erschienen ist in alten Zeiten. In alten Zeiten konnte sich der Mensch an Erdenanfang und Erdenende innerhalb des Physischen ein Geistiges denken, mit dem er sich eins wissen konnte, das ihn nicht ausschloß. Immer mehr und mehr aber muß der Mensch von der Mitte dieses Durchgeistigten aufnehmen, statt von Anfang und Ende. Und wie man im Alten Testamente am Erdenanfang sah eine Genesis des Menschen, innerhalb welcher sein Sein gesichert war, wie man hatte in heidnischen Kosmogonien ein Sich-Herausentwickeln der Menschheit aus göttlich-geistigem Dasein, wie man hat ein Hinblicken auf das Erdenende, das sich noch erhalten hat, wie gesagt, in den Anschauungen vom Weltenuntergang, die dem Menschen auch nicht sein Sein vor sich selber nehmen, so muß sich in der neueren Zeit in einer richtigen Anschauung vom Mysterium von Golgatha für die Mitte der Erdenentwickelung dasjenige finden, wo man

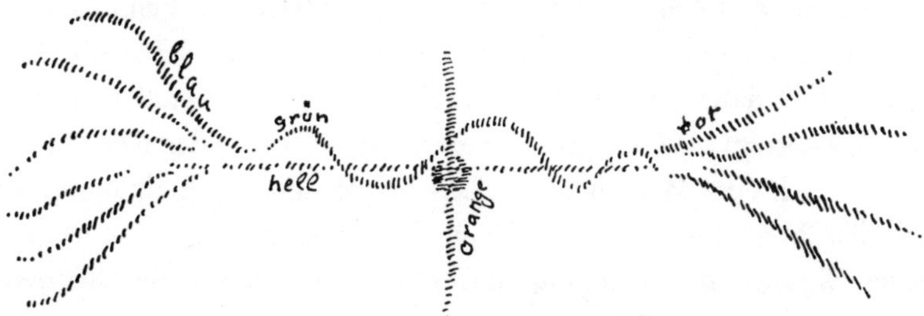

wiederum Göttliches und Irdisches ineinanderschaut. Recht verstehen muß der Mensch, wie der Gott durch den Menschen gegangen ist mit dem Mysterium von Golgatha. Dann ist ihm das dafür gegeben, was ihm entfallen ist für Erdenanfang und Erdenende. Aber es ist ein wesentlicher Unterschied zwischen diesem Hinblicken auf das Mysterium von Golgatha und dem früheren Hinblicken auf Erdenanfang und Erdenende.

Versetzen Sie sich nur recht in das Entstehen einer heidnischen Kosmogonie. Es gibt ja allerdings heute vielfach die Vorstellung, daß diese heidnischen Kosmogonien Erdichtungen der Völker sind. Man hat die Vorstellung: So wie heute der Mensch seine Gedanken in Freiheit aneinanderkuppelt und wieder auseinanderreißt, so haben einstmals die

Menschen ihre Kosmogonien ausgesponnen. Aber das ist ja nur eine verirrte Universitätsansicht und geht die Vernunft nichts an. Worum es sich handelt, das ist, daß der Mensch ganz so drinnenstand im Weltenanschauen, daß er nicht anders konnte als in dieser Weise hinschauen auf den Weltenanfang, wie es sich ihm in der Kosmogonie, in den Mythen darstellte. Es war darin keine Freiheit, es war durchaus etwas, was sich dem Menschen mit Notwendigkeit ergab. Er mußte hineinschauen in den Erdenanfang; er konnte gar nicht anders, er konnte das nicht unterlassen. Das stellt man sich heute gar nicht mehr richtig vor, wie da der Mensch durch einen instinktiven Erkenntnisgehalt sich den Erdenanfang, in gewisser Beziehung auch das Erdenende, vor die Seele stellte.

So kann sich der Mensch heute das Mysterium von Golgatha nicht vor die Seele stellen. Das ist der große Unterschied beim Christentum gegenüber den alten Götterlehren. Wenn der Mensch den Christus finden will, dann muß er ihn in Freiheit finden. Er muß sich frei zu dem Mysterium von Golgatha bekennen. Der Inhalt der Kosmogonien drängte sich dem Menschen auf. Das Mysterium von Golgatha drängt sich dem Menschen nicht auf. Er muß in einer gewissen Auferstehung seines Wesens in Freiheit an das Mysterium von Golgatha herankommen.

Zu einer solchen Freiheit wird der Mensch geführt durch das, was ich in diesen Tagen als die Aktivität des Erkennens bei anthroposophischer Geisteswissenschaft bezeichnet habe. Wenn ein Pastor meint, er könne die «Akasha-Chronik» in einer «illustrierten Prachtausgabe» empfangen, also, er könne sie so empfangen, daß er sich nicht in innerer Aktivität anzustrengen brauchte um das, was zwar in Begriffen vor seine Seele treten muß, was aber zu Bildern werden muß, so zeigt er, daß er nur veranlagt ist, dieser Pastor, für eine heidnische Erfassung der Welt, nicht für eine christliche Erfassung; denn zu dem Christus muß der Mensch in innerlicher Freiheit kommen. Gerade wie sich der Mensch zu dem Mysterium von Golgatha stellen muß, gehört zu seinen intimsten Erziehungsmitteln zur Freiheit.

Der Mensch wird gewissermaßen schon durch das Mysterium von Golgatha, wenn er es richtig erlebt, losgerissen von der Welt. Was tritt denn da ein? Erstens: Der Mensch kann jetzt in einer Scheinwahrnehmungswelt leben, denn in dieser Scheinwahrnehmungswelt wogt etwas auf, was ihn zu einem geistigen Sein führt, zu dem geistigen Sein, das garantiert ist in dem Mysterium von Golgatha. Das ist das eine. Das andere aber ist: Die Geschichte hat aufgehört, Sinn zu haben, weil Anfang und Ende weggefallen sind; sie bekommt wiederum einen Sinn, weil ihr dieser Sinn von der Mitte aus gegeben wird. Man lernt erkennen, wie alles das, was vor dem Mysterium von Golgatha liegt, hintendiert, hinzielt zu dem Mysterium von Golgatha, wie alles, was nach dem Mysterium von Golgatha liegt, ausgeht von diesem Mysterium von Golgatha. Die Geschichte bekommt wiederum einen Sinn, während sie sonst eine Scheinepisode ist ohne Anfang und ohne Ende. Indem dem Menschen die äußere Wahrnehmungswelt als Schein gegenübertritt wegen seiner Freiheit, wird ihm die Geschichte, die das nicht darf, zu einer Scheinepisode; sie steht ohne Schwerpunkt da. Sie löst sich auf in Dunst und Nebel, was sie im Grunde genommen schon bei Schopenhauer theoretisch tat. Durch die Hinneigung zu dem Mysterium von Golgatha bekommt das, was sonst geschichtlicher Schein ist, innerliches Leben, geschichtliche Seele, und zwar eine solche, die verbunden ist mit alldem, was der Mensch im modernen Zeitalter braucht, was er braucht, weil er angewiesen ist darauf, daß sein Leben sich in Freiheit entwickelt. Wenn er durchgeht durch die Pforte des Todes, hat er sich hier die große Lehre der Freiheit entwickelt, Freiheitsentfaltung angeeignet. Das Bekenntnis zu dem Mysterium von Golgatha, das wirft hinein in das Leben das Licht, das sich ausgießen muß über alldem, was frei ist im Menschen. Und der Mensch hat die Möglichkeit, sich vor der Gefahr zu retten, daß er hier im Scheine die Veranlagung für die Freiheit hat, diese Freiheit aber nicht entwickelt, weil er den Instinkten, den Trieben sich hingibt, nach dem Tode daher der Notwendigkeit verfällt. Indem er nun ein religiöses Bekenntnis, das ganz anderer Art ist als die älteren religiösen Bekenntnisse, zu dem seinigen macht, indem er ein nur in der Freiheit lebendes religiöses Bekenntnis seine ganze Seele ausfüllen läßt, artet er sich zum Erleben der Freiheit um.

Das ist es nämlich, was im Grunde genommen nur wenigen Menschen der heutigen Zivilisation aufgegangen ist: daß erst die Erkenntnis in Freiheit, die Erkenntnis in Aktivität zu dem Christus, zu dem Mysterium von Golgatha führen kann. Den Menschen war die historische Nachricht der Bibel gegeben, damit sie für diejenige Zeit, in welcher sie noch nicht Hinneigung haben konnten für Geisteswissenschaft, eine Kunde von dem Mysterium von Golgatha erhalten haben.

Gewiß, das Evangelium wird niemals seinen Wert verlieren. Es wird einen immer größeren Wert bekommen, aber zu dem Evangelium muß hinzutreten die unmittelbare Erkenntnis des Wesens des Mysteriums von Golgatha. Der Christus muß auch durch die menschliche Kraft allein, nicht bloß durch die aus den Evangelien wirkende Kraft, erkannt, gefühlt, empfunden werden können. Das ist es ja, was für das Christentum durch die Geisteswissenschaft angestrebt wird. Die Geisteswissenschaft versucht, die Evangelien zu erklären. Sie fußt aber nicht auf den Evangelien. Sie schließt nicht aus den Evangelien. Sie kommt gerade dadurch zu ihrer hohen Bewertung der Evangelien, weil sie gewissermaßen hinterher entdeckt, was alles in den Evangelien steckt und was ja im Grunde genommen für die äußere Menschheitsentwickelung schon verlorengegangen ist.

So hängen mit der ganzen neueren Menschheitsentwickelung auf der einen Seite die Freiheit, der Wahrnehmungsschein und auf der anderen Seite das Mysterium von Golgatha und der Sinn des geschichtlichen Werdens zusammen. Dieser Ablauf von allerlei Episoden, wie man ihn heute kennenlernt in der landläufigen geschichtlichen Darstellung, er bekommt eben erst Gewichtigkeit, wenn man das Mysterium von Golgatha in die geschichtliche Entwickelung hineinstellen kann.

Das wurde von vielen Leuten doch in der richtigen Weise empfunden, und sie haben das richtige Bild dafür gebraucht. Sie haben sich gesagt: Man hat einstmals hinausgeschaut in die Himmelsweiten, man hat die Sonne erblickt, aber die Sonne nicht so erblickt, wie sie heute erblickt wird, so daß es Physiker gibt, die da glauben, da draußen schwimme im Weltenall ein großer Gasball. Ich habe es oft gesagt: Die Physiker würden sehr erstaunt sein, wenn sie einen Weltballon bauen könnten – und da, wo sie einen großen Gasball vermuten, würden sie negativen Raum finden, der sie im Nu überhaupt nicht nur in das

Nichts, sondern jenseits des Nichts hinüber, weit hinüber über die Sphäre des Nichts befördern würde. Das, was man da an materialistischen Kosmologien heute entwickelt, das ist ja pure Phantasterei. So hat man sich nicht vorgestellt in älteren Zeiten: die Sonne – ein Gasball, der da draußen schwimmt, sondern die Sonne war ein Geistwesen. Das ist sie auch für den wirklichen Weltanschauer heute noch: ein Geistwesen, das sich nur äußerlich in der Weise repräsentiert, wie das Auge eben die Sonne wahrnehmen kann. Und dieses zentrale Geistwesen empfand die ältere Menschheit als eins mit dem Christus. Die ältere Menschheit wies auf die Sonne, wenn sie von dem Christus sprach.

Die neuere Menschheit muß nun nicht von der Erde hinausweisen, sondern auf die Erde weisen, wenn sie von dem Christus spricht, muß die Sonne in dem Menschen von Golgatha suchen. Mit der Anerkenntnis der Sonne als eines Geistwesens war eben verbunden eine menschenmögliche Vorstellung von Erdenanfang und Erdenende. Mit der Vorstellung von dem Jesus, in dem der Christus gewohnt hat, ist eine menschenmögliche und menschenwürdige Vorstellung der Erdenmitte möglich, und von da wird ausstrahlen nach Anfang und Ende hin, was wiederum den ganzen Kosmos so erscheinen läßt, daß der Mensch in ihm Platz hat. Man muß also einer Zeit entgegenleben, in der nicht aus den materialistischen naturwissenschaftlichen Vorstellungen Hypothesen gebaut werden über Erdenanfang und Erdenende, sondern in der ausgegangen wird von der Erkenntnis des Mysteriums von Golgatha, und davon ausgehend das kosmische Werden auch überschaut wird. Mit der äußerlich leuchtenden Sonne empfand der alte Mensch den außerweltlichen Christus. Mit der richtigen Erkenntnis des Mysteriums von Golgatha erschaut der Mensch innerhalb des geschichtlichen Erdenwerdens die Sonne dieses Erdenwerdens durch den Christus. Es glänzt so draußen in der Welt, es glänzt so in der Geschichte – draußen physisch, in der Geschichte geistig: Sonne dort, Sonne da.

Das gibt vom Gesichtspunkte der Freiheit aus den Weg zum Mysterium von Golgatha. Ihn muß die neuere Menschheit finden, wenn sie über die Niedergangskräfte hinaus in Aufgangskräfte hineinkommen will.

Das muß eben ganz tief und gründlich erkannt werden. Und diese Erkenntnis wird keine abstrakte, keine theoretische bloß sein, diese Erkenntnis wird eine solche sein, die den ganzen Menschen ausfüllt, eine zu erfühlende und im Gefühl zu erlebende Erkenntnis. Nicht bloß ein Hinschauen zu Christus, ein Erfülltsein mit Christus wird das Christentum sein, von dem Anthroposophie wird sprechen müssen.

Man möchte immer den Unterschied wissen zwischen dem, was als ältere Theosophie gelebt hat, und Anthroposophie. Liegt dieser Unterschied nicht auf der Hand? Die ältere Theosophie hat wieder aufgewärmt die heidnische Kosmologie. Überall finden Sie in der Literatur der Theosophie die heidnische Kosmologie aufgewärmt, die für den modernen Menschen nicht paßt; sie redet ihm allerdings von Erdenanfang und Erdenende, aber das ist für ihn nicht mehr so. Und was fehlt diesen Schriften? Gerade diesen Schriften der älteren Theosophie fehlt die Mitte, fehlt überall das Mysterium von Golgatha. Und es fehlt ihnen gründlicher als selbst der äußeren Naturwissenschaft.

Anthroposophie hat eine fortlaufende Kosmologie, die nicht auslöscht das Mysterium von Golgatha, sondern es aufnimmt, so daß es darinnen ist. Und alle Entwickelung bis in die Saturnzeit zurück, bis zur Vulkanzeit vorwärts wird so gesehen, daß das Licht für dieses Sehen ausstrahlt von der Erkenntnis des Mysteriums von Golgatha. Man muß nur den guten Willen haben, solch einen prinzipiellen Gegensatz anzuerkennen, dann wird man über den Unterschied zwischen älterer Theosophie und der Anthroposophie gar keinen Zweifel haben können.

Und wenn insbesondere auch sogenannte christliche Theologen immer wieder und wieder zusammenstellen Anthroposophie und Theosophie, so rührt das lediglich davon her, daß diese christlichen Theologen eben vom Christentum nicht viel verstehen. Es ist ja doch tief bedeutsam, daß *Nietzsches* Freund, der wirklich bedeutende Basler Theologe *Overbeck*, sein Buch geschrieben hat über die Christlichkeit der modernen Theologie, indem er den Nachweis zu erbringen suchte, daß die moderne Theologie, auch die christliche Theologie, eben nicht mehr christlich ist. So daß man sagen kann: Hier wurde auch schon von äußerer Wissenschaft darauf aufmerksam gemacht, daß die moderne christliche Theologie vom Christentum nichts versteht, nichts weiß.

Man sollte nur einmal gründlich erkennen, was alles zum Unchristlichen gehört. Die moderne Theologie gehört jedenfalls nicht zum Christlichen, sondern zum Unchristlichen. Aber diese Dinge möchten sich die Menschen aus Bequemlichkeit aus ihrer Erkenntnis auch hinwegwischen. Sie dürfen aber nicht hinweggewischt werden, denn so viel wie weggewischt wird, so viel verliert der Mensch an Möglichkeit, das Christentum wirklich innerlich zu erleben. Das muß erlebt werden, muß erlebt werden, weil es der andere Pol ist zu dem Freiheitserleben, das heraufkommen muß. Freiheit allein aber erlebt – erlebt werden muß sie –, würde den Menschen in den Abgrund hineinführen. Der Führer über diesen Abgrund kann ihm eben nur das Mysterium von Golgatha sein.

Davon dann das nächste Mal weiter.

HINWEISE

Werke Rudolf Steiners, welche innerhalb der Gesamtausgabe (GA) erschienen sind, werden in den Hinweisen mit der Bibliographie-Nummer angegeben. Siehe auch die Übersicht am Schluß des Bandes.

zu Seite

13 *Ich werde am Sonntag in dem Vortrage, den ich dann zu halten habe:* Vortrag vom 25. September 1921, erschien als Vortrag III in «Östliche und westliche Kultur in geistiger Beleuchtung», Dornach 1954, innerhalb der Gesamtausgabe vorgesehen für Bibl.-Nr. 255.

demjenigen, was wir hier verhandelt haben: Siehe Rudolf Steiner, «Menschenwerden, Weltenseele und Weltengeist» Band I und II, (24 Vorträge in Dornach 1921), GA Bibl.-Nr. 205 und 206.

16 *Geheimorden und Geheimgesellschaften des Westens:* Siehe Rudolf Steiner, «Die okkulte Bewegung im neunzehnten Jahrhundert und ihre Beziehung zur Weltkultur», (Dornach 1915), GA Bibl.-Nr. 254.

17 *Edward George Earl Bulwer-Lytton,* 1803–1873, englischer Schriftsteller und Politiker. Schrieb u. a. die Romane «Zanoni» und «Die letzten Tage von Pompeji».

28 *Washingtoner Konferenz:* Abrüstungskonferenz vom 11. November 1921 bis 6. Februar 1922. Siehe hierzu den Aufsatz von Rudolf Steiner, «Die Weltfrage», zuerst als Leitartikel in der Wochenschrift «Das Goetheanum» vom 28. August 1921 erschienen, später in «Der Goetheanumgedanke inmitten der Kulturkrisis der Gegenwart. Gesammelte Aufsätze 1921–1925», GA Bibl.-Nr. 36.

Jan Christiaan Smuts, 1870–1950. Im Burenkrieg (1899–1902) einer der Führer der Buren gegen die Engländer. Strebte später eine Versöhnung mit diesen an und war südafrikanischer Ministerpräsident von 1919–1924 und von 1939 bis 1948. Erfinder des Mandatsystems und Mitschöpfer des Völkerbundes.

35 *so sprach ich das hier einmal aus:* Siehe z. B. Vortrag vom 28. November 1919 in «Die Sendung Michaels», GA Bibl.-Nr. 194, und Vortrag vom 16. August 1919 in «Die Erziehungsfrage als soziale Frage», GA Bibl.-Nr. 296.

Adolf von Harnack, 1851–1930. Evangelischer Kirchenhistoriker und Kulturpolitiker. «Wesen des Christentums», Leipzig 1900.

36 *Wladimir Solowjow,* 1853–1900, russischer Philosoph. Siehe Rudolf Steiner: «Wladimir Solowjow, ein Vermittler zwischen West und Ost», in «Der Goetheanumgedanke inmitten der Kulturkrisis der Gegenwart. Gesammelte Aufsätze 1921–1925», GA Bibl.-Nr. 36. Zuerst erschienen als Leitartikel in der Wochenschrift «Das Goetheanum», 1. Januar 1922.

66/67 *wie ich auch in früheren Vorträgen schon auseinandergesetzt habe:* Konnte bis jetzt nicht ermittelt werden.

75 *ich nenne ja das ... wie Sie aus meinen Mysteriendramen wissen, die Mitternachtsstunde des Daseins:* Im vierten Drama «Der Seelen Erwachen» im sechsten Bild. Siehe Rudolf Steiner, «Vier Mysteriendramen» (1910–13), GA Bibl.-Nr. 14.

98 Am Schluß des Vortrages sprach Rudolf Steiner noch über aktuelle politische Ereignisse. Seine Ausführungen darüber werden in einem Band über Gesellschaftsfragen gesondert erscheinen.

101 *wie ich Ihnen auseinandergesetzt habe:* «Menschenwerden, Weltenseele und Weltengeist», 2 Bände (24 Vorträge Dornach 1921), GA Bibl.-Nr. 205 und 206, im ersten Band Vortrag 5.

116 *in meinem Vortragszyklus, den ich im Jahre 1914 in Wien gehalten habe:* «Inneres Wesen des Menschen und Leben zwischen Tod und neuer Geburt» (8 Vorträge Wien 1914), GA Bibl.-Nr. 153.

122 *William Shakespeare,* 1564–1616.

Er hat eine Farbenlehre verfaßt: Siehe «Goethes Naturwissenschaftliche Schriften», mit Einleitungen, Fußnoten und Erläuterungen im Text von Rudolf Steiner, herausgegeben in Kürschners «Deutsche National-Litteratur», GA Bibl.-Nr. 1a–e. Photomechanischer Nachdruck, Dornach 1975.

124 *George Henry Lewes,* 1817–1878. «Life of Goethe», London 1855.

Albert Bielschowsky, 1847–1902, Literaturforscher, «Goethe», 1895–1904.

127 *ich habe schon früher und auch wieder gestern darauf aufmerksam gemacht:* Siehe Hinweis zu Seite 101.

140 *Friedrich Wilhelm Nietzsche,* 1844–1900.

148 *Das Ich zu erkennen als ein Gebilde...:* Zitat aus «Epilog» von Gottfried Benn, 1886–1956, deutscher Dichter, in der Zeitschrift «Die Zukunft», Herausgeber Maximilian Harden, vom 8. Oktober 1921, XXX. Jahrgang Nr. 2, Seite 59.

«den Darwin für eine Hebamme und den Affen für Kunstgewerbe anschaut»: Aus «Epilog» von Gottfried Benn. Siehe den vorigen Hinweis. Das ganze Zitat heißt dort (Seite 58) «... ich halte zu der Reihe der Totalen, der Chaoisten in einem Maße, daß ich Darwin für eine Hebamme halte und den Affen für Kunstgewerbe...»

150 *Ein Theologe der Gegenwart:* Der evangelische Theologe Christoph Schrempf (1860–1944) in «Persönliches zu religiösen Fragen / Ein Brief» in der Monatsschrift «Die Tat» (Jena), 13. Jahrg., Heft 6, Sept. 1921.

153 *daß man schließlich «unter Führung der Schulmedizin»:* Siehe Hinweis zu Seite 148, «Epilog», Seite 59. Wörtlich: «... sondern in dem alles, was die Zivilisation unter Führung der Schulmedizin anrüchig gemacht hatte als Nervenschwäche, Ermüdbarkeit, Psychasthenie...»

«Ich schreibe nichts mehr...»: Aus «Epilog» von Gottfried Benn, Seite 60/61. Siehe Hinweis zu Seite 148. Das genaue Zitat lautet: «Ich schreibe nichts mehr (man müßte mit Spulwürmern schreiben und Koprolalien): ich lese nichts mehr (Wen denn? Die alten ehrlichen Titaniden mit dem Ikaridenflügel im Stullenpapier?)»

160 *Nikolaus Kopernikus,* 1473–1543, Domherr und Astronom. Begründer der Kopernikanischen Weltanschauung.

Galileo Galilei, 1564–1642, italienischer Physiker. Begründer der modernen Physik.

163 *Ludwig Feuerbach,* 1804–1872, materialistischer Philosoph.

Richard Wagner, 1813–1883. Schuf das Musikdrama als theatralisches «Gesamtkunstwerk».

165 *Ich habe eine Abhandlung geschrieben:* Es ist nicht nachweisbar, auf welche Abhandlung aus dem Jahre 1883 (vor 38 Jahren) Steiner sich hier bezieht. Es könnte sich um eine der kleinen Abhandlungen handeln, die er in «Mein Lebensgang» (1923 bis 1925), GA Bibl.-Nr. 28, Kapitel V, Seite 96 erwähnt.

176 *Immanuel Kant,* 1724–1804, Philosoph.

Pierre Simon Laplace, 1749–1827, Astronom und Mathematiker.

Michelangelo Buonarroti, 1475–1564, italienischer Bildhauer, Maler und Dichter.

177 *Karl Wenzeslaus Rodecker von Rotteck,* 1775–1840, Geschichtsforscher. «Allgemeine Geschichte», 1813–1818, 6 Bände.

Lesen Sie bei Schopenhauer nach, was er über die Sinnlosigkeit der Geschichte ... vorgebracht hat: Arthur Schopenhauer, 1788–1860, im fünften Band seiner Sämtlichen Werke, herausgegeben von Rudolf Steiner in der Cottaschen Bibliothek der Weltliteratur, Kapitel 38 «Über Geschichte», Seite 286ff.

184 *Franz Overbeck,* 1837–1905, protestantischer Theologe. «Über die Christlichkeit unserer heutigen Theologie», 1873.

185 *Davon dann das nächste Mal weiter:* Siehe Rudolf Steiner, «Anthroposophie als Kosmosophie», Zweiter Teil, GA Bibl.-Nr. 208.

ÜBER DIE VORTRAGSNACHSCHRIFTEN

Aus Rudolf Steiners Autobiographie «Mein Lebensgang» (35. Kap., 1925)

Es liegen nun aus meinem anthroposophischen Wirken zwei Ergebnisse vor; erstens meine vor aller Welt veröffentlichten Bücher, zweitens eine große Reihe von Kursen, die zunächst als Privatdruck gedacht und verkäuflich nur an Mitglieder der Theosophischen (später Anthroposophischen) Gesellschaft sein sollten. Es waren dies Nachschriften, die bei den Vorträgen mehr oder weniger gut gemacht worden sind und die – wegen mangelnder Zeit – nicht von mir korrigiert werden konnten. Mir wäre es am liebsten gewesen, wenn mündlich gesprochenes Wort mündlich gesprochenes Wort geblieben wäre. Aber die Mitglieder wollten den Privatdruck der Kurse. Und so kam er zustande. Hätte ich Zeit gehabt, die Dinge zu korrigieren, so hätte vom Anfange an die Einschränkung «Nur für Mitglieder» nicht zu bestehen gebraucht. Jetzt ist sie seit mehr als einem Jahre ja fallen gelassen.

Hier in meinem «Lebensgang» ist notwendig, vor allem zu sagen, wie sich die beiden: meine veröffentlichten Bücher und diese Privatdrucke in das einfügen, was ich als Anthroposophie ausarbeitete.

Wer mein eigenes inneres Ringen und Arbeiten für das Hinstellen der Anthroposophie vor das Bewußtsein der gegenwärtigen Zeit verfolgen will, der muß das an Hand der allgemein veröffentlichten Schriften tun. In ihnen setzte ich mich auch mit alle dem auseinander, was an Erkenntnisstreben in der Zeit vorhanden ist. Da ist gegeben, was sich mir in «geistigem Schauen» immer mehr gestaltete, was zum Gebäude der Anthroposophie – allerdings in vieler Hinsicht in unvollkommener Art – wurde.

Neben diese Forderung, die «Anthroposophie» aufzubauen und dabei nur dem zu dienen, was sich ergab, wenn man Mitteilungen aus der Geist-Welt der allgemeinen Bildungswelt von heute zu übergeben hat, trat nun aber die andere, auch dem voll entgegenzukommen, was aus der Mitgliedschaft heraus als Seelenbedürfnis, als Geistessehnsucht sich offenbarte.

Da war vor allem eine starke Neigung vorhanden, die Evangelien und den Schrift-Inhalt der Bibel überhaupt in dem Lichte dargestellt zu hören, das sich als das anthroposophische ergeben hatte. Man wollte in Kursen über diese der Menschheit gegebenen Offenbarungen hören.

Indem interne Vortragskurse im Sinne dieser Forderung gehalten wurden, kam dazu noch ein anderes. Bei diesen Vorträgen waren nur Mitglieder. Sie waren mit den Anfangs-Mitteilungen aus Anthroposophie bekannt. Man konnte zu ihnen eben so sprechen, wie zu Vorgeschrittenen auf dem Gebiete der Anthroposophie. Die Haltung dieser internen Vorträge war eine solche, wie sie eben in Schriften nicht sein konnte, die ganz für die Öffentlichkeit bestimmt waren.

Ich durfte in internen Kreisen in einer Art über Dinge sprechen, die ich für die öffentliche Darstellung, wenn sie für sie von Anfang an bestimmt gewesen wären, hätte anders gestalten *müssen*.

So liegt in der Zweiheit, den öffentlichen und den privaten Schriften, in der Tat etwas vor, das aus zwei verschiedenen Untergründen stammt. Die ganz öffentlichen Schriften sind das Ergebnis dessen, was in mir rang und arbeitete; in den Privatdrucken ringt und arbeitet die Gesellschaft mit. Ich höre auf die Schwingungen im Seelenleben der Mitgliedschaft, und in meinem lebendigen Drinnenleben in dem, was ich da höre, entsteht die Haltung der Vorträge.

Es ist nirgends auch nur in geringstem Maße etwas gesagt, was nicht reinstes Ergebnis der sich aufbauenden Anthroposophie wäre. Von irgend einer Konzession an Vorurteile oder Vorempfindungen der Mitgliedschaft kann nicht die Rede sein. Wer diese Privatdrucke liest, kann sie im vollsten Sinne eben als das nehmen, was Anthroposophie zu sagen hat. Deshalb konnte ja auch ohne Bedenken, als die Anklagen nach dieser Richtung zu drängend wurden, von der Einrichtung abgegangen werden, diese Drucke nur im Kreise der Mitgliedschaft zu verbreiten. Es wird eben nur hingenommen werden müssen, daß in den von mir nicht nachgesehenen Vorlagen sich Fehlerhaftes findet.

Ein Urteil über den Inhalt eines solchen Privatdruckes wird ja allerdings nur demjenigen zugestanden werden können, der kennt, was als Urteils-Voraussetzung angenommen wird. Und das ist für die allermeisten dieser Drucke *mindestens* die anthroposophische Erkenntnis des Menschen, des Kosmos, insofern sein Wesen in der Anthroposophie dargestellt wird, und dessen, was als «anthroposophische Geschichte» in den Mitteilungen aus der Geist-Welt sich findet.

RUDOLF STEINER GESAMTAUSGABE

Gliederung nach: Rudolf Steiner – Das literarische
und künstlerische Werk. Eine bibliographische Übersicht
(Bibliographie-Nrn. *kursiv* in Klammern)

A. SCHRIFTEN

I. Werke

Goethes Naturwissenschaftliche Schriften, eingeleitet und kommentiert von R. Steiner, 5 Bände, 1883/97, Neuausgabe 1975 *(1a-e)*; separate Ausgabe der Einleitungen, 1925 *(1)*
Grundlinien einer Erkenntnistheorie der Goetheschen Weltanschauung, 1886 *(2)*
Wahrheit und Wissenschaft. Vorspiel einer ‹Philosophie der Freiheit›, 1892 *(3)*
Die Philosophie der Freiheit. Grundzüge einer modernen Weltanschauung, 1894 *(4)*
Friedrich Nietzsche, ein Kämpfer gegen seine Zeit, 1895 *(5)*
Goethes Weltanschauung, 1897 *(6)*
Die Mystik im Aufgange des neuzeitlichen Geisteslebens und ihr Verhältnis zur modernen Weltanschauung, 1901 *(7)*
Das Christentum als mystische Tatsache und die Mysterien des Altertums, 1902 *(8)*
Theosophie. Einführung in übersinnliche Welterkenntnis und Menschenbestimmung, 1904 *(9)*
Wie erlangt man Erkenntnisse der höheren Welten? 1904/05 *(10)*
Aus der Akasha-Chronik, 1904/08 *(11)*
Die Stufen der höheren Erkenntnis, 1905/08 *(12)*
Die Geheimwissenschaft im Umriß, 1910 *(13)*
Vier Mysteriendramen: Die Pforte der Einweihung – Die Prüfung der Seele Der Hüter der Schwelle – Der Seelen Erwachen, 1910/13 *(14)*
Die geistige Führung des Menschen und der Menschheit, 1911 *(15)*
Anthroposophischer Seelenkalender, 1912 *(in 40)*
Ein Weg zur Selbsterkenntnis des Menschen, 1912 *(16)*
Die Schwelle der geistigen Welt, 1913 *(17)*
Die Rätsel der Philosophie in ihrer Geschichte als Umriß dargestellt, 1914 *(18)*
Vom Menschenrätsel, 1916 *(20)*
Von Seelenrätseln, 1917 *(21)*
Goethes Geistesart in ihrer Offenbarung durch seinen Faust und durch das Märchen von der Schlange und der Lilie, 1918 *(22)*
Die Kernpunkte der sozialen Frage in den Lebensnotwendigkeiten der Gegenwart und Zukunft, 1919 *(23)*
Aufsätze über die Dreigliederung des sozialen Organismus und zur Zeitlage 1915–1921 *(24)*
Kosmologie, Religion und Philosophie, 1922 *(25)*
Anthroposophische Leitsätze, 1924/25 *(26)*
Grundlegendes für eine Erweiterung der Heilkunst nach geisteswissenschaftlichen Erkenntnissen, 1925. Von Dr. R. Steiner und Dr. I. Wegman *(27)*
Mein Lebensgang, 1923/25 *(28)*

II. Gesammelte Aufsätze

Aufsätze zur Dramturgie 1889–1901 *(29)* – Methodische Grundlagen der Anthroposophie 1884–1901 *(30)* – Aufsätze zur Kultur- und Zeitgeschichte 1887–1901 *(31)* – Aufsätze zur Literatur 1886–1902 *(32)* – Biographien und biographische Skizzen 1894–1905 *(33)* – Aufsätze aus «Lucifer-Gnosis» 1903–1908 *(34)* – Philosophie und Anthroposophie 1904 bis 1918 *(35)* – Aufsätze aus «Das Goetheanum» 1921–1925 *(36)*

III. Veröffentlichungen aus dem Nachlaß

Briefe – Wahrspruchworte – Bühnenbearbeitungen – Entwürfe zu den Vier Mysteriendramen 1910–1913 – Anthroposophie. Ein Fragment aus dem Jahre 1910 – Gesammelte Skizzen und Fragmente – Aus Notizbüchern und -blättern – *(38–47)*

B. DAS VORTRAGSWERK

I. Öffentliche Vorträge

Die Berliner öffentlichen Vortragsreihen, 1903/04 bis 1917/18 *(51–67)* – Öffentliche Vorträge, Vortragsreihen und Hochschulkurse an anderen Orten Europas 1906–1924 *(68–84)*

II. Vorträge vor Mitgliedern der Anthroposophischen Gesellschaft

Vorträge und Vortragszyklen allgemein-anthroposophischen Inhalts – Christologie und Evangelien-Betrachtungen – Geisteswissenschaftliche Menschenkunde – Kosmische und menschliche Geschichte – Die geistigen Hintergründe der sozialen Frage – Der Mensch in seinem Zusammenhang mit dem Kosmos – Karma-Betrachtungen – *(91–244)*

Vorträge und Schriften zur Geschichte der anthroposophischen Bewegung und der Anthroposophischen Gesellschaft *(251–263)*

III. Vorträge und Kurse zu einzelnen Lebensgebieten

Vorträge über Kunst: Allgemein-Künstlerisches – Eurythmie – Sprachgestaltung und Dramatische Kunst – Musik – Bildende Künste – Kunstgeschichte – *(271–292)* – Vorträge über Erziehung *(293–311)* – Vorträge über Medizin *(312–319)* – Vorträge über Naturwissenschaft *(320–327)* – Vorträge über das soziale Leben und die Dreigliederung des sozialen Organismus *(328–341)* – Vorträge für die Arbeiter am Goetheanumbau *(347–354)*

C. DAS KÜNSTLERISCHE WERK

Originalgetreue Wiedergaben von malerischen und graphischen Entwürfen und Skizzen Rudolf Steiners in Kunstmappen oder als Einzelblätter: Entwürfe für die Malerei des Ersten Goetheanum – Schulungsskizzen für Maler – Programmbilder für Eurythmie-Aufführungen – Eurythmieformen – Skizzen zu den Eurythmiefiguren, u. a.

Die Bände der Rudolf Steiner Gesamtausgabe
sind innerhalb einzelner Gruppen einheitlich ausgestattet
Jeder Band ist einzeln erhältlich.